21世纪高等学校规划教材 | 信息管理与信息系统

文献检索与利用

方磊 谷琼 编著

清华大学出版社
北京

内 容 简 介

本书系统地介绍了文献的概念和文献获取渠道,文献管理和文献检索的理论与方法,互联网信息搜索,信息问题解决方法,典型数据库检索平台使用,期刊文献检索与期刊评价,专利和标准文献检索,学术论文写作等内容。力求使读者全面了解文献检索信息来源渠道,掌握常用文献检索方法,养成信息问题解决意识,收获一套解决信息问题的实用方法,掌握学术论文写作的基础知识。

本书在内容选择和案例设计上,贴近大学生的学习、生活,能够满足创新创业训练的需要,内容组织上方便学生和老师使用,为文献检索课程教学、学生创新应用能力及信息素养培养提供坚实支撑。

本书封面贴有清华大学出版社防伪标签,无标签者不得销售。
版权所有,侵权必究。举报: 010-62782989, beiqinquan@tup.tsinghua.edu.cn。

图书在版编目(CIP)数据

文献检索与利用/方磊,谷琼编著. —北京: 清华大学出版社,2020.10(2024.8重印)
21世纪高等学校规划教材·信息管理与信息系统
ISBN 978-7-302-56503-1

Ⅰ. ①文… Ⅱ. ①方… ②谷… Ⅲ. ①文献检索与利用-高等学校-教材 Ⅳ. ①G254.97

中国版本图书馆 CIP 数据核字(2020)第 182552 号

责任编辑: 贾 斌
封面设计: 傅瑞学
责任校对: 胡伟民
责任印制: 丛怀宇

出版发行: 清华大学出版社
    网 址: https://www.tup.com.cn, https://www.wqxuetang.com
    地 址: 北京清华大学学研大厦 A 座 邮 编: 100084
    社 总 机: 010-83470000 邮 购: 010-62786544
    投稿与读者服务: 010-62776969, c-service@tup.tsinghua.edu.cn
    质量反馈: 010-62772015, zhiliang@tup.tsinghua.edu.cn
    课件下载: https://www.tup.com.cn, 010-83470236
印 装 者: 北京嘉实印刷有限公司
经 销: 全国新华书店
开 本: 185mm×260mm 印 张: 14.75 字 数: 370 千字
版 次: 2020 年 12 月第 1 版 印 次: 2024 年 8 月第11次印刷
印 数: 19001~22000
定 价: 49.00 元

产品编号: 083127-01

信息是宝贵资源,人们的能力提升与发展成长都离不开对信息资源的利用,学会利用各种信息资源,是每一个人必备的能力。在信息爆炸的时代,文献检索课程被赋予了新的内涵,服务学生学业发展、培养学生信息素养已成为文献检索课程的目标。本书正是围绕这个目标进行创作的,希望能使学生掌握常用的文献检索方法,养成解决信息问题的意识,形成良好的信息素养,为个人终身学习、更好地生存和发展奠定基础。

撰写本书的初衷是为了满足文献检索课程教学需要。在选择和组织教学内容时,以适合普通高校图书馆电子资源实际情况、理论和实践相结合、突出实践训练为原则,力求使学生掌握实际操作,快速解决实际问题,为学生课程学习、创新创业训练、毕业论文写作等活动提供帮助,方便教师组织教学、实验活动。

本书从本科生完成学业所需的文献检索和利用能力出发,系统地介绍了文献与文献获取渠道、互联网文献检索、信息问题解决方法、典型数据库检索平台使用、期刊文献检索与期刊评价、专利和标准文献检索等内容,使读者对文献检索及检索方法有全面认识。本书针对学术论文写作中常见问题及解决方法提供了案例,使读者对学术论文写作建立基本认识。

本书的特色主要是:

(1) 围绕文献检索课程教学组织本书内容,方便学生学习。

每章提供了学习导引和学习目标部分,学习导引部分对本章起导读作用,引导读者快速了解本章的核心内容;学习目标部分使读者快速知晓本章需要了解、掌握、应用训练的内容,这两部分内容可以作为学习之前的导读和学习之后的复习纲要。

课后习题提供了知识问答、技能训练、综合应用、交流报告等类型的题目,内容涵盖每章的知识点,为学生提供训练材料。交流报告类题目是笔者在课程教学中为组织学生开展报告演示活动而精心设计的,用于培养学生应用能力,提高学生综合素质,发挥文献检索课程的育人功能。

(2) 设计 38 个案例,提供了直观的文献检索应用与技能训练范例。

本书通过案例帮助读者快速掌握信息问题解决方法。读者跟随案例一步一步地训练,可以建立信息问题解决意识、提高应用检索技能解决问题的能力。

案例来自于笔者的日常教学,与学生的生活、学习、创新创业训练、学术论文写作等紧密相关。其中,学术论文写作部分的案例取自笔者对学生创新创业训练和学位论文指导的真实过程,案例反映了大学生在论文写作过程中经常遇到的问题。通过案例讲解,促进学生养成自主学习的能力和终身学习的意识。

(3) 将信息问题解决和文献检索平台使用结合起来,利用国内知名文献数据库平台介绍文献数据库检索应用案例。

中国知网、万方数据、超星平台、维普网等资源是高校学生通过图书馆普遍可以获得的资源。本书通过介绍各大平台提供的资源情况,培养学生解决信息问题的能力并掌握常用数据库检索平台的使用方法，培养学生举一反三、触类旁通，应用好其他文献平台。

（4）突出互联网公共信息资源应用。

目前，我国在信息化建设方面取得了巨大成就，提供了丰富的互联网信息资源。国家专利检索网站、标准检索网站、公共图书馆网站、互联网知识分享网站、问答社区等都提供了免费的优质资源，人们充分利用这些资源，既有助于学习研究，又能使国家资源得到充分利用。本书在介绍互联网信息资源时会随文附上网址，方便读者根据网址去实践。

（5）专利、标准知识介绍与文献检索应用相结合。在"大众创业、万众创新"的时代，专利、标准在创新创业活动、学术研究等方面受到极大的重视，本书对专利、标准的管理体系，国际、国内相关机构，公共资源以及我国的专利法、标准化法等作了整体性介绍，提供了专利和标准文献应用案例，使读者能快速对我国专利、标准的庞大体系建立基本认识，培养学生对专利、标准文献的检索和利用能力。

本书得到湖北文理学院特色教材基金资助，由湖北文理学院方磊、谷琼编写。在编写过程中参考了大量的图书、期刊和网络资料，在书后以参考文献的形式列出，在此向作者一并表示感谢。由于难以查证的原因，有部分文献未能在注释或参考文献中一一列出，在此特向这些文献的原创者表示深深的歉意和由衷的感谢！此外，限于笔者才疏学浅，时间仓促，书中难免有疏漏和不足之处，恳请广大读者批评指正，使之逐步完善。

方 磊

2020 年 9 月

案例 2-1：写出一个关键词的相关词

题目：写出"酒"的相关词及相关的英文词。

案例 2-2：从题目中提取关键词

题目：某学生正在开展一项课题研究,需要搜集文献,请从课题题目中提取关键词,课题题目是"面向景区智能导游的室内外一体化定位及位置服务方法研究"。

案例 2-3：写检索式

题目：从题目"面向景区智能导游的室内外一体化定位及位置服务方法研究"中提取关键词,用逻辑运算符连接起来,写出主题检索的检索式。

案例 3-1：馆藏图书检索

题目：某高校大学生正在学习数据结构课程,他打算在学校图书馆借一本数据结构方面的图书作为参考书。请帮助他完成借书任务。

案例 4-1：使用搜索引擎

题目：任选一个国外搜索引擎,搜索关键词"元搜索引擎"。

案例 4-2：搜索引擎使用对比

题目：任选两个搜索引擎,分别对关键词"农业供给侧改革"及其对应的英文词 Agricultural supply side reform 进行搜索,对比两个搜索引擎的搜索结果。

案例 4-3：限定文档类型搜索

题目：使用搜狗搜索引擎查找关于"信息素养"的 Word 类型的文档。

案例 4-4：限定查询词出现在网页标题中的搜索

题目：某同学需要对"供给侧改革"作深入了解,在搜索时发现有些结果只是略微涉及该主题,参考意义不大。如果标题中出现搜索词,其参考价值较大,所以决定搜索标题中含有"供给侧改革"的网页,请帮助他完成此任务。

案例 4-5：搜索特定来源信息

题目：请在互联网查找关于保康县扶贫工作开展情况的官方报道。

案例 4-6：查找特定数据

题目：某同学在作教育资源分析时,需要了解我国高校数量的准确数据,请帮助他查找到可靠、准确的数据。

案例 4-7：搜索引擎的高级搜索

题目：在保康县政府网站上查找关于保康县扶贫的信息,时间要求最近一个月,关键词要出现在标题中。

案例 4-8：使用医学知识分享网站寻求健康问题的解答

题目：某人得了"甲状腺功能减退"疾病,简称"甲减",想了解该疾病的治疗和注意事项,请帮助他获取相关信息。

案例 4-9：使用 Big6 模式解决考研学校选择问题

题目：某高校数学与应用数学专业的大学三年级学生，打算在大学四年级时报考硕士研究生，初步考研方向为应用统计专业，攻读学术学位，目前正在思考报考哪所大学的问题，请使用 Big6 信息问题解决模式来解决此问题，给出决策。

案例 5-1：一框式检索

题目：某同学开展主题为"基于相位特征信息的眼底图像检测研究"的项目研究，需要开展文献调研，请帮助他在中国知网上使用一框式检索查找相关文献。

案例 5-2：高级检索

题目：对案例 5-1 的检索题目进行中国知网高级检索。

案例 5-3：专业检索

题目：对案例 5-1 的检索题目进行中国知网专业检索。

案例 5-4：作者发文检索

题目：某同学准备开展"基于相位特征信息的眼底图像检测研究"，首先进行文献调研，他在中国知网上进行了初步检索后，了解到"肖志涛"这位作者的论文和他的课题相关度较高，想全面了解一下该作者的研究成果。

案例 5-5：二次检索，逐步精准地找到目标文献

题目：对案例 5-1 采用一框式检索方式下的二次检索，从而找到主题中含有"相位特征信息"和"图像检测"的文献。

案例 5-6：工具书检索

题目：某国学读书会要做一期儒家文化介绍活动，需要找一些相关资料参考，请帮助他们完成此任务。

案例 5-7：对检出文献进行分组浏览，了解一个领域的研究概况

题目：使用检索字段"主题"，检索词"数据融合"进行检索，对检索结果使用不同分组浏览，进一步缩小检索范围，了解该领域的研究专家、研究机构等情况。

案例 5-8：导出参考文献

题目：在中国知网查看检索词"数据融合"检索结果，并导出 5 篇引用最高的参考文献，保存到 Word 文档中。

案例 5-9：一项应用开发项目的技术调研

题目：某公司开发的项目中涉及人脸识别内容，需要对人脸识别领域技术发展状况进行调研，采用万方数据完成此任务。

案例 5-10：寻找一个问题的解决方案并获取学习资料

题目：某高校计算机专业学生小吴很想钻研一下数据恢复技术，因为他自己和身边的同学都遇到过硬盘或 U 盘不能读取的问题，而这些存储设备存有大量重要数据，他们常因数据不能读取而非常懊恼。小吴想解决这些问题，并结合所学专业寻找研究活动的方向，于是对数据恢复技术文献进行查找，并广泛搜集资料。

案例 6-1：一项创新设计项目的期刊文献检索

题目：某学生在使用智能手机的时候，发现手机存在较大的安全隐患，如手机病毒、垃圾信息、电话骚扰、隐私窃取等，因而打算利用自己在软件开发方面的特长，设计一款 Android 智能手机隐私管理软件。请你为他的创新设计搜集期刊文献。

案例 6-2：使用引文网络查找相关文献

题目：在案例 6-1 中，某学生准备设计一款 Android 智能手机隐私管理软件，在搜集期刊文献后，找到一篇与检查目标契合度较高的文献"谷琼,李杰,龚雄兴.基于 Android 智能手机的隐私管理系统的设计与实现[J].计算机应用与软件,2014"。请通过该文献的引文网络进一步搜集相关文献。

案例 7-1：专利常规检索

题目：检索发明人为"谷琼"、申请（专利权）人为"湖北文理学院"的一条发明专利，并查看相关信息。

案例 7-2：通过专利了解产品新材料

题目：某手机外壳设计研发组欲改进手机外壳材料，增强其耐用程度。他们的一项工作是要查找 2017 年以来关于手机外壳材料设计的专利。

案例 7-3：通过专利了解技术新动态

题目：某安全帽（头盔）生产厂家的技术员，经常关注市场上安全帽的技术发展动态，为设计新式安全帽寻找灵感，同时寻找具有引进价值的专利。他通过万方数据库了解相关专利。

案例 7-4：查找纸巾纸的国家标准

题目：某造纸企业打算生产纸巾纸，需要查找相关国家标准，从而指导生产，并配备生产、检测设备，准备生产所需条件，请帮助该企业查找相关标准。

案例 7-5：标准检索多渠道互为补充

题目：国内某软件开发项目组为了规范软件开发过程，撰写软件工程报告，需要软件工程相关的标准。使用国家标准全文公开系统、中国知网、万方平台检索。

案例 8-1：学术论文题名修改

题目：以期刊论文《学生学业评价在人才培养过程中的作用》为例，介绍题名的修改背景和过程。

案例 8-2：学士学位论文摘要修改

题目：以某高校信息与计算科学专业李浩然同学的学士学位论文摘要的修改过程为例，介绍学士学位论文摘要修改背景和过程。

案例 8-3：学位论文关键词修改

案例 8-4：学位论文参考文献修改

案例 8-5：为学位论文生成目录

案例 8-6：使用文档的大纲视图浏览文档内容

案例 8-7：了解综述类期刊论文的一般结构

题目：以两篇不同领域的综述类期刊论文为例，认识综述类期刊论文结构。

案例 8-8：学术论文修改

题目：以某高校信息与计算科学专业学生谢庆的论文为例，介绍一篇期刊论文从撰写、修改到发表的过程。

目 录

第 1 章 文献概述 ······· 1
  1.1 文献及文献的类型 ······· 2
    1.1.1 文献的定义 ······· 2
    1.1.2 与文献相关的几个概念 ······· 2
    1.1.3 文献类型及类型标识代码 ······· 3
  1.2 信息素养与文献检索能力 ······· 9
    1.2.1 信息素养 ······· 9
    1.2.2 培养信息素养的意义 ······· 12
    1.2.3 大学生培养信息素养的途径 ······· 13
  1.3 常用的文献获取渠道 ······· 14
    1.3.1 图书馆 ······· 14
    1.3.2 国内综合性文献信息服务平台 ······· 14
    1.3.3 国外文献数据库资源 ······· 17
    1.3.4 搜索引擎 ······· 19
  习题 1 ······· 20

第 2 章 文献管理与文献检索 ······· 22
  2.1 文献管理 ······· 23
    2.1.1 文献特征 ······· 23
    2.1.2 文献编目 ······· 24
    2.1.3 文献检索工具 ······· 25
    2.1.4 文献数据库管理文献 ······· 26
  2.2 揭示文献内容特征的两类方法 ······· 26
    2.2.1 分类法 ······· 27
    2.2.2 主题词法 ······· 30
    2.2.3 分类法与主题词法的比较 ······· 33
  2.3 文献检索 ······· 34
    2.3.1 文献检索途径 ······· 34
    2.3.2 文献检索分类 ······· 34
    2.3.3 文献检索效果评价指标 ······· 36
    2.3.4 文献检索方法 ······· 36
    2.3.5 计算机文献检索技术 ······· 37

习题 2 ……………………………………………………………………………… 41

第 3 章 图书馆文献检索 …………………………………………………………… 43

3.1 图书馆分类、服务与发展 …………………………………………………… 44
3.1.1 我国图书馆体系 ……………………………………………………… 44
3.1.2 高校图书馆提供的主要服务 ………………………………………… 46
3.1.3 图书馆新形态 ………………………………………………………… 47
3.2 图书馆馆藏检索 ……………………………………………………………… 50
3.2.1 索书号 ………………………………………………………………… 50
3.2.2 排架方法 ……………………………………………………………… 51
3.2.3 馆藏书目计算机检索 ………………………………………………… 51
习题 3 ……………………………………………………………………………… 53

第 4 章 互联网信息资源搜索 …………………………………………………… 54

4.1 搜索引擎及使用 ……………………………………………………………… 55
4.1.1 搜索引擎概述 ………………………………………………………… 55
4.1.2 限定条件搜索 ………………………………………………………… 60
4.1.3 搜索引擎搜索步骤 …………………………………………………… 71
4.2 问题解答类搜索网站 ………………………………………………………… 72
4.3 Big6 信息问题解决模式 …………………………………………………… 77
4.3.1 Big6 的含义 …………………………………………………………… 78
4.3.2 Big6 的步骤 …………………………………………………………… 78
4.3.3 案例 …………………………………………………………………… 79
习题 4 ……………………………………………………………………………… 82

第 5 章 典型数据库检索平台使用 ……………………………………………… 85

5.1 中国知网 ……………………………………………………………………… 86
5.1.1 中国知识资源总库 …………………………………………………… 86
5.1.2 中国知网文献检索 …………………………………………………… 88
5.2 万方数据 ……………………………………………………………………… 104
5.2.1 万方数据资源及服务 ………………………………………………… 104
5.2.2 万方数据文献检索 …………………………………………………… 105
5.3 超星平台 ……………………………………………………………………… 109
5.3.1 超星平台资源及服务 ………………………………………………… 109
5.3.2 超星平台文献检索 …………………………………………………… 111
5.4 其他文献信息服务平台 ……………………………………………………… 120
5.4.1 维普网 ………………………………………………………………… 120
5.4.2 SpringerLink 学术资源平台 ………………………………………… 121
习题 5 ……………………………………………………………………………… 124

第6章 期刊文献检索与期刊评价 ……126

6.1 期刊文献检索 ……127
6.1.1 文献检索步骤和调整检索效果的方法 ……127
6.1.2 期刊文献检索案例 ……128
6.2 期刊质量评价 ……134
6.2.1 期刊质量评价指标与工具 ……135
6.2.2 国内主要的核心期刊(或来源期刊)遴选体系 ……136
6.2.3 国外主要的引文检索工具 ……138
6.3 引文网络应用 ……139
6.3.1 文献引证关系 ……139
6.3.2 文献引证关系的表示 ……140
习题6 ……142

第7章 专利和标准文献检索 ……144

7.1 专利 ……145
7.1.1 专利的相关知识 ……145
7.1.2 专利文献及其利用意义 ……148
7.1.3 我国专利的行政管理机构 ……149
7.1.4 专利国际合作组织及有关条约 ……150
7.1.5 国际知名专利数据库 ……151
7.1.6 专利文献中常用概念 ……152
7.1.7 专利检索案例 ……155
7.2 标准 ……166
7.2.1 标准的相关知识 ……167
7.2.2 标准的编号规则 ……169
7.2.3 我国标准化相关机构 ……171
7.2.4 国际标准化组织 ……172
7.2.5 中国标准的检索 ……173
习题7 ……182

第8章 学术论文写作基础 ……184

8.1 学术论文 ……185
8.1.1 学术论文概述 ……185
8.1.2 学术论文的基本组成部分 ……186
8.1.3 题名修改案例 ……189
8.1.4 相关的几个标准 ……190
8.2 学位论文 ……191
8.2.1 学位论文概述 ……191

8.2.2　学位论文的基本结构 ·· 192
　　　8.2.3　学位论文相关案例 ·· 193
　8.3　文献综述 ·· 202
　　　8.3.1　文献综述概述 ·· 202
　　　8.3.2　综述类期刊论文的一般结构 ······································· 204
　　　8.3.3　综述类期刊论文案例 ··· 204
　8.4　学术论文写作 ·· 206
　　　8.4.1　项目研究活动 ·· 206
　　　8.4.2　学术论文写作环节 ·· 208
　　　8.4.3　从一篇期刊论文的修改发表过程认识论文写作 ·················· 209
　　　8.4.4　加强实践训练,促进学术论文写作能力提升 ····················· 217
　习题 8 ·· 217

参考文献 ·· 219

第1章 文献概述

学习导引

本章介绍了文献相关的概念,文献的分类(按加工层次、载体、出版形式分类),文献类型标识代码,信息素养及文献检索对培养信息素养的重要意义,文献获取渠道等内容,使读者对文献和文献检索有概貌认识。

按文献的出版形式分类是常用的文献分类方式,认识该分类下每一种文献类型的内涵是文献检索和利用的基础。记住常用的文献类型标识代码有助于识别参考文献的类型和正确书写参考文献。

获取文献并能初步评价所获取文献的完备程度,需要对文献获取渠道有充分的认识。

信息获取和利用能力是信息时代每个人应具备的基本能力。培养文献检索能力是培养信息素养的一个有效途径,为培养自主学习能力、初步科研能力、终身学习能力提供保障。文献检索还是科技创新、各类研究工作的拐杖,是解决日常生活问题的重要手段。学好文献检索对每个人都具有很强的现实意义和价值。

学习目标

了解

文献的概念;知识、情报、信息的概念;文献的载体类型;
一次文献、二次文献、三次文献;
文献的出版形式;常用的文献获取渠道;
信息素养;培养信息素养的意义和途径。

掌握

文献类型对应的标识符,常用文献获取渠道名称。

应用

写出文献类型对应的标识代码;列举几种三次文献的名称;
CIP数据核字号查询;在国家新闻出版广电总局网站查询期刊、报纸等;
通过中华人民共和国国家知识产权局网站查看专利公告;
使用国家科技报告服务系统,检索国家科技计划项目所产生的科技报告;
初步使用中国知网、万方数据平台、SpringerLink、百度、搜狗、360搜索、必应(Bing)等。

1.1 文献及文献的类型

德国柏林图书馆的大门上写着这样的文字:"这里是知识的宝库,如果你掌握了它的钥匙,那么这里的全部知识都是你的。"文献就是宝库里的"珍宝",文献是传承人类文明的载体,既是知识、科技发展的记载,也是源源不断地开展科技创新、创造新知识的根基。文献对大学生、研究生、教师及科研工作者来说是重要的资料和工具,是他们进行学习和研究的基础。人们可以利用各类文献资料解决生活中遇到的问题。

文献跨越时空,促进国际交流与合作;文献记录国家历史、民族历史、文化知识,记载每一个行业的文化、技术、资源、演变、发展;文献是教学、科研工作的必要资料;文献是学生学习成长的阶梯,是了解学科发展历史、研究现状、前沿动向的必备资料和工具。

1.1.1 文献的定义

文献(Literature,Document)的定义有很多,不同的机构有不同的定义。我国国家标准《信息与文献 术语》(GB/T 4894—2009)从文献工作的角度对文献进行了定义:"在文献工作过程中作为一个单位处理的记录信息(Recorded Information)或实物对象"。文献工作(Documentation)是"为了存储、分类、检索、利用或传递,而对记录信息所进行的连续和系统的汇编和处理。"

国际标准化组织(ISO)在《文献情报术语国际标准》(ISO/DIS5217)中,从目的、记录内容、载体类型对文献作了具体说明,给出的定义是:"为了把人类知识传播开来和继承下去,人们用文字、图形、符号、音频、视频等手段将其记录下来,或写在纸上,或晒在蓝图上,或摄制在感光片上,或录到唱片上,或存储在磁盘上。这种附着在各种载体上的记录统称为文献。"也有人将文献定义为"记录知识的一切载体",相对而言,这个定义抽象且简洁。

从以上几个不同的文献定义可以看出,文献包含3个要素:信息、记录手段和载体。

(1) 信息或知识是文献的内容,是文献的本质特征。

(2) 记录手段是指记录文献所用的技术手段,一般包括:雕刻、书写、印刷、拍摄、复印、计算机录入等,记录手段随着技术的进步不断发展。

(3) 载体是文献存在的形态,具有商品、保存和流通的特性。文献的载体随着技术的进步不断发展,从古代的甲骨文、碑刻、竹简、帛书、羊皮、泥板、草纸等,发展到今天的纸质图书、磁带、光盘以及各类电子出版物。

文献是信息的主要载体,大多数规范化的重要信息都以文献形式出现,其优点是易识别、易保存、易传播,随着社会的发展,文献的数量和存在的形态都会极大地丰富。

1.1.2 与文献相关的几个概念

知识、情报和信息是与文献密切相关的几个概念,它们既有区别也有联系。

1. 知识

知识(Knowledge)是指人们在改造客观世界的实践中所获得的认识和经验的总结。柏拉图认为,一条陈述能称得上是知识必须满足三个条件,它一定是被验证过的、正确的、而且是被人们相信的。

世界经济与合作发展组织（OECD）将知识分成了4类：

(1) 关于事实的知识——知道是什么（Know What）。

(2) 关于原理性的知识——知道为什么（Know Why）。

(3) 关于技能的知识——知道怎么做（Know How）。

(4) 关于产权归属的知识——知道归属谁（Know Who）。

知识是全人类的宝贵财富，是人类文明的结晶，衡量一个国家、一个民族、一个人的文明程度，主要看其学习、创造、掌握、应用知识的能力，传承知识是教育的重要使命。

2．情报

情报（Intelligence）是对人们有用的知识或信息，是用来解决科研、生产中的具体问题所需要的特定知识或信息。情报本质上也是知识，它同时还强调传递功能效用。情报具有三大属性：知识性、传递性、效用性。

3．信息

信息（Information）泛指人类社会传播的一切内容，如音讯、消息、通讯系统传输和处理的对象等。信息是对客观世界中各种事物的运动状态和变化的反映，是客观事物之间相互联系和相互作用的表征，表现的是客观事物运动状态和变化的实质内容。信息论奠基人香农（Shannon）在他的著名论文《通信的数学原理》中指出"信息是用来消除随机不确定性的东西"，这一定义被人们看作是信息的经典性定义并被广泛加以引用。香农提出了"信息熵"的概念（借用了热力学中熵的概念，热力学中的热熵是表示分子状态混乱程度的物理量），来解决信息的度量问题。

人们对信息进行提取、加工、评价，信息被系统化、理论化后成为知识。知识被记录下来成为文献。知识或文献经过传递，并被加以利用成为情报。获取和利用情报的能力，体现了人们对知识、文献的应用能力。

1.1.3　文献类型及类型标识代码

对庞杂的文献进行管理和利用，必须要对文献进行分类。可以按文献的加工层次、载体类型、出版形式对文献进行分类。

1．按加工层次分类

根据信息内容的加工层次，可将文献分为一次文献、二次文献和三次文献。另外，也有学者将零次文献划分为一次文献。

(1) 一次文献（Primary Literature）。一次文献是指人们对自然信息和社会信息进行首次加工而形成的文字记载，并公开发表或出版。如果没有公开发表或出版，则称其为零次文献。零次文献不公开交流，难以获得，一般不作为可利用的文献类型。

一次文献是主要的文献信息来源。例如，专著、期刊论文、专利文献、标准文献、会议文献、样本等成品文献都属于一次文献。一次文献是产生二次文献、三次文献的基础。一次文献的主要判断标准为：是否是信息的首次加工，是否是作者的原创成果。一次文献数量极为庞大，它具有内容丰富、叙述详尽、参考价值大的特点，但它在管理上是分散的、无系统的，不便于管理和传播。

（2）二次文献（Secondary Literature）。在我国标准《信息与文献 术语》（GB/T 4894—2009）中，二次文献的定义是：包含其他文献的数据、信息的文献。

文献管理机构对一次文献的外部特征（题名、作者、文献物理特征）和内容特征进行加工形成二次文献。例如，目录、书目、索引、文摘等都是二次文献。形成二次文献的目的是为了方便管理和利用文献，二次文献是用户检索文献的工具。因此，二次文献不是一次文献本身的汇集，而是一次文献特征的汇集，通过它们可以很方便地找到一次文献，或了解一次文献的内容。二次文献的主要特征为：内容相对集中、系统性强、便于管理和检索。

（3）三次文献（Tertiary Literature）。三次文献是指专家、学者利用二次文献提供的线索，选择大量相关的一次文献加以分析、综合，编写出来的第三个层次的文献。例如，专题报告、综述、进展以及手册、百科全书、年鉴等工具书。三次文献具有系统性、综合性、知识性和概括性的特点。

三次文献从一次文献中汲取重要内容，便于读者高效率地了解某一领域的状况、动态、发展趋势和有关情况，帮助读者答疑解惑。要在浩瀚的一次文献中查找所需资料，往往离不开二次文献和三次文献。

因而，可以说一次文献是作者的原创成果，二次文献是帮助读者快速查找文献的工具，三次文献是读者对某一领域知识快速认识和学习的助手。

2．按文献的载体分类

随着科技的发展，文献的载体也发生了巨大的变化，现代声光电技术材料的出现扩大了文献的载体类型，如磁带、缩微胶卷、光盘、硬盘等。这也使得文献的生产和传递更加迅速，使知识、信息的存储和利用更加便捷，并且呈现出动态的视听特点。目前，文献按载体可划分为纸质型文献、缩微型文献、音像型文献、电子型（机读型）文献4种。

（1）纸质型文献（Paper Literature），是以手写、印刷等为记录手段，将信息记载在纸张上形成的文献。纸质型文献便于阅读和流传，但存储容量小、体积大，不便于管理和长期保存。它是传统的文献形式，也是使用广泛的文献类型。

（2）缩微型文献（Microform Literature），是以感光材料为载体、用缩微照相制成的文献复制品，如缩微胶卷、缩微平片。缩微型文献的特点是存储密度大、体积小，便于保存和传递，但必须借助专门的设备才能阅读。世界上许多文献信息服务机构都把打算长期收藏的文献制成缩微品加以保存。

（3）音像型文献（Audio-Visual Literature），是采用录音、录像、摄影、摄像等手段，将声音、图像等多媒体信息记录在光学材料、磁性材料上形成的文献，又称为声像资料、视听资料、音像制品，如磁带、唱片、CD、VCD、DVD等。音像型文献脱离了传统的文字记录形式，直接记录声音和图像，给人以直观的感觉。其特点是形象、直观，能体现艺术效果，但其制作、阅读需要利用专门设备。

（4）电子型文献（Electronic Literature），是指将图像、文本、声音、视频等转换为数码存储格式，并保存到磁盘、磁带、光盘、硬盘等介质上，通过计算机设备及相应的软件来阅读使用的文献，也称机读型文献，如各种电子图书、电子期刊、联机数据库、网络数据库、光盘数据库等。其特点是信息存储量大，出版周期短，易更新，传递信息迅速，存取速度快，可以融文本、图像、声音等多媒体信息于一体，信息共享性好，易复制，但必须利用计算机及相关软件才能阅读。

3. 按文献的出版形式分类

按出版形式对文献进行分类,是文献检索和利用中常用的一种分类。按照文献的出版形式和内容,可以将文献分为图书、期刊、报纸、学位论文、会议论文、专利、标准、科技报告、政府出版物、产品样本资料等。除图书、期刊、报纸3种文献外,其余文献也称为特种文献。

(1) 图书(Monograph)。联合国教科文组织对图书的定义是:凡由出版社(商)出版的不包括封面和封底在内49页以上的印刷品,具有特定的书名和著者名,编有国际标准书号(ISBN),有定价,并取得版权保护的出版物称为图书。图书包括专著、教科书、词典、丛书、工具书、百科全书等。

国际标准书号(ISBN)和CIP数据核字号是图书的两项重要信息。

① 国际标准书号(International Standard Book Number,ISBN)是国际通用的、为图书或独立的出版物编的代码。ISBN与出版物是一一对应的关系。国际标准化组织ISO于1972年颁布了ISBN国际标准,并在西柏林普鲁士图书馆设立了实施该标准的管理机构——国际ISBN中心。现在,采用ISBN编码系统的出版物有:图书、小册子、缩微出版物、盲文印刷品等。

国际标准书号(ISBN号)由13位数字组成。前3位数字代表图书,中间的9个数字分为3组,分别表示国家代码、出版社代码和书序码,最后1个数字是校验码,从0到9或X。

例如,《计算机科学概论》的ISBN为978-7-111-17016-7,是我国机械工业出版社的书号。

② CIP数据核字号(Cataloguing In Publication)。我国正规出版的图书都有图书在版编目数据,CIP数据核字号是指依据一定的标准,为在出版过程中的图书编制书目数据,经图书在版编目产生的,并印刷在图书主书名页背面或版权页上方的书目数据。可以在中央宣传部出版物数据中心(PDC)数据服务平台网站对图书的CIP数据核字号进行查询,以辨别其合法性。网址为https://pdc.capub.cn/。

CIP数据核字号由"年号+序号"组成,通常为一串数字。例如,某图书主书名页背面印有"中国版本图书馆CIP数据核字(2010)第188770号",则此书的查询号为"2010188770",在我国国家新闻出版广电总局网站查询时,在CIP核字号处输入2010188770即可,如图1-1所示,查询结果如图1-2所示。

图 1-1 CIP 数据核字号查询

图 1-2 CIP 数据核字号查询结果

ISBN 和 CIP 数据核字号是国内出版图书不可缺少的两个数据。如果没有这两个数据,印刷物就成了内部资料,内部资料是不允许定价和销售的。

(2) 期刊(Journal)。期刊有固定刊名,是以期、卷、号或年、月为序,定期或不定期连续出版的印刷读物,每期的内容不重复。随着科技进步,期刊也有了电子出版新形式。一般连续出版物中,供大众阅读的综合性刊物称为杂志(Magazine),供专业人士阅读的刊物称为期刊(Journal)。

根据期刊的出版周期可将期刊分为周刊、旬刊、半月刊、月刊、双月刊、季刊、半年刊、年刊。根据期刊的流通范围可将期刊分为非正式期刊和正式期刊。非正式期刊是指通过行政部门审核领取"内部报刊准印证"作为行业内部交流的期刊,一般只限行业内交流,不公开发行。新闻出版行政部门分配给正式期刊的连续出版物的代号为国内统一连续出版物号,简称"国内统一刊号",即"CN"。期刊还有国际标准连续出版物编号(International Standard Serial Number,ISSN)。我国大部分期刊除了有 CN 外,还配有 ISSN。例如,《湖北文理学院学报》的 ISSN 为 2095-4476,CN 为 42-1830/Z。

可以在我国国家新闻出版署网站对期刊和期刊社进行查询,以辨别其合法性。网址为 http://www.nppa.gov.cn/nppa/publishing/magazine.shtml。

(3) 报纸(Newspaper)。报纸是出版周期比较短的印刷出版物,以刊载新闻和时事评论为主,定期向公众发行。它是大众传播的重要载体,具有反映和引导社会舆论的功能。报纸通常不装订,散页印刷,有固定的名称。根据出版周期,报纸可分为日报、早报、晚报、双日报、周报、旬报等。

可以在我国国家新闻出版署网站查询报纸的登记信息,以辨别其合法性。网址为 http://www.nppa.gov.cn/nppa/publishing/paper.shtml。

例如,查询《襄阳晚报》,其查询结果如图 1-3 所示。

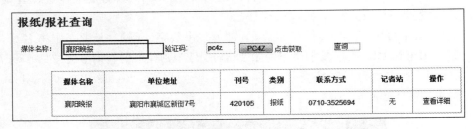

图 1-3　国家新闻出版广电总局网站对报纸查询的结果

(4) 学位论文(Dissertation,Thesis)。学位论文是高校学生为了获得所修学位而撰写的论文,学位授予单位对学位论文的内容、格式等方面有详细且严格的要求,不同学位授予单位对学位论文的要求会有所不同。学位论文是学术论文的一种,一般不公开出版。学位论文分为学士论文、硕士论文、博士论文 3 种。一般来说,学位论文对课题的论述比较系统,是具有较高参考价值的文献。

(5) 会议论文(Conference Literature)。会议论文是指在会议等正式场合宣读的首次发表的论文。会议论文属于公开发表的论文,一般正式的学术交流会议都会出版会议论文集,特别是国际重大会议,其出版的论文集里的论文研究的是学科的前沿问题,代表最新的研究成果,具有较高的文献利用价值。会议论文集不是期刊,但是有的期刊为会议论文出版增刊。

（6）专利（Patent）。专利文献是专利申请、审查、批准过程中所产生的各种文件资料，具体包括专利申请书、专利说明书、专利公报、专利文摘以及各种相关资料。

专利相关工作由国家知识产权局主管，国家知识产权局的中国专利检索系统（CPRS）包含1985年以来3种中国专利著录数据及发明、实用新型全文说明书；1975年以来美国专利著录数据及全文说明书；1993年以来日本专利和实用新型全文说明书。国家知识产权局会定期发布专利公告，如图1-4所示。我国国家知识产权局的新域名为http://www.cnipa.gov.cn/，旧域名为http://www.sipo.gov.cn/。

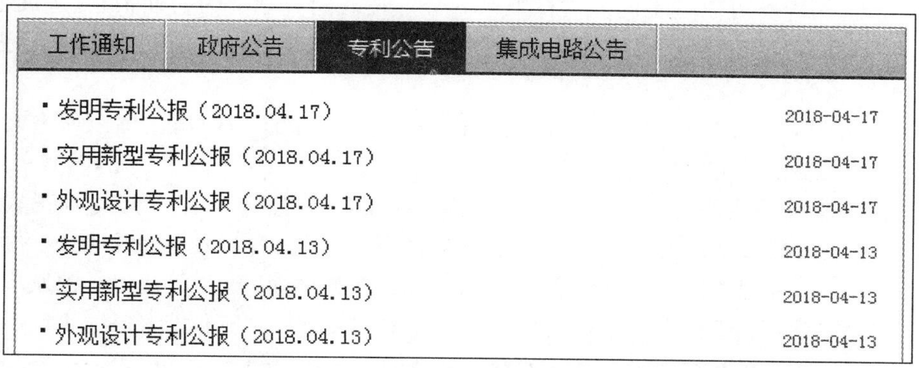

图1-4 我国国家知识产权局会定期发布专利公告

还可以在国家知识产权局中国专利信息中心主办的专利之星检索系统中，输入关键字或分类号对专利进行检索，如图1-5所示。专利之星检索系统网址为http://www.patentstar.cn/。

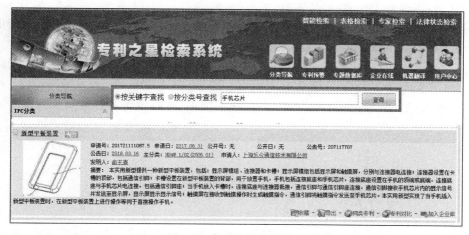

图1-5 专利之星检索系统

（7）标准文献（Standard Literature）。标准文献是经公认权威机构（主管机关）批准的一整套在特定范围（领域）内必须执行的规格、规则、技术要求等规范性文献，简称"标准"。

标准检索的网站较多，有国际权威机构提供的检索系统，有大型信息服务平台提供的综合性检索工具，也有专门的商业性标准服务检索网站。例如，中国标准服务网（http://

www.cssn.net.cn/)。

(8) 科技报告(Scientific and Technical Report)。科技报告是描述科研活动的过程、进展和结果，并按照规定格式编写的科技文献，其目的是实现科技知识的积累、传播和交流。每份科技报告自成一册，通常载有主持单位、报告撰写者、密级、报告号、研究项目号、合同号等，它按内容可分为报告书、论文、通报、札记、技术译文、备忘录等。科技报告内容广泛、翔实、具体、完整，技术含量高，实用意义大，而且便于交流，时效性好，一般来说，以科技报告形式反映科研成果的时间比这些成果在期刊上发表的时间早一年左右，有的成果由于保密的要求不在期刊上发表，因此，科技报告具有其他文献类型所无法相比的特点和优势。

科技报告的种类可以按不同分类标准来划分。按时间可划分为初期报告、进展报告、中间报告、终结报告；按流通范围可划分为绝密报告、机密报告、秘密报告、限制发行报告、公开报告、解密报告等。

美国知名四大科技报告包括国防部的 AD 报告、商业部的 PB 报告、国家航空及宇航局的 NASA 报告、能源部的 DOE 报告。

我国国家科技报告服务系统(http://www.nstrs.cn/)于 2014 年 3 月 1 日正式开通运行，国家科技报告服务系统是一个免费共享服务，定位于国内各种项目的科技报告的呈缴、上报、审核、发布、管理，可以面向大众以及专业人员(严格注册)提供科技报告的服务。公众可以通过该系统检索国家科技计划项目所产生的科技报告，对于信息检索、项目申报和鉴定、评估、查重、查新都有作用。该系统对科研工作者了解科技工作政策、学习科技报告撰写规范也有较大的帮助。国家科技报告服务系统的开通运行，标志着我国科技报告制度建设取得实质性进展。

(9) 政府出版物(Government Publication)。政府出版物是由政府机构出版或由政府机构编辑并授权指定出版商出版的文献，常见的政府出版物有报告、公报、通报、通讯、文件汇编、会议录、国家机关指南、统计资料、地图集、地名词典、官员名录、工作手册、图表，以及传统的图书、期刊、小册子，也包括缩微制品、视听文献等其他载体的非书资料。政府出版物大致可分为两类：一类是行政性文件，另一类是科技性文件。

(10) 产品样本资料(Product Sample Book)。产品样本资料是指厂商或贸易机构为宣传和推销其产品而印发的资料，如产品说明书、产品目录、产品手册等。它们大多是对特定类型产品的性能、构造原理、用途、使用方法、操作规程、产品规格等所做的具体说明。产品样本资料图文并茂，形象直观，所反映的技术较为成熟，数据较为可靠，对技术革新、选型、设计、试制新产品以及引进设备等均有一定的参考价值，有助于人们对著名厂商产品样本的搜集。

4. 文献类型标识代码

文献类型标识代码是标识各种参考文献类型的符号，《信息与文献 参考文献著录规则》(GB/T 7714—2015)给出了具体规定。论文作者应该使用文献类型标识代码，将自己引用的各种参考文献的类型及电子资源载体类型标识出来。

文献标识代码一般取自该文献类型的英文单词的首字符，对于电子资源，采用双字母表示电子资源载体类型。文献类型及其标识代码如表 1-1 所示，电子资源载体类型及其标识代码如表 1-2 所示。从事论文写作的人员，有必要记住文献标识代码，以方便书写或利用参考文献。认识文献标识代码对应的文献类型英文单词，有助于快速记忆这些文献标识代码对应的文献类型。

表 1-1 文献类型及其标识代码

文献类型	标识代码	文献类型	标识代码
期刊文章(Journal)	J	论文集(Conference Proceeding)	C
专著(Monograph)	M	标准(Standard)	S
学位论文(Dissertation)	D	专利(Patent)	P
报纸文章(Newspaper)	N	报告(Report)	R
资料汇编(General)	G	档案(Archival)	A
计算机程序(Computer Program)	CP	电子公告(Electronic Bulletin Board)	EB
数据库(Database)	DB	舆图	CM
数据集(Dataset)	DS	其他	Z

表 1-2 电子资源载体类型及其标识代码

电子资源的载体类型	标识代码	电子资源的载体类型	标识符
磁带(Magnetic Tape)	MT	磁盘(Disk)	DK
光盘(CD-ROM)	CD	联机网络(Online)	OL

当电子资源被引用时,需要在参考文献类型标识中同时标明其载体类型。电子资源的参考文献类型标识方法为:[文献类型标识/电子资源载体类型标识]。例如,①联机网上数据库[DB/OL];②磁带数据库[DB/MT];③光盘图书[M/CD];④网上电子公告[EB/OL];⑤网上期刊[J/OL];⑥磁盘软件[CP/DK]。

例如,陈金莉.CALIS采编一体化之联合采访流程介绍[DB/OL].2018.11.02.

1.2 信息素养与文献检索能力

随着科技的快速进步,媒体类型的不断增加,信息的存储方式和使用手段日新月异,信息量出现爆炸式增长,对信息的利用意识和能力逐步成为每个人的基本素质,即信息素养。对信息的获取、评价和利用是文献检索的目标,文献检索和利用的能力是信息素养的重要构成部分,培养和提高文献检索能力是信息利用的重要基础,也是培养信息素养的有效途径。

1.2.1 信息素养

信息素养(Information Literacy)的概念随着科技进步逐步演变,是在发展中不断完善的。不同的人对信息素养内涵的认识在主要方面是一致的,都强调信息需求、信息获取、信息组织、信息利用、创新应用等方面,只是在信息应用于人们日常生活和工作中的程度及道德规范等方面的认识有所不同。

信息素养的概念被提出后,许多国家积极开展了信息素养教育和评价活动,并形成信息素养评价指标体系。信息素养评价指标体系和人们对信息素养内涵的认识是一致的,为信息素养教育和评价活动提供可执行的标准。各个国家在信息素养评价指标体系建设上的发展程度有所不同,目前仍在通过实践活动而不断发展与完善。

1. 信息素养概念发展历程

在计算机和网络发展的背景下,为了提高人们对信息的利用,1974年美国信息产业协会主席保罗·泽考斯基(Paul Zurkowski)在给美国图书馆与信息科学委员会(National Commission on Libraries and Information Science,NCLIS)的报告《信息服务环境,关系和优先权》中,首次提出了信息素养的概念。之后也有专家将信息素养概括为:信息素养是利用大量的信息工具和信息源使问题得到解决的技能。1989年美国图书馆协会(ALA)对信息素养的描述是:有信息素养的人能够判断何时需要信息,并懂得如何去获取、评价和有效地利用所需要的信息。进入20世纪90年代,随着网络技术的发展,信息的数量、载体、获取途径、管理方法等方面都发生了巨大的变化,人们对信息素养的内涵描述还在继续发展。2003年9月,联合国教科文组织与美国图书情报学委员会、国家信息素养论坛在捷克首都布拉格召开了国际信息素养专家会议,此次会议将信息素养定义为一种能力,通过培养信息素养,帮助人们确定信息、查找信息、评估信息、组织信息、有效地使用和交流信息,并有效地解决问题。信息素养内涵越来越丰富而全面。

2. 各国信息素养评价指标体系

为了使信息素养教育及评价工作有规范可依、有标准可查,世界各国纷纷对信息素养及其评价指标体系进行了深入研究。各国不仅对信息素养开展了研究,而且积极推行信息素养教育。信息素养指标是对信息素养构成要素及要素对应信息能力的具体描述。信息素养评价指标体系为开展信息素养教育提供了一个整体框架,是进行信息素养教育和评价的主要依据。

1)美国信息素养评价指标体系发展

美国是最早研究信息素养的国家,在制订信息素养标准方面开展了多层次、多领域的系列工作,并在实施信息素养教育方面做出了突出成绩。信息素养标准在教育层次上,分为面向基础教育和面向高等教育两类;在标准实施的范围上,有地区信息素养标准和国家信息素养标准之分。逐步为特定的学科领域制定信息素养标准成为发展趋势,各机构陆续发布了一系列的学科层次的信息素养标准,使信息素养标准向越来越精细的方向发展,能够让学生在各个教育阶段、各个专业领域都得到相应的信息素养培养。

1998年,美国图书馆协会(ALA)和教育交流技术协会(AECT)发布了面向基础教育的信息素养能力标准——《学生学习的信息素养标准》,该指标体系分为3个一级指标、9个二级指标、29个三级指标。该标准根据中小学生的特点,从信息素养、独立学习和社会责任3个大类进行描述。

1999年,美国阿拉斯加州教育厅和州立图书馆发布了地区性的信息素养标准——《图书馆信息素养标准》,该标准由5个一级指标和23个二级指标构成,包括知道信息和资源如何组织,了解寻找、评估和交流信息的必要研究过程,以及与信息资源相关的道德、法律和社会行为。该标准用于培养和评估阿拉斯加学生应该掌握的知识、能力和态度。

2000年,美国大学与研究图书馆协会(ACRL)发布了《美国高等教育信息素养能力标准》。该标准共有5个能力指标、22个表现指标、87个成果指标。该指标体系为美国高等院校的师生明确了信息素养培养的目标,是实施信息素养教育和评价学生信息素养能力的标准和依据。该指标体系比较具体,可操作性相对较强,延伸和扩展了《学生学习的信息素养标准》,不仅广泛用于美国各层次、各类型高校的信息素养教育和评价,也为全美乃至全世界信息素养标准的制定和使用提供了依据。

2004年,ACRL的科学与工程技术组发布了《科技信息素养标准(草案)》,该标准包含5个标准、24个表现指标和104个成果指标,用以培养、评价高等教育中科学和工程技术专业领域的学生信息素养能力。

2007年,ACRL的英美文学组发布了《英美文学专业研究能力指南标准》,该标准包括7个大类、34个具体评价指标,用于培养和评价学生在英美文学专业领域的知识创造、学术活动等过程中的信息素养能力。

2008年,ACRL的人类学与社会学组发布了《人类学与社会学学生信息素养标准》,该标准面向人类学与社会学领域里的学生,主要包括4个一级指标:知道需要何种信息;有效并合理地使用所需信息源;能对所得信息进行评估并将其合并到自己的知识库中;有效且合法地利用所获取的信息。

2) 澳大利亚和新西兰信息素养评价指标体系发展

2004年,澳大利亚和新西兰的高校信息素养联合工作组发布了《澳大利亚和新西兰信息素养框架》,该框架指出:"具有信息素养的人能够识别自己对信息的需求,决定所需信息的范围和程度,有效地获取信息,严格地对信息及其来源进行评估,能够分类、存储、加工所得的信息,能将所选择的信息融入自身知识体系中,高效地利用信息来学习、创造新知识、解决问题和做出决策,懂得使用信息过程中的经济、法律、社会以及文化问题,能够合理合法地获取和使用信息,能够在行使公民参与权和处理社会责任事务中使用信息和知识,并把信息素养当成独立学习和终身学习的一部分。"这段描述按照信息的获取、加工、利用的逻辑顺序,逐步将信息利用范围从个人学习延伸到社会事务处理,突出了信息利用应达到服务社会,履行公民义务,实现终身学习发展的目标。

该框架确立了信息素养能力培养和评价标准体系,框架由6个一级指标(标准)、19个二级指标(应获得的学习成果)和66个三级指标(学习成果的具体表现)组成。

其中,该框架的6个一级指标(标准)为:

(1) 信息需求:能根据自己的需求,界定信息需要,准确描述所需信息的性质和程度。

(2) 信息获取:能快速、准确地获取所需要的信息。

(3) 信息评价:能对搜索到的信息及获取信息过程做出评估。

(4) 信息组织管理:能够使用各类工具或方法,对搜集到的信息进行有效管理。

(5) 信息创新:能将新旧信息应用到构建新概念或知识创新中。

(6) 信息道德:在获取和使用信息时,应遵守法律规定,符合文化习俗、社会规范、道德规范要求。

框架中一级指标下共有19个二级指标,对应了19个应获得的学习成果。二级指标下有66个三级指标,对应学习成果的具体表现。通过二级指标、三级指标精确地描述了信息素养培养要达到的具体效果,为开展信息素养教育及评价提供了可执行的标准。

3) 英国信息素养评价指标体系发展

英国的国家与大学图书馆标准协会(Society of College, National and University Libraries, SCONUL)是英国历史最悠久的图书馆联盟,从1997年起,SCONUL的信息素养咨询委员会就致力于高等教育领域信息素养的研究工作,于1999年发布了《信息素养的7

个支柱》报告，提出了高校信息素养能力指标体系，该体系由 7 个一级指标和 18 个二级指标组成。一级指标对应了 7 项重要技能：①确认信息需求；②描述并选择信息获取途径；③设计检索策略；④寻找和获取；⑤比较和评价；⑥组织、应用、交流；⑦综合、创造。这 7 项技能分为两类，前 4 项对应基本的图书馆技能，后 3 项对应 IT 技能。每个一级指标有若干种具体表现，每一种具体表现即是一个二级指标，通过二级指标准确地描述了 7 项技能的具体表现，该体系为英国高等教育信息素养教育提供可操作的工作标准。

3. 我国信息素养研究发展

我国的信息素养研究主要在高等教育领域，不同机构、个人对大学生的信息素养评价指标体系进行了研究，研究中借鉴了国外的研究成果，并结合我国实际情况加以改造，以适应我国的教育环境。

2003 年，清华大学主持开展了北京高校图书馆学会项目"北京地区高校信息素养能力示范性框架研究"，于 2005 年发布了《北京地区高校信息素养能力指标体系》。作为地区性的评价体系，该体系由 7 个一级指标、19 个二级指标、61 个三级指标组成，各级指标设置参照美国 ACRL 的《美国高等教育信息素养能力标准》，在指标后面有实例来说明具体成果，便于理解指标内涵，在指标具体化方面做了大量工作。

2005 年，中国科学技术信息研究所制定了《高校学生信息素养综合水平评价指标体系》，该指标体系主要包括 3 个一级指标（信息意识、信息能力、信息观念和信息伦理）和 15 个二级指标。

2008 年 4 月，我国高校图书馆工作委员会下属的信息素质教育工作组制定了全国性的《高校大学生信息素养指标体系》，该指标体系共有 6 个一级指标、17 个二级指标。

2006 年，廖仁光、臧凤梅制定了《大学生信息素养评估体系》，体系分为 4 个一级指标，12 个二级指标，对每个指标都制定了详细的评分标准。该体系对大学生创新能力和团队合作能力作了具体描述。

目前，我国中、小学信息素养教育主要通过信息技术教育课程开展，大学的信息素养教育主要通过文献检索课程、计算机教育课程开展，信息素养教育突出了信息技术相关的知识和技能训练。构建多领域的信息素养评价标准，并通过信息素养评价标准指导具体实践教育活动还在继续发展。

1.2.2 培养信息素养的意义

1. 良好的信息素养，是个人持续发展的必备条件

随着信息时代的来临，信息更新速度加快，终身学习能力是当今社会对个人的要求，需要人们具有较高的信息素养。美国学者彼得·圣吉在其《第五项修炼》一书中就曾断言："在未来，信息素养是你所拥有的唯一持久的竞争优势，或许是具备比你的竞争对手学习得更快的能力。"信息素养作为个人重要的能力素质，为个人终身学习、更好地生存和发展奠定基础。

据统计，一个人在学校接受的教育、学到的知识，在将来的工作和生活中能用到的大约只占 10%，其他方面还要通过自主学习来获取。自主学习离不开信息获取、组织、评价、利用等活动，一个具有良好自主学习能力的人，必然是具有良好信息素养的人，也只有接受过良好信息素养教育的人，才能在信息社会中表现出极大的潜力，才能适应信息社会的需要。

2. 良好的信息素养，有助于公民更充分地参与社会公众事务

人们参与社会公众事务是信息交互、处理、利用、传播的过程。具备发现信息需求、获取信息、评估信息的真实客观性、合理利用信息的能力，是参与社会公众事务的基本条件。当今信息社会，传统媒体与新兴媒体共存，提供了海量信息及众多信息获取渠道，并迅速地成为了社会公众事务发布、处理、传播平台，在这种背景下，人们应该跟上信息技术发展的步伐，具备良好的信息素养，为参与公众事务提供便利。

3. 良好的信息素养，是进行科学研究必须具备的条件

科学研究在构思、选题、设计、研究、验证、总结等方面都离不开信息的获取、分析和利用。据美国科研基金委员会的统计，科研人员在做科研工作时，花费在查找和整理资料上的时间占整个科研工作时间的50.9%，计划思考占7.9%，实验研究占32.1%，科研总结占9.3%。科研工作中大部分时间用于获取信息并加工利用，具有良好的信息素养，可以提高信息获取效率，并获取高质量的信息，为做好科学研究工作创造必要条件。

4. 良好的信息素养，助力科技创新

科技创新工作是在总结前人研究的基础上，通过学习、继承、分析、判断、总结等创新思维活动，经过反复实验研究而取得新成果的活动。科技创新工作者需要快速、全面、准确地掌握科研领域最前沿的发展动态，迅速找到研究空白点和开发新的研究领域，但是在信息资源快速增长的背景下，信息数量庞大，信息质量参差不齐，对科研人员快速获取信息、高质量利用信息的能力提出了极高要求。如果不具备良好的信息素养，即使拥有大量的信息，也不一定能充分利用，没有信息利用能力，就没有科技创新。良好的信息素养为科技创新活动创造了基础条件。科技创新是一个国家和民族在国际竞争中凸显优势的重要途径，也是一个国家可持续发展的基石，因而培养信息素养是教育的重要职责。

1.2.3 大学生培养信息素养的途径

大学生在完成学业、实现个人发展的过程中，需要解决许多问题，每一个问题的解决都需要信息作为支撑，获取充足的信息并利用这些信息是解决问题的根本。大学生从解决与自己密切相关的问题入手，是培养信息素养的便捷路径。

1. 加强信息应用意识，积极解决日常生活与学习中的问题

大学生从日常休闲、娱乐、交友，到课程学习、创新创业，都在频繁地利用信息。例如，大学生在找工作时就需要一系列的信息，需要了解哪个城市符合自己的定位，不同工作的要求有什么区别，不同岗位的薪资待遇，不同工种的发展前景，不同岗位对知识能力的要求等。如果掌握了这些信息，找工作的盲目性就大大减少了。在解决找工作这个问题时，需要描述个人的需求，获取一系列相关的信息，并整合、加工、利用这些信息，这一过程就是信息素养的具体体现。大学生在这些活动中，积极获取、利用并评价信息，既解决了问题，又培养了信息素养能力。

2. 加强文献检索课程学习，提高信息获取与利用能力

通过文献检索课程学习，大学生可以熟练掌握检索技能及各类信息服务平台的使用技能，为高效地获取信息创造条件。在此基础上，大学生还应采用问题导向方式来使用高校图书馆资源、文献数据库资源、网络信息资源等,以解决问题为目的来掌握检索工具的使用,通过解决问题培养信息素养中的一系列能力,而不仅仅是检索技能。在文献检索课程学习中,大学生应以训练高效获取信息能力为基础,培养信息素养能力,为高效地解决日常生活与学习中的问题提供支持。

3. 积极参与课外实践活动,激发信息获取与利用需求

没有需求,就没有动力,激发信息获取与利用的需求是培养信息素养的关键。大学生应积极参与创新创业训练、学科竞赛及各种社会实践活动,在这些活动中产生自己的信息需求,然后开展获取信息、组织管理信息、利用信息、评估自己获取的信息等一系列活动,直到完成所从事的项目或实践活动,并对这一过程加以评价、总结,不断提升自身的信息素养。

21 世纪是知识经济时代,在全球信息化潮流下,国家和个人的发展都将越来越依赖信息技术、信息资源及信息产业的发展。大学生应在生活、学习中主动利用信息解决与自身密切相关的问题,并逐步养成敏锐地捕捉信息、果断地筛选信息、准确地评估信息、流畅地交流信息、独创地应用信息的能力,为有效参与社会建设、开创自己的事业奠定基础。

1.3 常用的文献获取渠道

要想选择合适的文献检索获取途径并全面地评价文献检索活动,就需要充分认识信息获取渠道,了解各类文献信息管理机构所提供的文献种类、数量、范围、服务等情况。

1.3.1 图书馆

图书馆是传统的文献管理机构,是人们熟知的文献获取渠道。随着信息技术的发展,图书馆提供的资源和访问的方式都发生了较大变化,图书馆不仅有馆藏图书报刊,而且有丰富的电子资源,除了纸质图书报刊的借阅还需在图书馆内完成外,馆藏图书的查询、电子资源访问等都可以通过网络实现。我国有为社会大众提供公益性服务的公共图书馆体系,包括国家图书馆,省、市、县图书馆,社区、村图书馆;还有为特定的用户群体服务的系统部门内的图书馆,如文化系统图书馆、教育系统图书馆、高等学校图书馆、科学研究系统图书馆、工会系统图书馆、共青团系统图书馆、军事系统图书馆等。其中,高等学校图书馆数量大,使用率高,其拥有的资源数量和种类多,提供的服务丰富,是我国图书馆的一大支柱,为高校师生提供了丰富的教学科研资源。

1.3.2 国内综合性文献信息服务平台

随着信息经济的发展,我国涌现出众多信息数据服务公司,他们利用高新技术建立了各种类型的文献数据库,开发了文献信息服务平台,提供文献检索、论文检测、引文检索、引用追踪、索引分析、排名分析、学科评估等知识文献服务。从普通用户是否可访问的角度,可将这些平台分为两类,一类是普通用户可以免费访问并检索的平台,此类平台提供部分免费资源供下载或浏览,但大多数的全文下载或浏览需要付费,如中国知网、万方数据、超星发现、维普网等;另一类是只允许机构用户或个人认证用户访问的平台,用户购买服务后方可使用,如读秀学术搜索、书生电子图书等。

1. 中国知网

中国知网(China National Knowledge Infrastructure,CNKI)是由清华大学、清华同方发起,多个国家部门配合建设的中国国家知识基础设施工程,包含中国知识资源总库及CNKI网络资源共享平台。中国知网提供学术期刊、博士论文、硕士论文、会议论文、图书、报纸、工具书、年鉴、专利、标准、成果、古籍、法律法规、政府文件、企业标准、科技报告等类型的文献资源检索服务。中国知网既提供中国知网资源总库一站式检索服务平台,也提供单项资源总库检索服务平台,如中国经济社会发展统计数据库、中国年鉴网络出版总库、中国工具书网络出版总库等服务平台,还提供数字化学习平台。中国知网中心网站的日更新文献量达5万篇以上,是具有国际领先水平的网络知识信息资源和知识传播与数字化学习平台。中国知网相关网站的网址如下:

中国知网	https://www.cnki.net/
中国经济社会大数据研究平台	https://data.cnki.net/
中国年鉴网络出版总库	http://nianjian.cnki.net/
中国工具书网络出版总库	https://gongjushu.cnki.net/
中国引文数据库	https://ref.cnki.net/
中国政报公报期刊文献总库	http://zhengbao.cnki.net/kns55/index.aspx?dbcode=cjfz
中国法律知识资源总库	http://law.cnki.net/
CNKI图片知识库	http://image.cnki.net/
数字化学习平台(CNKI E-Study)	http://estudy.cnki.net/

2. 万方数据

万方数据知识服务平台是万方数据股份有限公司旗下的专业学术知识服务网站,整合了数亿条全球优质学术资源,涵盖期刊论文、学位论文、会议论文、科技报告、专利、视频等十余种资源类型。万方数据在硕博论文、科技成果、报告、专利方面具有独特优势。此外,万方数据提供万方检测、万方分析、万方学术圈、万方书案、万方选题等扩展服务,还提供万方医学网、万方数据中小学数字图书馆、技术创新知识服务平台、发现地球、创新助手等专项服务平台。万方数据相关网站的网址如下:

万方数据知识服务平台	http://www.wanfangdata.com.cn/
万方医学网	http://med.wanfangdata.com.cn/
万方数据中小学数字图书馆	http://edu.wanfangdata.com.cn/
技术创新知识服务平台	http://et.wanfangdata.com.cn/

3. 超星平台

北京超星公司是我国大型的图书数字化加工中心之一,是数字图书馆解决方案提供商和数字图书资源提供商,建设有多种文献类型的数据库资源,依托文献数据库资源,提供一系列的文献检索服务平台产品,如超星发现、读秀学术搜索、超星数字图书馆、百链云图书馆、超星移动图书馆等系列文献信息服务产品。同时,超星公司在精品课、视频课、公开课、MOOC、SPOC领域开发了多种产品,建有中国高校教学管理平台、移动教学平台、智慧教务系统等,为通识教育、智慧教学、公共文化提供整体解决方案。超星公司在档案、图书、学术资源数字化处理方面处于行业领先地位。超星平台相关网站的网址如下:

超星发现　　　　　　　http://www.chaoxing.com/
读秀学术搜索　　　　　http://www.duxiu.com/

4. 维普网

维普网是重庆维普资讯有限公司所属的综合性文献服务网站，提供中文科技期刊论文检索服务、机构信息检测咨询服务，还提供文献查新、引文检索、引用追踪、H 指数、影响因子、排除自引、索引分析、排名分析、学科评估、顶尖论文等服务，为用户提供集知识发现、知识管理、知识服务于一体的专业信息解决方案。维普网主导产品为《中文科技期刊数据库》，是科研工作者进行科技查新的重要数据库，涵盖学科涉及 35 个学科大类，457 个学科小类，中心网站每日更新。维普网相关网站的网址如下：

维普网　　　　　　　　　　　http://www.cqvip.com/
维普中文期刊服务平台　　　　http://qikan.cqvip.com
维普期刊资源整合服务平台　　http://lib.cqvip.com
维普知道科技文献服务系统　　http://zhidao.cqvip.com

5. 书生电子图书

书生电子图书是北京书生数字技术有限公司的产品，于 2000 年创办，目前可提供近 20 万余种图书全文在线阅读，其中大部分为近几年出版的新书，侧重教材教参与考试类、文学艺术类、经济金融与工商管理类图书。在线阅读"书生之家"电子图书全文之前需安装阅读器。书生电子图书限于认证用户使用。

6. 人大"复印报刊资料"全文数据库

中国人民大学"复印报刊资料"全文数据库是从国内公开出版的近 6000 种核心期刊与专业特色期刊中精选全文并汇编而成，由中国人民大学书报资料中心出版，涵盖人文社会科学领域中的各个学科，如政治学、哲学、社会学、法学、教育学、历史学、文学、新闻传播学等，其来源文献年份从 1995 年至今，部分已经回溯至 1978 年或创刊年。

人大"复印报刊资料"全文数据库是经过专家、学者及学科带头人严格筛选、科学分类、遴选后浓缩而成的学术精品全文库，有较高的权威性，已成为国内众多学者学术成果评定的参考标准之一。使用该数据库，可以了解领域研究动向，接触各学科最新、最好的研究成果。该数据库是面向人文社科领域的检索工具，限于机构用户或个人认证用户使用，网址如下：

人大"复印报刊资料"全文数据库　http://ipub.exuezhe.com/index.html

7. 国务院发展研究中心信息网（国研网）

国务院发展研究中心信息网，简称"国研网"，是我国著名的专业性经济信息服务平台，创建于 1998 年 3 月，由国务院发展研究中心主管、北京国研网信息股份有限公司承办，是国务院发展研究中心的窗口网站和研究成果的唯一网络发布渠道。

国研网拥有大型经济信息数据库集群，包括 60 多个文献类数据库，40 多个统计类数据库，提供了丰富的内容和强大的检索功能。

国研网根据主题和面向用户的不同，分为 6 大专版：党政版、教育版、金融版、企业版、综合版、世经版。国研网还开发了《经济·管理案例库》《战略性新兴产业数据库》《国务院发展研究中心行业景气监测平台》《电子商务数据库》《文化产业数据库》等专业化产品。

国研网限于机构用户或个人认证用户使用，其相关网站的网址如下：

| 国研网 | http://www.drcnet.com.cn/www/int/ |
| 国研网教育版 | http://edu.drcnet.com.cn/www/edunew/ |

8. 中国经济信息网（中经网）

中国经济信息网，简称"中经网"，由国家信息中心联合全国的省市县各级信息中心及部委信息中心组建，于 1996 年 12 月 3 日开通，由中经网数据有限公司运营。中经网是以提供经济信息为主要业务的专业性信息服务网，其业务范畴包括网络平台、以众多数据库为基础的信息产品、专家咨询服务等。

中经网统计数据库内容涵盖宏观经济、行业经济、区域经济以及世界经济等各个领域，是中经网广泛采集国内外政府、权威机构发布的各类经济数据信息，经过长期数据积累，并通过专业化加工处理，按照科学合理的指标统计结构体系组织而成的一个综合、有序的庞大经济数据库群，是目前国内最完整的、系统的经济统计数据库，也是中国数量经济学会推荐使用的数据库。中经网资源具有全面性、权威性、及时性、准确性、实用性、灵活性等特点。

中经网使用限于机构用户或个人认证用户，其相关网站的网址如下：

中经网统计数据库	https://db.cei.cn/
中国经济信息网（中经专网）	http://ibe.cei.cn/
中国地区经济发展报告	http://dqbg.cei.cn/
中国环境保护数据库	http://hbk.cei.cn/
中国权威经济论文库	http://thesis.cei.cn/

1.3.3 国外文献数据库资源

国外许多大型的出版公司利用自身丰富的图书、期刊等资源，创建各种类型文献数据库，或者是通过公司并购等方式获取优秀文献数据库资源，并提供信息数据服务平台，实现一个平台多库检索。目前，国际文献数据库检索与利用服务表现出大型化、综合化发展趋势，而不再是单库或几种库的检索。许多国际知名的信息数据服务商在我国设立了分支机构，与我国各大高校和科研机构建立了合作关系。

1. SpringerLink 学术资源平台

SpringerLink 是施普林格·自然（Springer Nature）出版集团的产品，提供学术期刊及电子图书的全文在线服务。SpringerLink 的服务范围涵盖生物医学、化学、地球科学、医药与公共卫生、计算机科学、教育等 20 多个学科领域，提供超过 1900 余种同行评议的学术期刊，其主要资源有电子期刊、电子图书数据库、在线回溯数据库、实验室指南。

SpringerLink 平台拥有 400 多万份在线文献，Springer 每年还出版 1900 余种学术期刊和 3500 余种新书。Springer 因此成为科学、技术和医学领域享有盛名的出版商。

Springer 的电子期刊、电子图书、电子参考工具书和电子丛书均可通过 SpringerLink 平台访问，部分文献可以免费下载，机构用户通过 IP 范围验证访问权限。客户还可以直接向 Springer 订购在线产品，或通过合作代理商订阅。

| SpringerLink | https://link.springer.com/ |

2. ScienceDirect 全文数据库

Elsevier（爱思唯尔）是一家国际性多媒体出版公司，创办于 1880 年，最初是一家致力于古典学术的小型出版社。目前,其总部位于荷兰阿姆斯特丹,在世界各地设有办事处。该公司面向全球教育、科学技术与医学领域提供 20 000 余种产品。ScienceDirect 是该公司的核心产品,是全学科的全文数据库。爱思唯尔与耶鲁大学图书馆、荷兰国立图书馆携手合作,采用开放档案信息系统(OAIS)标准来保存图书,并针对爱思唯尔期刊建立了一个正式且永久可访问的数字档案。

爱思唯尔珍藏善本包括 2000 多册书刊,其中超过 1000 册书刊由初创公司 House of Elzevir 于 1580 年至 1712 年出版。Elsevier 是一家历史悠久、文化深厚的出版公司。

ScienceDirect 提供同行评议的高品质学术期刊,收录了 1995 年以来 1600 种 127 000 多期 Elsevier Science 公司出版的学术期刊论文全文,其中大部分期刊都是 SCI、EI 等国际公认的权威大型检索数据库收录的各个学科的核心学术期刊。

Elsevier　　https://www.elsevier.com/zh-cn

3. Wiley Online Library(威立在线图书馆)学术资源平台

John Wiley & Sons Inc.(约翰威立父子出版公司)是美国学术出版商,创立于 1807 年,Wiley Online Library(威立在线图书馆)是 John Wiley & Sons Inc. 公司所属产品。

Wiley Online Library 是一个综合性的网络出版及服务平台,提供电子期刊、在线图书、在线参考工具书的服务。Wiley InterScience 曾经是 John Wiley & Sons Inc. 的学术出版物的在线平台。2010 年 8 月,Wiley 向全球推出了新一代在线资源平台 Wiley Online Library,取代了已使用多年的 Wiley InterScience。同时,所有的内容和许可都已转移至新的平台。

Wiley Online Library 覆盖了生命科学、健康科学、自然科学、社会与人文科学等全面的学科领域。它收录了来自 1500 余种期刊、10 000 多本在线图书以及数百种多卷册的参考工具书、丛书系列、手册和辞典、实验室指南和数据库的 400 多万篇文章,并提供在线阅读。该在线资源平台具有整洁、易于使用的界面,提供直观的网页导航,提高了内容的可发现性,增强了各项功能和个性化设置、接收通讯的选择等功能。

Wiley　　　　　　　　　　https://www.wiley.com/en-cn
Wiley Online Library　　　https://onlinelibrary.wiley.com/

4. Web of Science 数据库

Web of Science 是 Clarivate Analytics(美国科睿唯安公司,原汤森路透知识产权与科技事业部)开发的产品,支持自然科学、社会科学、艺术与人文学科的文献检索,数据来源于期刊、图书、专利、会议录等。Web of Science 是多学科的学术文献文摘索引数据库,其中最有影响力的 3 个期刊引文子数据库为《科学引文索引》(Science Citation Index Expanded,SCI)、《社会科学引文索引》(Social Sciences Citation Index,SSCI)、《艺术与人文引文索引》(Arts & Humanities Citation Index,A&HCI)。Web of Science 提供了强大的检索功能,有普通检索、被引文献检索、化学结构检索等。Web of Science 的使用限于机构用户或个人注册用户。

Web of Science　　http://login.webofknowledge.com

5. Engineering Village 信息服务平台

Engineering Village(EV)是全球工程、应用科学领域的知名文献检索平台。EV 平台提供10多个数据库的内容,内容来源包括学术文献、商业出版物、发明专利、会议论文和技术报告等。其中的 Ei Compendex 就是通常所说的美国《工程索引》(The Engineering Index,EI)数据库,它是全世界最早的工程文摘来源。《工程索引》(EI)是由美国工程师学会联合会于1884年创办的一部大型综合性检索工具,是科技界共同认可的重要检索工具。Ei Compendex 收录年代自1969年起,涵盖175种专业工程学科,目前包含1100多万条记录,每年新增的50万条文摘索引信息分别来自5100余种工程期刊、会议文集和技术报告。Ei Compendex 收录的文献涵盖了所有的工程领域。此外,EV 平台上还有 Inspec、GeoBase、NTIS Database、Referex、Ei Patents 等10多个数据库资源。EV 目前是 Elsevier 旗下的产品。EV 限于机构用户或个人注册用户使用。

Engineering Village   https://www.engineeringvillage.com/

EI 收录出版物列表下载网址:

https://www.elsevier.com/solutions/engineering-village/content/compendex

6. ProQuest 平台

ProQuest Information and Learning 是美国著名的信息服务公司,起源于1938年由 Eugene B. Power 创立的 University Microfilms(UMI)。ProQuest 公司提供期刊、报纸、参考书、参考文献、书目、索引、地图集、绝版书籍、记录档案、博士论文和学者论文集等各种类型的信息服务,内容和服务涉及艺术人文、社会科学、自然科学、科技工程以及医学等领域。该公司通过 ProQuest 平台提供60多个文献数据库,包含文摘题录信息和部分全文。自2012年起,原剑桥科学文摘(Cambridge Scientific Abstracts,CSA)平台的数据库全部合并到 ProQuest 平台,这些数据库涉及商业经济、人文社会、医药学、生命科学、水科学与海洋学、环境科学、土木工程、计算机科学、材料科学等广泛领域,包含学位论文、期刊、报纸等多种文献类型。ProQuest 还拥有著名商业经济数据库 ABI 和全球最大的学位论文数据库 PQDT,还有原 CSA 平台丰富的特色专业数据库。ProQuest 平台的使用限于机构用户或个人注册用户。

ProQuest   https://search.proquest.com/

1.3.4 搜索引擎

万维网(World Wide Web)是基于超文本相互链接而成的全球性系统,提供了一个世界性的超级信息库。普通用户可以在浏览器中使用搜索引擎来查找网络信息。国内常用的搜索引擎有百度、搜狗、360搜索、必应(Bing)、雅虎、中国搜索、谷歌等。

1. 百度

百度搜索引擎是百度公司的主要产品之一,百度公司于2000年1月1日在中关村创建,是知名高科技企业。"百度"一词来源于南宋词人辛弃疾的一句词:"众里寻他千百度","百度"一词惟妙惟肖地表达了搜索引擎的功能。百度搜索引擎可以通过文字、语音、图像等多种交互方式,快速找到所需要的信息和服务。

同时,百度公司还提供了手机百度、百度百科、百度贴吧、百度知道等相关产品,这些产品都是基于搜索引擎的,可以实现不同层次内容的搜索。例如,用户在百度文库中可以获取众多领域的文档,为学习、工作、日常问题解决带来方便。百度文库是百度用户在线分享文档的平台,文档由用户上传,百度公司审核,用户可以在线阅读和下载这些文档。因此,百度文库的文档是动态增长的,目前文档数量已突破3亿。百度用户上传文档可以得到一定的积分,下载有标价的文档则需要消耗积分,或者通过购买的方式下载文档。百度文库支持.doc(.docx)、.ppt(.pptx)、.xls(.xlsx)、.pdf、.txt等文件格式。

百度　　https://www.baidu.com/
百度知道　https://zhidao.baidu.com/
百度文库　https://wenku.baidu.com/

2. 谷歌(Google)

谷歌公司(Google Inc.)成立于1998年9月4日,由拉里·佩奇和谢尔盖·布林共同创建,位于美国加利福尼亚州。谷歌搜索引擎是谷歌公司的核心产品之一,是世界知名的搜索引擎。谷歌搜索引擎提供网页、图片、音乐、视频、地图、新闻等搜索服务。谷歌公司还提供谷歌学术搜索(Google Scholar)、谷歌图书(Google Book Search)、谷歌问答(Google Answers)、谷歌本地搜索(Google Local)、谷歌特定领域搜索(Google Special)等搜索服务。其中,谷歌学术搜索提供了面向学术资源的免费搜索,能够帮助用户查找包括期刊论文、学位论文、图书、预印本、文摘和技术报告在内的学术文献,内容涵盖自然科学、人文与社会科学等多种学科,是学术研究的一个重要搜索工具。

习题 1

1. 简述文献、知识、情报、信息的概念。
2. 简述一次文献、二次文献和三次文献的区别。
3. 举例说明哪些是二次文献、三次文献,分别说明它们的作用。
4. 在我国国家新闻出版广电总局网站上,查询CIP数据核字号:
(1) 已知某书的中国版本图书馆CIP数据核字(2018)第028644号,请查询此书,了解此书的书名、作者、出版社等信息。
(2) 找一本自己的教材,查看其CIP和ISBN。
5. 查看并写出与你的专业相关的某期刊的CN和ISSN。例如,期刊《心理科学进展》CN:11-4766/R。ISSN:1671-3710。
6. 遇到免费发放攻克某种疾病的杂志或报纸,怎么辨别其合法性?请收集一份杂志或报纸,在我国国家新闻出版广电总局网站,对期刊、期刊社或报纸进行查询,以辨别其合法性。
7. 默写文献类型及其英文单词、标识代码。
8. 默写电子资源载体类型及其英文单词、标识代码。
9. 简述舆图文献类型。
10. 进入国家科技报告服务系统网站(http://www.nstrs.cn/),查看国家科技计划重点科技成果转化推广信息发布,并了解其中的一个领域,如人口健康技术领域、现代农业技术领域。
11. 进入国家科技报告服务系统网站,查看科技报告的摘要。例如,报告名称:"有限群在有限域上的表示和编码问题"。其来源为：国家自然科学基金委员会，面上项目，数理科学部。作者：樊恽。第一作者单位：华中师范大学。立项年：2013。

12. 进入国家科技报告服务系统网站，在"标准规范"栏目下，查看对标准"科学技术报告编写规则（GB/T 7713.3—2014）"的介绍。

13. 进入我国国家知识产权局网站（http:// www.cnipa.gov.cn），查看最新的专利公告。

14. 结合自己的实际情况，说一说可以采用哪些途径培养信息素养，以及培养信息素养对自己发展的意义。

15. 文献保存、管理及服务的主要机构有哪些？

16. 您可以通过哪些途径查询并获取信息？

17. 请描述您在学习或生活中遇到的信息需求问题，并在班级中交流分享你是怎么解决这些问题的。

第 2 章 文献管理与文献检索

学习导引

本章介绍了文献管理的基本概念，分类法和主题词法，文献检索途径，检索效果的两个评价指标，计算机文献检索技术等内容，使读者对文献管理和文献检索有整体性认识。

文献管理是文献的有序存放，文献检索是文献的取出，它们是相反的两个过程。了解文献管理，有助于我们高效地检索文献。

文献的外部特征和内容特征是文献管理和文献检索的依据。文献的外部特征是客观的、固定的，内容特征的提取具有很大的主观性。文献内容特征的揭示方法分为分类法与主题词法两类，对文献进行分类标引和主题词标引是文献管理的一项基础工作，并为检索者提供了检索工具。

分类法有中图法、人大法、科图法等，主题词法有关键词法、叙词法、元词法、标题词法4类。中图法是我国图书馆最常用的分类法，了解中图法便于查找馆藏图书，有助于使用分类法进行计算机文献检索。关键词法是使用频率很高的一种检索方法，从文献中提取文献的关键词，并能使用运算符将多组关键词结合起来，形成较为完备和精准的检索式，是进行文献检索需要掌握的基本能力。

利用布尔逻辑检索、限定字段检索、截词检索、位置检索等计算机检索方法，有助于取得快速良好的检索效果。

学习目标

了解

文献管理和文献检索的概念；文献特征；文献编目及其包含的 3 个环节，文献著录、文献标引、款目编排；文献检索工具；文献数据库；

常用的文献分类方法；主题词法及其主要的 4 种方法；

文献检索途径；文献检索的通常分类；检索方法；检索效果的两个评价指标；

布尔逻辑检索、限定字段检索、截词检索、位置检索等计算机文献检索技术。

掌握

查找中图分类号；提取关键词；书写检索式；布尔逻辑运算符的作用；

使用通配符；文献数据库中常用的字段和字段代码。

应用

使用中图分类号查找图书；

从文献的篇名或正文中找出关键字，并根据检索课题进行分析，为检索课题写出检索式；

应用布尔逻辑检索、限定字段检索、截词检索、位置检索。

2.1 文献管理

文献管理是指，文献管理人员采用一定的方法对文献进行组织管理，并建成一个文献库，从而有效地保存文献，方便利用文献。狭义的文献检索是指，人们为了利用文献，根据对文献的使用需求，采用一定的检索工具，从大量文献中提取所需要的文献。广义的文献检索包括文献管理与文献检索。通常所说的文献检索是狭义的文献检索。

文献管理是文献检索的基础，是为文献检索服务的。文献管理是文献的有序存放，文献检索是指文献的取出，它们是相反的两个过程。用户想要具备优秀的检索技能，必须知道文献是怎么管理的。

文献管理可以分为实体文献的人工管理和电子文献的计算机管理。目前，许多文献既以纸质形式又以电子文档形式存在。早期文献大多是纸质形态，纸质文献可以通过技术手段转换为电子文档存储在存储设备上，由于电子文档方便于计算机管理和利用，加之计算机应用已经得到了普及，所以，文献以电子文档形式存储已成趋势。管理电子文献目前已成为一项重要的业务。

2.1.1 文献特征

文献之所以能被便捷地检索，是因为文献被有序地存放在图书馆或存储在计算机数据库中，并编制了文献检索系统。文献检索系统需要对文献的外部特征、内容特征进行揭示，编制索引，建立各类检索工具，有序地存放或存储文献。

1. 文献的外部特征和内容特征

每一个文献都包含某些特定的信息（即特征），如作者姓名、文献名称、出版日期等。这些特征是对文献的描述，是文献的代表信息，和文献有着一一对应的关系。可以把文献的特定信息分为两大类：外部特征、内容特征。外部特征包括：作者姓名、作者单位、单位名称、出版物名称、出版社、出版时间等。文献的外部特征是比较客观的、固定的。内容特征是指文献的主要内容及包含的知识单元等。提取文献的内容特征需要提取者阅读文献，分析其主要内容，用几个简短词语或摘要来描述文献。不同的人对内容特征的分析会有不同的结果，对内容特征的提取具有很大的主观性。

2. 文献特征在文献检索中的作用

下面以早期图书馆建立索引工具的过程为例，说明文献特征的作用。例如，编制作者姓名检索工具：为每一个文献制作一个卡片，卡片上记录该文献的作者姓名和文献编号，将卡片按作者姓名字母或拼音顺序排序，这样就得到了作者姓名检索工具。如果读者要检索 A 作者的作品，就在作者姓名排序卡片里按英文字母或拼音顺序找到 A 作者，找到后，查看其文献编号。因为文献的存放是有一定规则的,编号与存放位置是有关联关系的,所以,有了文献编号就可以找到原文献所在位置。

上述例子是按一个文献特征建立索引工具,如果把文献的所有特征都建立索引,则可得到多种检索工具。概括地讲,就是将文献的各种特征记录下来,把它们作为原始文献的"替代品",对原始文献进行编号,在每个替代品后面都记载原始文献的编号,对替代品按某种方式进行排序后(如按字顺、年代、数字、笔画等排序),虽然其顺序与原始文献的编号顺序不同,但依据其记载的文献编号,依然可以找到原始文献,即建立了文献索引。文献索引在文献与文献替代品之间建立了映射关系,依据映射关系就可以通过替代品来查找原始文献。

将文献的特征与文献建立一一对应的关系后,文献的管理和检索便可以通过文献的特征来进行,检索便是通过文献的特征查找原始文献的过程。文献的管理和检索过程包含两个方面,一方面,文献管理者要对文献建立索引工具,并按一定的规则组织管理文献;另一方面,文献的查找者使用索引工具找到文献线索,并按相关规则找到文献或文献的来源地。因而,若要便捷地查找文献,便需要文献管理者对文献进行有效的管理。同时,对于查找文献的用户而言,了解文献管理的原理,掌握索引工具的使用,有助于更高效地查找所需文献。

2.1.2 文献编目

文献编目是文献管理者按一定的规则对文献特征进行揭示与记录,并在此基础上编制检索工具的过程,它包含 3 个环节:文献著录、文献标引、款目编排。

1. 文献著录

一份文献可以是一本图书、一册期刊、单篇文章等,对每一种形式的文献,都可以将它的外部特征和内容特征按一定的标准和格式进行记录,这一过程就是著录。

文献著录的目的是管理和检索文献,对文献著录的基本要求是规范、准确,著录质量直接影响到检索效果。如果在著录过程中,提供的著录项目不完整、不准确,将会导致检索中发生误检或漏检。

2. 文献标引

文献标引是根据文献的外部特征和内容特征,给文献赋以文献检索标识的过程,是创建检索工具和检索系统的主要工作内容。外部特征是比较客观的,在文献中已经标明,所以外部特征的标引比较简单。而内容特征的标引相对复杂,需要从事标引工作者主观分析。

文献内容特征标引过程为:①对文献进行主题分析,查明其中主要的、有价值的内容,将这些内容概括为若干主题概念;②根据所采用的分类表或词表,将主题概念转换成检索标识,如分类号或检索词;③按照给予文献的检索标识,将文献的书目记录组织成检索系统。

3. 款目编排

著录的结果称为款目。一个款目包含了若干个记录项,在计算机文献管理中,每一个记录项称为字段,每个字段对应文献的一个特征。例如,图书的款目包含作者、书名、出版发行地、出版社、出版年月、页数、ISBN、价格、索书号、主题词等信息,如图 2-1 所示,这些信息大部分来自书名页和版权页上的信息。其中,索书号、主题词是对图书内容特征进行揭示的结果,分别用于分类检索和主题检索。图书的索书号是分类检索标识,主题词是主题词检索标识。

```
计算机图形学
作  者:银红霞,杜四春,蔡立军等编著
出版发行:北京:中国水利水电出版社,2005.05
ISBN号:7-5084-2898-6
页  数:261
丛书名:21世纪高等院校规划教材
原书定价:26.00
主题词:计算机图形学(学科:高等学校) 计算机图形学
中图法分类号:TP391.41
内容提要:21世纪高等院校规划教材;本书详细地介绍了计算机图形学的基本原理、理论、数学方法、算法及图形系统、计算机图形学的基本算法、剪裁与变换、几何造型等。
参考文献格式:银红霞,杜四春,蔡立军等编著.计算机图形学[M].北京:中国水利水电出版社,2005.05.
```

图 2-1 图书的款目

款目与原始文献具有一一对应的关系,将某一类文献的款目按照一定的规则进行排序,从而形成检索工具,这就是款目编排。按不同的文献特征编排款目,就得到了文献的多个检索点。例如,将某一类文献的款目集合按文献篇名的字顺排序,并编制题名索引,可以获得篇名检索点;按文献出版日期排序,并编制出版日期索引,可以获得日期检索点;其他检索点为类似操作。常规的款目集合的编排方式有分类排序、字顺排序(包括作者、题名和主题等字顺排序)、年代排序、地域排序和文献序号排序等。

2.1.3 文献检索工具

检索工具是二次文献,它是对原始文献进行整理、加工后所获得的成果,是人们用来查找文献的工具。检索工具是按一定规则组织编排的款目集合,提供多种索引方式。常见的索引有作者索引、刊名索引、分类索引及主题索引等。通过各种索引,人们可以从不同角度检索文献。

目前,人们常用的检索工具有目录型和文摘型两种。

(1)目录型检索工具以完整的出版物为著录对象,如一本书、一种刊、一种报纸等。典型的目录型检索工具如馆藏目录,它由图书馆等文献收藏单位编制,用于揭示本馆入藏的文献资料。馆藏目录内容主要包括书名、著者、出版地、出版者、出版时间等。馆藏目录是查找馆藏文献不可或缺的检索工具。

(2)文摘型检索工具是报道新文献的一种出版物,它不仅描述文献外部特征,而且还要简明扼要地摘录原文重要内容。文摘型检索工具以单篇文献为著录对象,是检索单篇文献的有效工具,典型的如美国《工程索引》(The Engineering Index,EI)、英国《科学文摘》(Science Abstracts)、美国《生物学文摘》(Biological Abstracts)等。

目录型和文摘型两种检索工具,对文献揭示的程度不同,用途也不同。目录型检索工具揭示的是一个完整的出版物,而文摘型检索工具揭示的是出版物中的内容,如期刊所刊载的一篇篇文章。相对来说,文摘型检索工具比目录型检索工具提供的文献信息更深入、更详细。

文摘型检索工具一般有以下作用：①通报最新的科学文献；②深入揭示文献内容，吸引读者去阅读原文；③避免阅读一些无关紧要的原文，节约阅读时间；④帮助读者确定原文内容与查找课题的相关程度，从而选择合适的文献；⑤帮助读者克服语言上的障碍；⑥便于计算机进行全文检索；⑦经过提炼的文摘使主题更加集中和突出，有助于提高标引质量；⑧文摘还是撰写综述类文章的重要素材。

2.1.4 文献数据库管理文献

1. 文献数据库

文献数据库是使用计算机来管理和存储文献的"仓库"。它是计算机数据库系统在文献管理领域应用的成果。数据库系统能高效地存储、利用数据，在各个领域获得了普遍的应用。数据库管理文献具有优越的性能：①最小冗余，即数据项之间没有重复内容；②数据独立，即数据的存放独立于使用它的应用程序；③数据管理方式完备，包括数据的添加、删除、修改和检索等；④数据共享，数据与程序分离，使数据可灵活地为一个或多个应用服务。

2. 计算机文献管理系统中文献的存储与加工

在管理和检索文献上，计算机方式与人工方式是相对应的。随着时代的发展，计算机文献管理与检索在很多情况下已替代了人工管理和检索。

在文献数据库中，一条记录对应于一篇文献的信息。每条记录由若干个字段组成，每一个字段记录了文献的一种特征，包括外部特征与内容特征。而数据库中的记录则对应于检索工具书中的文献款目。书目记录的集合称为书目数据库。书目记录以编码形式和特定的数据结构保存在计算机存储载体上。书目数据库对应于检索工具书，使用计算机检索时，当检索词与数据库记录中的标引词一致时，就找到了符合要求的记录，符合要求的全部记录集合就是检索结果。

编目同样是计算机管理文献必须做的工作。计算机文献编目工作需要遵循文献著录的国际标准格式——机器可读目录（Machine Readable Catalogue，MARC），中文文献的计算机编目应遵循中国机读目录格式（China Machine-Readable Catalogue，CNMARC）。一条CNMARC记录由记录头标区、地址目次区、数据字段区、记录分隔符组成，其中，记录头标区用于说明记录类型、书目级别、记录的完备程度以及记录是否遵照国际标准书目著录（International Standard Bibliographic Description，ISBD）规则等；地址目次区用来说明该记录数据字段区情况，包括字段号、字段长度、起始字符位置等；数据字段区由一些可变长数据项目组成，用来著录文献特征。计算机编目所产生的款目集合即构成了书目数据库。书目数据库用于存放管理文献数据。编目完成了文献信息存储与加工过程，是实现计算机文献检索的基础。

2.2 揭示文献内容特征的两类方法

当人们对外部特征不太了解，又需要查找文献时，可以使用内容特征进行查找。例如，初步研究某一领域课题，研究者对该领域的认识还很少，可能不知道在该领域做出突出贡献的专家有哪些，该领域已经取得了哪些成果，发表了哪些高质量论文，因此不方便用作者、题名、机构名称等外部特征来检索。这时,研究者往往会从其学科从属、主题相关的方向来查找资料,即按内容特征来查找文献。

想要根据内容查找文献,需要对文献内容特征进行深入地揭示。文献内容特征的揭示方法分为分类法与主题词法两类,对应的标引过程称为分类标引和主题词标引。进行分类标引和主题词标引就是给出文献的分类号及主题词,这是文献管理的一项基础工作。

了解揭示文献内容特征的这两类方法,对用户进行文献检索和利用具有重要意义:①初步认识一个学科或领域时,研究者了解知识分类,有利于形成知识体系框架;②目前,我国大多数图书馆采用《中国图书馆分类法》进行图书排架,了解中图法,可以帮助读者快速找到文献资料;③分类法检索是计算机文献检索中的一种方式,认识分类法有利于开展计算机检索;④主题词法是计算机文献检索中使用频率很高的方法,了解主题词法是高效、精准、全面检索的必要条件。

2.2.1 分类法

分类可以达到化繁为简的效果,是对种类繁多、数量巨大的事物进行管理的有效方法。根据知识的内容性质,将具有相近内容或相同性质的知识划分为一类,就形成知识的分类划分。根据文献内容,依据一定的分类法进行划分,便可有效管理庞杂的文献。

要完成文献分类标引,并且保证文献分类的准确性和一致性,就需要预先制定一个合适的文献分类系统作为文献分类标引的依据,它应遵循人们普遍接受的知识分类体系,如《中国图书馆分类法》《杜威十进分类法》《国际十进分类法》(Universal Decimal Classification,UDC),《美国国会图书馆分类法》(Library of Congress Classification)等。这些分类法的一个共同特点是:分类法是随着社会的发展而不断发展的,它们都在一定范围内被使用。

1.《中国图书馆分类法》

1)《中图法》发展历程

《中国图书馆分类法》(原称《中国图书馆图书分类法》,简称《中图法》)是新中国成立后编制出版的一部大型综合性分类法,是目前国内图书馆使用最广泛的分类法。分类法除继续具有图书馆排架功能外,已成为分类检索、知识组织、学科信息门户等最终用户的使用工具。

随着时代发展,文献资源内容特征及载体类型都发生了很大的变化,为了适应发展需要,《中图法》不断被修订完善,多次更新版本,其中第四版、第五版有较大的变化。1975年《中图法》首次出版,1999年出版了第四版,其名称由《中国图书馆图书分类法》正式改名为《中国图书馆分类法》,简称不变。《中图法》第四版全面补充新主题、扩充类目体系,使分类法跟上科学技术发展的步伐,同时规范类目,完善参照系统、注释系统,调整类目体系,增修复分表,明显加强类目的扩容性和分类的准确性。2010年《中图法》编委会审定了《中图法》第五版,《中图法》第五版新增类目约1630个,停用与删除类目约2500个,修改类目约5200个,通过调整或新增类目体系、修改类名及注释等方式,对与政治、经济、文化、生活、计算机技术等相关的大类进行了局部调整和重点修订。

2)《中图法》结构体系

《中图法》按照从总到分,从一般到具体的编制原则,将知识进行分类,分为5个基本部类,22个基本大类,在基本大类下,分类逐级展开,划分出更专指、更具体的类目。

《中图法》的5大部类为:马列、毛泽东思想,哲学,社会科学,自然科学,综合。5个基本部类下再设22个基本大类,基本大类由一个独立学科或几个性质相近的若干学科组合而成。图2-2展示了社会科学部类下的艺术大类的分类情况,艺术大类下分了10个一级类目,其中J6音乐类目下又包含了若干个二级和三级类目。

类目表也称为分类表,是22个大类展开后的详细分类,类目表由一、二、三级类目的简表或更多的下位类目详表构成。类目按等级排列,上位类目包含下位类目,下位类目从属于上位类目,类目的排列反映了学科间的内在联系。

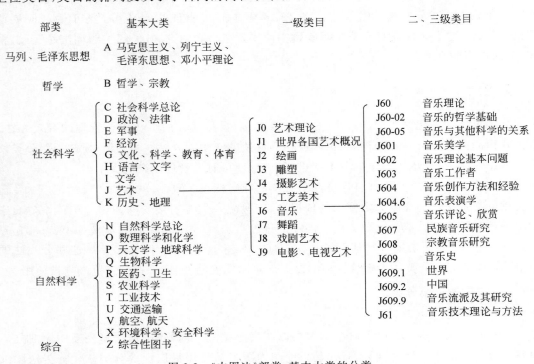

图2-2 《中图法》部类、基本大类的分类

3)《中图法》的分类号

《中图法》的标记符号采用汉语拼音字母和阿拉伯数字相结合的混合号码编排方式。

(1)用一个字母表示一个大类,以字母的顺序反映大类的序列。

(2)字母后用数字表示大类以下的类目的划分。

(3)数字的编号使用小数制。

《中图法》的分类标识称为分类号,由字母和数字组成,如TP311为程序设计类。分类号越长,表示学科内容划分层次越多,不同学科的层次划分是不同的,有的层次多,有的层次较少。分类号的数字部分,从左至右每3位数字后用圆点"."隔开,以方便识别,如TP311.5(软件工程),TP311.52(软件开发)。查询某一分类号对应的分类可以通过百度来查询,在搜索框中输入"《中图法》的分类号查询",即可找到相关查询网站,或《中图法》分类号文档。

2.《中国人民大学图书馆图书分类法》

《中国人民大学图书馆图书分类法》(简称《人大法》)是中国人民大学图书馆图书分类法修

订委员会编写的等级列举式分类法,1952年编成初稿,1954年出版第1版,1955年出版第2版,1957年出版第3版,1962年出版第4版,1982年出版第5版,1996年出版第6版,仍在不断修订。

《人大法》根据毛泽东关于知识分类的论述和图书本身的特点,设立了总结科学、社会科学、自然科学、综合图书等4大部类,17个大类。该分类表的大类如表2-1所示。

表2-1 《人大法》的17个大类

1 马克思主义、列宁主义、毛泽东思想	10 文学
2 哲学	11 历史
3 社会科学、政治	12 地理
4 经济	13 自然科学
5 军事	14 医药、卫生
6 法律	15 工程技术
7 文化、教育、科学、体育	16 农业科学技术
8 艺术	17 综合性科学、综合性图书
9 语言、文字学	

《人大法》包括主表和复分表两部分,另有"书次号使用方法说明"和"文别号使用方法说明"两个附录。目前,中国人民大学图书馆中文图书按中图法、人大法两种分类法排架。

3.《中国科学院图书馆图书分类法》

《中国科学院图书馆图书分类法》(简称《科图法》)是中国科学院图书馆(1985年11月,更名为"中国科学院文献情报中心",同时保留"中国科学院图书馆"的名称)编制的等级列举式分类法,1954年开始编写,1957年4月完成自然科学部分初稿,1958年3月完成社会科学部分初稿,1958年11月由科学出版社出版。1959年10月出版索引,1970年10月开始修订,1974年2月出版第2版的自然科学、综合性图书和附表部分,1979年11月出版第2版的马克思列宁主义、毛泽东思想,哲学和社会科学部分,1982年12月出版第2版的索引。

《科图法》设有马克思列宁主义、毛泽东思想,哲学,社会科学,自科科学,综合性图书等5大部类,25大类,其大类及其标记符号如表2-2所示。

表2-2 《科图法》的25大类

00 马克思列宁主义、毛泽东思想	50 自然科学
10 哲学	51 数学
20 社会科学	52 力学
21 历史、历史学	53 物理学
27 经济、经济学	54 化学
31 政治、社会生活	55 天文学
34 法律、法学	56 地质、地理科学
36 军事、军事学	58 生物科学
37 文化、科学、教育、体育	61 医药、卫生
41 语言、文字学	65 农业科学
42 文学	71 技术科学
48 艺术	90 综合性图书
49 无神论、宗教学	

《科图法》包括主表和附表两部分。主表设有大纲、简表和详表。附表又分为通用附表和专类附表两种。第 1 版和第 2 版均编有索引。

《科图法》采用阿拉伯数字为类目的标记符号,号码分为两部分:第一部分为顺序数字,即用 00~99 标记 5 大部类 25 大类及主要类目;第二部分为"小数制",即在 00~99 两位数字后加一个小数点".",小数点后基本上按小数体系编号,以容纳细分的类目。类号排列时,先排顺序数字,后排小数点后的层累数字,例如,11.1,11.11,11.12,11.13,…,11.2,11.21,11.22,11.23,…,11.29,11.3,…,12,13,…。

《科图法》主要被中国科学院系统图书馆、国内其他一些科学研究机构和高等学校的图书馆采用。其分类号被印在中国国家图书馆和上海图书馆编制的统一编目卡片上。

4.《杜威十进分类法》

《杜威十进分类法》(Dewey Decimal Classification,DC/DDC)是综合性等级列举式分类法,分为详、简两种版本,由美国图书馆专家麦尔威·杜威(Melvil Dewey)发明。杜威最早在 1873 年时有此分类构想,于 1876 年正式出版,取名为《图书馆图书小册子排架及编目适用的分类法和主题索引》,1951 年的第 15 版改名为《杜威十进分类法》。

DDC 采用传统的学科来分类,将知识分为 10 个大类(Main Classes),每个大类下细分 10 类(Divisions),接着又再分成 10 小类(Sections)。

DDC 为每个学科给予特定范围的数字,它的 10 个大类分别是:000 总论(Generalities);100 哲学(Philosophy);200 宗教(Religion);300 社会科学(Social Sciences);400 语言学(Language);500 自然科学(Pure Sciences);600 技术科学(Technology);700 艺术(The Arts);800 文学(Literature);900 历史、地理(General Geography & History)。

DDC 是世界现代文献分类法史上的一个重要里程碑,现已用 30 多种语言出版,被世界上 100 多个国家和地区的图书馆采用。DDC 处在不断改编的过程中,它被不断地维护,进行连续的局部更新,这使得 DDC 既能跟上新知识的发展,又保证了分类法的稳定性。目前,它的维护是由美国国会图书馆负责。

2.2.2 主题词法

主题词法使用表达主题内容的词语进行标引,是以表达主题内容的词语作为检索标识,以字顺为主要检索途径的文献管理与检索方法。

主题词法按其词语标识的构成方式,分为关键词法、叙词法、元词法和标题词法。

1. 关键词法

关键词是从文献的篇名、摘要、正文中选取的能够代表文献的主要内容和特征的词。一般不选没有实际意义的词作为关键词,如冠词、介词、连词等,几乎所有具有实际意义的词都可以作为关键词,关键词法没有规范化的词表。在文献标引时,关键词法适用于计算机自动化处理;在检索时,关键词法在计算机检索,特别是互联网搜索中受到极大的欢迎,并逐步成为使用频率很高的方法。

由于关键词法没有规范词表,使用关键词检索时,可能会遇到两种情况使检出结果范围缩小或扩大。一种情况是一个事实可以用多个词来表达,对同一个事实,由于不同的作者的使用习惯不同,可能会用不同的词来表达同一个含义,如"计算机"与"电脑"指的是同一事物,这两个词是同义词,检索时如果只使用其中的一个词检索,便会漏掉使用了另一个词的那些文献,需要同时使用"计算机"和"电脑"这两个词来检索,才能检出比较完备的结果。另一种情况是一个词有多种含义,如"cell"既有"电池"的含义,也有"细胞"的含义,如果用"cell"来检索,则可能把关于电池和细胞这两种毫无关系的文献都查找出来,必然有一部分文献被错误地检出,带来的问题是增大了用户的阅读量,并要再次筛选。要使检索准确而完备,文献标引时就得使标引词和概念一一对应,这时主题词法中提供的叙词法、元词法和标题词法,可以从不同程度上解决这一问题,但付出的代价是文献标引过程变得复杂,并且用户使用起来要费力一点。

使用关键词检索时,往往需要配合使用同义词、近义词、上位词、下位词等,还需要运用逻辑关系将多个关键词组织在一起,从而比较准确、全面地表达检索意图,使检索达到较好效果。

上位词是概念上外延更广的主题词。例如,"哺乳动物"是"狗""老虎"等的上位词;"酒"是"白酒""啤酒"等的上位词。下位词是概念上外延更小的主题词。例如,"啤酒"是"酒"的下位词。在检索时使用上位词或下位词,可以扩大或缩小检索范围。另外,还可配合使用对应的英文词,达到扩大检出结果数量、检出相关英文文献的效果。

案例2-1:写出一个关键词的相关词

题目:写出"酒"的相关词及相关的英文词。

解答:

上位词:液体、水

下位词:白酒、葡萄酒、果酒、烈性酒、啤酒、黄酒等

近义词:酒精饮料

英文词:liquor、spirits、wine、beers、alcoholic drink

案例2-2:从题目中提取关键词

题目:某学生正在开展一项课题研究,需要搜集文献,请从课题题目中提取关键词,课题题目是"面向景区智能导游的室内外一体化定位及位置服务方法研究"。

解答:

步骤1:在题目中找出涉及的词。

涉及的词:面向、景区、智能、导游、室内外、一体化、定位、位置服务、方法、研究。

步骤2:分析词性。

(1)"面向"用于表达领域取向,是介词,"方法""研究"表达研究类型。

(2)"智能""室内外""一体化"起修饰限定作用。

(3)"景区"表达研究问题的地域,"导游"表达了研究的业务,"定位"及"位置服务"表达了研究内容。

(4)上面(1)(2)(3)项中的词在反映主题的程度上是递增的。

(5)"景区""导游""定位"及"位置服务"虽然都是反映主题的核心词,但是它们在检索中的重要性可能会不同。检索者根据自己的目的会有重点检索需求和次要检索需求,这与研究课题的目标和检索者的知识结构有关,对重要性排序应具体分析。

步骤3:初步列出关键词。

名词一般表达研究主题的内容,形容词对名词起限定作用,介词一般不起实质作用。名词往往与形容词结合形成一个具有特定含义的词,如"智能导游"与"导游"显然含义不同。

列出的关键词为:景区;智能导游;室内外一体化定位;位置服务。

步骤4:在初次检索之后,应根据检出结果适当调整关键词。

在检索时,可以根据文献检出数量,检出文献与主题相关程度的情况,适当调整关键词。

(1) 如果检出数量太多,或者检出文献与主题相关度不高,那么合并一些关键词,使关键词描述更详细,外延更小。例如,"景区""智能导游"两个关键词可以合并为"景区智能导游"或"景区导游"。

(2) 如果检出数量太少,则去掉对关键词的限定,使关键词的内涵变小,外延更大。例如,"室内外一体化定位",可以调整为"一体化定位""室内外定位"或"定位"。

(3) 单独将"方法""研究"这类词作为关键词,容易使检出结果过于宽泛,可以和某个关键词结合使用,如"位置服务方法"或"位置服务研究",但一般较少这样使用。

提取关键词时,根据研究课题的目标和检索者的需求,检索者可对关键词的重要性进行排序,以确保获得最重要的信息,有时还需要根据检出结果的情况来进一步调整关键词。因此,对一个题目选取的关键词,并不是固定不变的。使用关键词时还涉及关键词之间的逻辑关系,通过逻辑关系组合可以表达更丰富的含义。

2. 叙词法

叙词是经过规范化处理的,以基本概念为基础来表达信息内容的词或词组。叙词表也称为检索词典,是将自然语言转换为规范化的叙词型主题检索语言的工具,供文献作者、标引者、检索者使用。

例如,Ei Compendex 提供规范的专业术语词汇系统——Ei 叙词表(Ei Thesaurus),用来规范管理和控制主题词,并用于检索。Ei 叙词表随着科学的发展不断更新、扩展,从1993年1月开始,采用新的叙词表,取代了原来使用的叙词表。叙词表共有词和词组18 000多个,其中规范化叙词9300个,非规范化叙词9250个,Ei 叙词表使专业术语规范化,使检索更准确更有弹性。

关键词法与叙词法的区别在于,关键词是非规范化的自然语言,其优点是便于计算机检索系统的应用,能准确检索到许多新概念方面的文献,缺点是关键词由作者自己选定,用词时可能拼法不同,有可能使用近义词、同义词等,容易造成文献分散在各不同关键词之中。叙词法在规范性上具有优势,检索结果更精准,但是在作者写作、文献标引、用户检索时需要利用叙词表,叙词表一般与特定检索工具配套使用。

3. 元词法(单元词法)

元词是最小单位的词,不可再拆分了,它有独立性与单元性。独立性是指元词所表现的概念具有独立、完整的含义;单元性是指元词不可再拆分了。例如,"导游"是一个元词,不能再拆分为"导"与"游";"智能导游"则不是一个元词,它虽然表现了一个独立的概念,但可以进一步拆分为"智能"与"导游"两个元词。

元词法有两个特点:①元词必须是规范词,一个检索系统所使用的全部元词均应记录在规范的元词表中;②采用后组配方式,即在编排检索款目时不予组配,而在检索时才将有关元词下所列的文献号加以对照,号码相同者表明有组配关系。

元词法利用最小单位的元词,可以组合出较多的主题,在各种词表中,元词表的体量最小。但是,由于元词法采用后组配方式,而且常常采用字面组配,较易产生组配误差,检索中查准率也较低,因而在实际中较少使用。

4. 标题词法

标题词法是最早的一种主题词法,其后又出现了元词法、叙词法等。所谓标题词并不是指文献"标题"中的词,而是一种检索标识。根据标题词在检索中的作用,标题词可分为主标题词、副标题词两种。主标题词起主导作用,多表现为表达实物、材料、结构、理论、现象、工艺、过程等概念的词。副标题词起说明或限定作用,多为表达主标题词某一方面或通用概念的词。有少数词既可作为主标题词,又可以作为副标题词。副标题词又有两种,一种是只能与规定的主标题词组配的专用副标题词,一种是可以与任意主标题词组配的通用副标题词。

标题词法必须采用规范的检索标识,主、副标题词经规范处理后按固定的顺序排列于标题词表中。主、副标题词有规定的组配关系,标题词表上未予规定的组配关系不能任意采用。标题词法采用二元组配,一个检索项多由一个主标题词和一个副标题词组成。当一个主标题词和多个副标题词组配时,要排列在多个检索项之中。

标题词法的优点是组配固定,与叙词法、元词法及关键词法相比,组配误差较小,较关键词法有更高的查全率。标题词法的缺点是二元组配不易表达专指度较深的主题概念,降低了查准率,与叙词法相比,标题词法的族性检索功能较差。

2.2.3 分类法与主题词法的比较

分类法与主题词法都是揭示文献内容特征的方法,分类法是从文献所属的学科门类来揭示文献内容特征,主题词法是从文献涉及的主要概念来揭示文献内容特征。使用分类法需要依据知识分类表,使用主题词法中的叙词法需要依据叙词表。这两类方法的不同还表现在以下几方面:

(1) 检索标识符号不同。分类法通常以分类号作为文献主题内容的标识,进行文献标引或检索时都必须使用分类号。主题词法则是直接以词或词组作为文献内容主题的标识,标引或检索时都必须使用主题词。

(2) 文献排序不同。分类法的检索工具按号码顺序(数序或字母顺序)编排。主题词法检索工具依字顺,中文多依笔画或音序,西文依字母编排。

(3) 适应性不同。受文献排序的影响,分类法增添新主题或改变原有主题位置的难度都比较大,需要定期对分类表进行修订。主题检索系统中的主题标识按字顺排列,增、删主题词不会影响整个系统的结构,只需变更个别主题词之间的参照关系,容易使系统中所容纳的主题与科技发展保持同步。分类检索系统中所容纳的知识体系也往往落后于科技发展。当遇到学科关系不明、关系复杂的主题,分类具有不明确性。

(4) 文献集中分散方式相反。分类法把同一学科性质的图书资料集中,由于学科之间相互渗透,同一个主题的有些文献属于不同学科,这样造成同一主题的文献被分散了。而主题词法则是把同一主题的文献资料集中,有时造成同一学科性质的文献资料分散。

(5) 在使用上侧重不同。文献管理人员进行分类排架等活动时,更适合用分类法。利用分类法和主题词法都可以建立检索工具或检索系统,但是由于分类法系统性强,分类标记简短、易写、易排,因而可以发挥其系统组织文献的功能,用于分类排架、编制文献通报及分类统计等。主题词法缺乏这方面的功能。用户检索时更常用主题词法,因为用户若使用分类法进行检索,必须知道分类号,而一般用户很少关注分类号。相对而言,用户更常用主题词法进行检索。

2.3 文献检索

文献检索可以分为馆藏纸质文献检索和电子文献计算机数据库检索。馆藏纸质文献检索往往也辅助以计算机手段进行检索。随着信息时代文献领域的发展,计算机文献检索逐步成为主要方式。

2.3.1 文献检索途径

文献有外部特征、内容特征,检索工具一般都为这些特征建立了索引目录,查找文献也是从这些特征来查找。检索途径是指在利用各种检索工具进行文献检索时的路径,也称为检索入口或检索点。检索入口可以分为从文献外部特征入手和从文献内容特征入手两大类途径。文献检索从文献外部特征入手有作者、机构名称、出版者、文献代码(专利号、标准号、科技报告号等)等途径,从文献内容特征入手有主题词、分类号等途径。

对计算机检索而言,检索途径即为检索字段。例如,中国知网为期刊文献提供的检索字段有"主题""关键词""篇名""作者""单位""刊名""中图分类号"等字段,用户可以使用一个或多个检索字段来检索。

通常可以将用户实施的一次检索用一个式子描述出来,这个式子称为检索式。检索式是将一个或多个检索字段及字段的值用运算符连接起来的式子。有了检索式,就可以很明确地实施一次检索。例如:

检索式 1:主题=(翻转课堂 and 程序设计) and 单位=湖北文理学院

检索式 2:篇名=(软件测试 and 质量控制)

检索式 1 表示的含义是:检出主题同时包含"翻转课堂"和"程序设计",而且作者单位是"湖北文理学院"的文献。

检索式 2 表示的含义是:检出篇名中同时包含"软件测试"和"质量控制"的文献。

应注意的是,不同文献数据库检索平台对文献同一个特征对应的检索字段命名可能会有所不同。例如,检索期刊文献时,万方平台的"题名"字段,中国知网中的"篇名"字段,都表示的是期刊文献题名特征,只是命名不同而已。

2.3.2 文献检索分类

1. 按文献检索使用工具分类

(1) 手工检索。利用书本型的工具书,如书目、文摘、索引、百科全书、字典、词典等,由人工以手工的方式完成的文献检索称为手工检索。手工检索是一种传统的检索方式,这种检索方式直观、灵活,但是查找速度慢,对检索人员的检索技能要求较高,其检索结果可能是文献线索,也可能是文献原文。

(2) 计算机检索。利用文献管理软件系统从计算机数据库中提取出目标信息的文献检索称为计算机检索。计算机检索的前提是,文献信息按特定的方式存储于计算机存储器中,并建立了各类索引系统。文献数据库存储的文献数量制约检索结果是否完全。这种检索方式是在人机协同作用下完成的,检索速度快,检索范围宽。按照计算机检索系统的工作方式,计算机检索可以分为以下 4 种类型。

① 脱机检索。脱机检索是最早的一种计算机检索。1954 年,美国海军兵器中心首先采用 IBM-701 型计算机建立了世界上第一个科技文献检索系统,实现了单元词组配检索,检索逻辑只采用逻辑与,检索结果只是文献号。1964 年,美国化学文摘服务社建立了文献处理自动化系统,使编制文献的大部分工作由计算机处理。随后,美国国立医学图书馆建立了计算机数据库,可以进行逻辑与、逻辑或、逻辑非的运算,还可以从多种途径检索文献。

脱机检索不是对一个检索提问立即做出回答,而是集中大批提问后进行处理,且处理时间较长。检索文献的用户只需将检索提问提交给专门的检索人员,检索人员将一定量的检索提问,按要求一次性输入计算机中,再将检索结果整理出来分发给用户。随着计算机技术的不断发展,这种检索方式已经逐渐被其他方式所取代。

② 联机检索。联机检索是指用户利用计算机终端设备,通过网络与信息检索系统,从大型数据库中查找用户所需信息的过程。联机检索系统是一台主机带多个终端,它具有分时操作能力,能使许多终端同时进行检索。用户通过终端可以直接与主机对话,可以修改提问式,直到得到满意的检索结果。

自 20 世纪 70 年代以来,联机检索已发展成为较成熟、被广泛应用的检索方式。国外著名的联机检索系统有 DIALOG 系统、ORBIT 系统、BRS 系统,欧洲的 ESA-IRS 系统,OCLC 的 FirstSearch 系统等,都是在此时期研制并发展起来的。

③ 光盘检索。光盘检索是指用户使用计算机检索光盘数据库上存储的信息的过程,分为单机方式和光盘网络方式。20 世纪 70 年代中期到 80 年代末期,激光技术和光盘存储提供了低廉方便的信息存储方式,光盘检索因其操作方便、不受网络的影响、存储量大、费用低等优点得到了充分的发展,已成为一种广泛使用的计算机检索方式。

许多常用的联机数据库都有相应的光盘产品。国外的数据库产品有美国《工程索引》光盘数据库(Ei Compendex Plus)等;国内的光盘数据库有《复印报刊资料全文数据光盘》《全国报刊索引数据库》等。

④ 网络检索。网络检索主要是指利用计算机对互联网中广泛存在的信息资源进行检索的过程。网络资源日益丰富,网络通信速度不断提高,使网络检索更加便捷而有效。

当前文献存储和管理方式,决定了在较长的时期内,手工检索和计算机检索会并存使用。

2. 根据检索结果分类

(1) 文献型检索。文献型检索是指利用检索工具或检索系统查找文献的过程,包括文献线索检索和文献全文检索。文献线索检索是指利用检索工具或检索系统查找文献的出处,检索结果是文献线索,文献线索包括书名、论文题目、著者、出版者、出版地、出版时间等文献外部特征。文献全文检索是以文献所含的全部信息为获取目标,检索系统存储的是整篇文章或整部图书的全部内容,检索结果是文献全文。文献全文检索是当前计算机信息检索的发展方向之一。

(2) 事实型检索。事实型检索是以文献中抽取的事项为检索对象的检索,其检索结果为基本事实。一般来说,事实检索多利用词语性和资料性工具书,包括字典词典、百科全书、类书政书、年鉴、手册、名录、表谱、图录等,也利用某些线索性工具书,如索引、文摘、书目、学科史著作、科普读物等。

(3) 数据型检索。数据型检索是以数值数据或图表形式数据为检索对象的检索,检索系统中存储的是大量的数据,这些数据既包括物质的各种参数、电话号码、观测数据、统计数据等数字数据,也包括图表、图谱、化学分子式、物质的各种特性等非数字数据。

2.3.3 文献检索效果评价指标

查全率(Recall Ratio)和查准率(Precision Ratio)是衡量文献检索效果的常用指标。它们的公式分别是:

$$查全率 = \frac{检出的相关文献数量}{检索系统中相关文献总数量} \times 100\%$$

$$查准率 = \frac{检出的相关文献数量}{检出的文献总数量} \times 100\%$$

例如,假设已知在某数据库中待检索课题的相关文献有100篇,某次检索找到了80篇,其中有40篇是相关的,则查全率为40%,查准率为50%;另一次检索找到了150篇,但只有60篇是与课题相关的,则查全率为60%,查准率为40%。

有学者认为查全率与查准率是一对矛盾,因为要查全,检索式就需要比较宽泛,那么检出的文献数量就比较多,检出结果中可能会包含无关的文献,查准率就可能降低。如果要查准,检索式就需要限定准确,这样检出的文献数量少,可能漏掉一部分相关的文献,查全率就可能降低。

检索系统中相关文献总数量不容易得到,并且文献数量是动态变化的,查全率与查准率是在一定范围内计算得出的,普通检索者追求的是相对全或相对准,并不太在意得到查全率和查准率这两个精确的数据。

通常,要想获得满意的检索效果,一方面是文献库的资源要足够充足,另一方面是检索式构造要完备且准确。检索者需要了解各种资源库的收藏种类、数量,尽可能地拥有优质数据库或资源的使用权,同时还需要认真分析检索课题的需求,详尽地列出需要检索的概念及范围,写出详细的检索式,通过各种限定方法的应用,使检索式以最精确的描述反映课题要求。

2.3.4 文献检索方法

刚着手做一项研究时,往往需要做文献调研,了解该研究领域的起源历史、研究现状、发展趋势、主要研究者、主要成果等,需要查找一大批相关的文献,此时研究者并没有特别明确的目标,常用的方法有顺查法、倒查法、抽查法。

如果研究者对某一领域或主题有了一定的研究经历,或者有了一定的线索,发现一篇重要文献后,通过其后的参考文献,可以查到更多相关的文献,这种方法称为追溯法。

1. 顺查法

顺查法是按照时间顺序由远及近地查找文献的方法。这种方法适用于普查性课题,利于掌握课题的来龙去脉，了解其历史和现状，并有助于预测其发展趋势，但是比较费时费力。

2. 倒查法

倒查法是按照时间顺序，由近及远地逐年查找，直到获得所需信息。利用该方法能够获取较新的信息，把握最新发展动态。

3. 抽查法

一般来说，任何一个学科、领域或课题的发展都有产生、发展、兴盛、成熟几个阶段，在学科处于发展、兴盛期时，成果和文献较多。抽查法就是根据待检索学科或课题发展的实际情况，抽取某一段时间的文献进行检索。抽查法能够获得较多的信息，但要求检索人员必须熟悉该学科的发展情况。

4. 追溯法

追溯法是根据文献后所附的参考文献来查找所需要的文献的方法，其目标明确，不足的是作者列出的参考文献有限，因而获得的文献面比较窄，容易漏检。

5. 综合法

综合法是指综合利用上述各种检索方法来查找文献的方法。利用以上各种检索方法，既可对某检索领域的文献有全面认识，还能得到重点文献，节约检索时间，进而得到较为理想的检索效果。

2.3.5　计算机文献检索技术

随着计算机技术的发展，使用人工语言，以最简单的方式进行文献检索已经成为计算机文献检索发展趋势。虽然计算机文献检索系统的功能越来越强大，用户的操作越来越简单，但是要使文献检索达到快捷和精准的效果，还是需要熟练掌握计算机文献检索技术。计算机文献检索技术中，有些技术主要用于文献数据库检索，有些技术既用于文献数据库检索，还用于互联网检索。

1. 布尔逻辑检索

在计算机检索中，检索提问涉及的概念往往不止一个，这些词之间的不同逻辑关系涵盖的文献范围是不同的。布尔逻辑检索就是利用逻辑运算符，将多个检索词或短语连接起来，从而限定检出文献集合范围的技术。

布尔逻辑运算（Boolean Operators）包含逻辑与、逻辑或和逻辑非等运算，也可以简称为与、或、非运算，可以分别用单词 and、or、not 来表示它们对应的运算符。计算机检索系统中常用符号来表示这 3 个逻辑运算的运算符，例如用"＊"表示逻辑与运算，用"＋"表示逻辑或运算，用"－"表示逻辑非运算，但也有采用其他符号表示的，因此，在特定的计算机检索系统中使用时应遵循该系统的使用说明或示例。在不针对某个特定检索系统时，常用 and、or、not 这 3 个词表示逻辑运算符。

1) 逻辑与

两个集合 A，B 的逻辑与表示为 A and B，即集合 A 与集合 B 的交集。运算结果的集合是既属于 A，又属于 B 的部分，即文氏图中集合 A 与集合 B 的公共部分，如图 2-3 所示。文氏图常用来表示集合之间的逻辑关系。

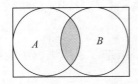 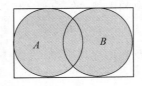 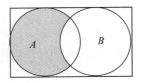

图 2-3　A and B　　　　　　图 2-4　A or B　　　　　　图 2-5　A not B

逻辑与在文献检索中的含义是：检出同时含有检索词 A 和 B 的文献。这个检出的文献集合显然是小于单独用检索词 A 或单独用检索词 B 检出的集合，会造成检索结果范围缩小，逻辑与运算有助于提高检索查准率。

2）逻辑或

两个集合 A，B 的逻辑或表示为 A or B，即集合 A 与集合 B 的并集。运算结果的集合是属于 A 和属于 B 的全体，即图 2-4 中集合 A 与集合 B 并起来的部分。

逻辑或在文献检索中的含义是：检出或者含有检索词 A，或者含有检索词 B 的文献。这个检出的文献集合显然是大于单独用检索词 A 或单独用检索词 B 检出的集合，会造成检索结果范围扩大，可以提高查全率。

此运算符适用于连接有同义关系或相关关系的词，例如，有一些概念有同义词、近义词、相关词，不同作者撰写的文献可能分别使用这些词，这些文献应该都属于检出范围，但如果检索时不把这些词包含进来，将会造成漏检，或运算正是用来解决这个问题的，用或运算把这些同义词连接起来，就是表达将包含这些同义词的文献全部检出。

3）逻辑非

两个集合 A，B 的逻辑非运算表示为 A not B，即集合 A 减去集合 B。它的运算结果为属于集合 A，但不属于集合 B 的部分，如图 2-5 中集合 A 减去集合 B 的那部分。

逻辑非在文献检索中的含义是：检出只含有检索词 A，而不含检索词 B 的文献。这个检出的文献集合显然是小于单独用检索词 A 检出的集合，会造成检索结果范围缩小。逻辑非运算用于表达在两个检索词之中排除不需要的检索词。

4）布尔逻辑运算符的运算次序

布尔逻辑运算符的运算的结合与优先级，在不同的系统中有不同的规定，使用时要注意看系统使用说明或示例。对含有多个逻辑运算符的逻辑检索式，最好是采用括号的方式，确定运算结合顺序。

这 3 种布尔逻辑运算可以组合使用，用于形成更为复杂的检索提问式，从而限定检索范围。但最好不要使用太复杂的逻辑运算式，因为如果使用不当，将会排除有用文献，从而导致漏检。布尔逻辑检索在互联网检索、文献数据库检索中都被应用，是一种被广泛采用的方法。

案例 2-3：写检索式

题目：从题目"面向景区智能导游的室内外一体化定位及位置服务方法研究"中提取关键词，用逻辑运算符连接起来，写出主题检索的检索式。

解答：

检索式 1：主题＝（智能导游 and 室内外一体化定位 and 位置服务）

检索式 2：主题＝（智能导游 and（室内外一体化定位 or 位置服务））

检索式 3：主题＝（智能导游 and（定位 or 位置服务））

检索式 4：主题＝((智能导游 or 景区导游) and 位置服务)

含义分析：检索式 1 和检索式 2 所用的关键词是一样的，只是检索式 1 使用了两个 and，表示只有 3 个关键词都被包含的那些文献才能被检出。检索式 2 的第二个逻辑符为 or，表示那些包含"智能导游"并且包含"室内外一体化定位"的文献，或者那些包含"智能导游"并且包含"位置服务"的文献都被检出，与检索式 1 相比扩大了检索范围。检索式 2 的检出文献集合大于等于检索式 1 的检出文献集合。当两个检出数量都为 0 时，或者数据库中该主题的文献都包含这 3 个词，两个检索式检出结果是相等的，但这两种情况一般较少见。

检索式 3 中第二个关键词外延扩大了，比检索式 1 和检索式 2 的检索范围都要大。

检索式 4 则对导游的限定作了扩充，表示那些既包含"智能导游"还包含"位置服务"的文献，或者既包含"景区导游"还包含"位置服务"的文献都会被检出。

2．限定字段检索

计算机文献数据库检索是从文献数据库中找出所需要的文献的过程，检索途径或检索入口为检索字段。限定字段检索就是对某个字段或某几个字段来检索，来限定查找的内容出现在文献的某种或某几种特征中。当使用多个字段检索时，就是对文献的多种特征联合检索，依据它们之间的逻辑关系，可以达到更广泛或更精准的检索效果。

文献数据库检索系统中，通常把可供检索的字段划分为表示文献内容特征的主题索引和表示文献外部特征的辅助索引两大部分。主题索引(也称基本检索字段，或基本索引)包括的检索字段为标题、摘要、关键词、叙词等；辅助索引(也称辅助检索字段)则包括了主题索引以外的所有其他字段，如作者、作者单位、出版者、基金、专利号、标准号等。

文献数据库检索系统一般使用两位字母的代码来表示每个字段，如 AB 表示"摘要"(Abstract)，AU 表示"作者"(Author)，表 2-3 列出了计算机文献数据库中常用的字段和字段代码表。检索时，代码一般用于书写复杂的检索式，用于专业检索。不同的文献数据库设置的字段不尽相同，即便是字段名相同，所使用的字段代码也不尽相同。所以在使用时需要了解计算机文献数据库的规范。

表 2-3　计算机文献数据库中常用的字段和字段代码表

字段类别	字段名称	字段代码	英文字段名
基本检索字段	题名	TI	Title
	摘要	AB	Abstract
	关键词	KY	Keyword
	叙词	DE	Descriptor
	标题词	ID	Identifier
辅助检索字段	作者	AU	Author
	作者单位	CS	Corporate Source
	期刊名称	JN	Journal
	文献类型	DT	Document Type
	分类号	CC	Classification
	出版年份	PY	Publication Year
	出版国	CO	Country
	语种	LA	Language

字段代码使用有后缀方式和前缀方式。

后缀方式如：/TI、/AB、/KY 等。例如，检索式："双证共融/TI"表示检索标题字段中含有"双证共融"的所有文献。

前缀方式如：TI＝、AU＝、JN＝等。例如，检索式：TI＝'翻转课堂' and KY＝'高等教育'，表示要检索题名中包含"翻转课堂"，并且关键词中含有"高等教育"的文献。AU＝'方磊'表示检索作者为方磊的那些文献。

3. 截词检索

截词检索是指将检索词在适当的地方截断，保留需要的部分，丢掉需要被替换的部分，在丢弃的位置用通配符"?"或"＊"来代替。

常用的通配符有"?""＊"。通配符的含义是：在通配符出现的位置可以用任意一个或任意多个字符来代替。一般用一个"＊"表示若干个字符，用一个"?"表示一个字符，用"?"代替字符时，有几个字符就要用几个"?"来代替。例如，"super＊"可以代表这些词中的任意一个：superstructure、supernormal、superimpose、superglue、superhuman、superman；而"super???"则只能代表这些词中的 superman。

截词检索方法在英文数据库中广泛使用。由于以下原因截词法使用较多：英文单词有单复数形式；同一词的英、美拼法不同；当一个概念在还没有得到规范使用时，或由于地区的不同，不同的学者使用时可能用同一个词根加不同的前、后缀表示。用截词法可以扩大检索范围，提高查全率，同时还可以减少检索词的输入量。

1）前截断

前截断，即后方一致，又称为左截断，通配符在词的左边。例如，检索提问为"＊man"，那么包含 Frenchman、sportsman 等词的文献都符合检出要求，检索提问为"＊ology"，那么包含 phraseology、ideology、sociology、technology、methodology、pathology 等词的文献都符合检索要求。

2）中截断

中截断是把通配符放于一个词的中间位置，一般只允许截断有限个字符，对词中间出现变化的字符数加以限定。例如，检索提问为"com＊tion"，那么包含 comsumption、compution 等词的文献都符合检索要求。

3）后截断

后截断是前方一致的检索，又称为右截断，通配符放在被截词的右边，是最常用的检索方法。例如，检索提问为"soci＊"，那么包含 sociology、sociologies、sociological、sociologist 等词的文献都符合检索要求。

不宜将词截得过短，否则容易造成误检，检出量太大，或者不相关的检出太多。通配符在不同的计算机文献检索系统中，有不同的规定，也有使用"!""♯"等符号的，在使用时应遵循检索系统的具体规范。

4. 位置检索

位置检索是通过位置运算符（Adjacent Operators）指明检索词在记录中的位置关系，即限定检索词之间的间距或前后关系，这种方法能够提高检索的准确性。位置运算符是在检索式中表示运算符两边的检索词之间位置关系的符号。

当检索提问的检索词要用词组表达，或者要求两个词在文献中位置相邻、相连时，可使用位置运算。下面是几种常用的位置运算符。

1）（W）与（nW）

（W）运算符是 With 的缩写，表示在检出结果中，此运算符两侧的检索词在检出结果中的位置必须按输入时的前后顺序排列，不能颠倒，所连接的词之间除可以有一个空格、标点或连接号外不得夹有任何其他单词或字母。（nW）运算符两侧的检索词在检出结果中的位置必须按输入时的前后顺序排列，不能颠倒，但允许在连接的两个词之间最多插入 n 个单元词。例如，检索提问为"state（1W）testing"，那么包含"state relation testing"和"state transformation testing"短语的文献都符合检出要求。

2）（N）与（nN）

（N）运算符是 Near 的缩写，表示此运算符两侧的检索词必须紧密相连，所连接的词之间不允许插入任何其他单词或字母，但词序可以颠倒。（nN）由（N）引申而来，区别在于两个检索词之间可以插入 n 个单元词。

例如，检索提问为"state（N）testing"，那么包含"state testing"和"testing state"短语的文献都符合检出要求。

3）（F）

（F）运算符是 Field 的缩写，表示在此运算符两侧的检索词必须出现在同一字段中，如出现在题名字段、主题字段、摘要字段等，两词的前后顺序不限，两词之间允许插入其他的词或者字符，并且插入的个数也不限。

例如，检索提问为"state（F）testing"，可检索到在某一字段中（如题名字段、主题字段、摘要字段等）同时包含"state"和"testing"的文献信息记录。

4）（L）

（L）运算符是 Link 的缩写，表示在此运算符两侧的检索词必须同在叙词字段（DE）中出现，而且两词之间具有叙词表规定的等级关系（从属关系），（L）前面的词为主标题词，（L）后面的词为副标题词，（L）用来连接主标题词和副标题词。（L）运算符只适用于有叙词表且词表中的词具有从属关系的数据库。

5）（S）

（S）运算符是 Subfield 的缩写，表示在此运算符两侧的检索词必须出现在同一个子字段中（子字段是指字段中的一部分，通常由数据库确定，可以是一个句子、一个段落），两词在同子字段中的相对次序不限，两词中间插入其他词的数量也不限。

不同的检索系统有不同的位置运算符，目前，DIALOG 联机检索系统是该功能最为详尽的检索系统。上述的位置运算符可以同时应用于同一个检索式中，检索系统按从左到右的顺序执行运算。如果在一个检索式中既有位置运算符，又有布尔逻辑运算符，系统优先执行位置运算符。

习题 2

1. 简述狭义的文献检索管理和文献检索概念。
2. 文献的外部特征有哪些？

3. 为什么进行文献管理和文献检索需要了解文献的特征？
4. 常用的文献分类法有哪些？文献分类法为什么要被不断地修订？
5. 主题词法有哪几种？关键词法的优点与缺点是什么？
6. 使用关键词法时，为什么要利用同义词、近义词、上位词、下位词等类词？
7. 根据检索结果来分，文献检索有哪些类型？
8. 衡量文献检索效果的评价指标有哪些？
9. 简述布尔逻辑运算的含义及用于检索文献时所能达到的效果。
10. 写出计算机文献数据库中常用字段的英文字段名。
11. 通配符有哪几个，请说一说其用法。
12. 为以下研究课题找关键词，任选一个或两个检索字段，写出检索式。
(1) 情景教学在数学课堂中存在的问题与对策研究
(2) 非物质文化遗产数字化保护与传播研究
(3) 经济新常态下中小物流企业发展转型之路
(4) 城市社区养老服务质量评估指标体系设计
(5) 慢性疼痛病人参与式音乐治疗结合放松训练的应用效果
(6) 中医五行音乐疗法对精神疾病和失眠的研究
(7) 人性化理念在建筑室内环境艺术设计中的应用
(8) 科幻电影中的体育元素
(9) 太极拳题材影视剧对太极拳发展的影响
(10) 家庭农场理论与实践创新研究
(11) 技术进步、城市化、经济增长与能源消费的关联影响效应研究
(12) 基于主成分分析法主导产业结构调整研究
(13) ARIMA 模型在湖北省气温分析及预报中的应用
(14) 中国城乡收入差距与经济增长的关系研究
(15) 面向非特定产品质量检测的一般性目标识别方法研究
13. 使用 http://www.ztflh.com/ 或其他方式查询以下中图分类号对应的知识分类：
(1) A491 (2) J221.6 (3) G252.6 (4) K201 (5) TP368
14. 中国知网上，选择检索字段为"中图分类号"，查看上题中分类号相关的文献。
15. 查看中国知网的检索字段有哪些，不同类型的文献的检索字段都相同吗？
16. 查看万方数据的检索字段有哪些，不同检索平台为同一类型文献提供的检索字段都相同吗？

第3章 图书馆文献检索

学习导引

本章主要介绍了我国图书馆分类,高校图书馆主要提供的服务,图书馆的3种新形态(数字图书馆、移动图书馆、云图书馆),图书馆馆藏检索等内容,使读者了解我国图书馆体系、了解并利用各类图书馆资源。

2018年我国实施了《公共图书馆法》,《公共图书馆法》为公共图书馆事业的发展提供了保障,对读者使用公共图书馆资源提出了约束。

公共图书馆是免费向社会公众开放的图书馆,具有代表性的公共图书馆有中国国家图书馆、上海图书馆等。科学图书馆属于专门图书馆,为特定的读者服务,具有代表性的科学图书馆有国家科学图书馆、中国社会科学院图书馆、国家科技数字图书馆等。高校图书馆是为高校教学和科研工作服务的图书馆,是我国图书馆的一大支柱。

除了传统的图书馆外,数字图书馆、移动图书馆、云图书馆是图书馆发展的新形态。

馆藏图书是依据索书号顺序存放、取出的,图书的索书号由分类号与书次号共同组成,书次号常用的取法有两种:种次号、著者号。种次号在普通图书馆用得较多,因此普通图书馆中索书号由分类号与种次号共同组成。根据某类图书的最大种次号,可以看出这一类图书一共有多少种。复本图书是用条形码来区分的,它们的索书号是一样的。

目前,图书馆资源使用计算机管理系统进行管理,如ILAS管理系统,借阅馆藏图书时先在ILAS管理系统中查询图书的索书号,查看此书的馆藏地点,然后到对应的馆藏地点按索书号查找借阅此书。

图书馆是知识的宝库,了解我国图书馆体系、图书馆类型、公共文化信息资源获取途径等内容,有助于人们选择、获取并利用公共信息资源,有利于促进国民文化素质整体提高。

了解

图书馆分类;公共图书馆;科学图书馆;高校图书馆及其主要提供的服务;

数字图书馆、移动图书馆、云图书馆;

索书号;图书排架方法;馆藏书目计算机检索。

掌握

图书馆馆藏资源的检索;根据索书号找到图书。

应用

结合专业学习需要进行图书馆馆藏资源的检索;了解自己所在高校图书馆提供的服务;

通过网络了解中国国家图书馆、自己所在省的省图书馆提供的服务;

通过网络了解国家科学图书馆、中国社会科学院图书馆、国家科技数字图书馆提供的服务。

3.1 图书馆分类、服务与发展

3.1.1 我国图书馆体系

1. 图书馆定义

图书馆是文献信息存储、管理、传递的中心,还是保障公民基本文化权利的重要机构,不仅具有专业职能,还具有社会职能。《英国百科全书》中对图书馆的定义为:图书馆是收藏图书并使人们阅读、研究或参考的设施。我国著名图书馆学家黄宗忠在《图书馆导论》中指出,图书馆是对以信息、知识为内容的图书馆文献进行搜集、加工、整理、存储、选择、控制、转化和传递,提供给一定社会读者使用的信息系统。

图书馆的管理对象是文献信息,服务对象是读者。图书馆活动的目的是为人们提供文献服务,其工作流程是对信息进行收集、整理、存储、传递和开发。

2. 图书馆分类

目前,我国形成了由公共图书馆、科学图书馆、高校图书馆、其他图书馆共同构成的图书馆体系。人们通常认为公共图书馆、科学图书馆、高校图书馆是我国整个图书馆的主要组织部分。

在我国,还有其他的图书馆分类方式:

(1) 按图书馆的管理体制或隶属关系划分。例如,文化系统图书馆、教育系统图书馆、科学研究系统图书馆、工会系统图书馆、共青团系统图书馆、军事系统图书馆等。

(2) 按馆藏文献范围划分。例如,综合性图书馆、专业性图书馆等。

(3) 按用户群划分。例如,儿童图书馆、盲人图书馆、少数民族图书馆等。

(4) 按图书载体划分。例如,传统图书馆、数字图书馆、移动图书馆等。

3. 我国主要的图书馆

1) 公共图书馆

公共图书馆是指免费向社会公众开放的图书馆。目前,我国的公共图书馆大部分是在省、市、县、乡等地域划分的基础上由政府投资建立的,包含国家图书馆、省图书馆、市图书馆、县图书馆等。公共图书馆的馆藏资源大多是综合性的,通常建有地方文献的专藏馆。各级公共图书馆都要收集和保存国家重要出版物,通常提供非专业的图书(如通俗读物、报纸杂志)查询和借阅、公共信息、互联网连接、社会教育等服务。

2017年11月4日,第十二届全国人民代表大会常务委员会第三十次会议通过了《中华人民共和国公共图书馆法》（简称《公共图书馆法》），该法律自 2018 年 1 月 1 日起施行，其中第四条规定："县级以上人民政府应当将公共图书馆事业纳入本级国民经济和社会发展规划，将公共图书馆建设纳入城乡规划和土地利用总体规划，加大对政府设立的公共图书馆的投入，将所需经费列入本级政府预算，并及时、足额拨付"，为公共图书馆的发展提供了法律保障。《公共图书馆法》也指出，"国家鼓励公民、法人和其他组织自筹资金设立公共图书馆"。

部分公共图书馆网址如下：
中国国家图书馆（中国国家数字图书馆）　http://www.nlc.cn/
上海图书馆　　　　　　　　　　　http://www.library.sh.cn/#oldlib（旧版）
　　　　　　　　　　　　　　　　https://library.sh.cn/#/index（新版）
湖北省图书馆　　　　　　　　　　http://portal.library.hb.cn/

2）科学图书馆

科学图书馆属于专门图书馆，主要为自然科学、社会科学、科学技术、边缘交叉科学等领域的研究提供文献资源。科学图书馆在信息资源建设、网络与数据库建设、文献整理与开发、信息研究与服务、图书馆学情报学理论研究等方面都获得了极大进展，在为读者服务方面做出了突出贡献。

部分科学图书馆网址如下：
中国科学院文献情报中心（国家科学图书馆）　　http://www.las.ac.cn/
　　　　　　　　　　　　　　　　　　　　　　http://www.las.cas.cn/
中国社会科学院图书馆（调查与数据信息中心）　http://www.lib.cass.org.cn/
国家科技图书文献中心（国家科技数字图书馆）　https://www.nstl.gov.cn/

3）高校图书馆

高校图书馆是高等学校的文献信息中心，是为高校教学和科研工作服务的，它具有教育和信息服务两大职能。高校图书馆为学生提供自习室、电子阅览室、视听阅览室等场所，提供展览、读书讲座、专题报告、书刊评价等活动，辅助专业教育和思想政治教育，提高学生信息素养，扩大学生的知识面，从而发挥教育职能。高校图书馆还提供流通阅览、资源传递、参考咨询、信息调研等服务，从而发挥信息服务职能。

由于高校的办校历史和经费的不同，高校图书馆提供的馆藏文献数量、质量与服务都有很大的差别。馆藏丰富的高校图书馆，其馆藏历史也较久，除了藏有各种印刷版图书和期刊、中外文文摘、古籍外，还藏有《科学引文索引》（SCI）、《工程索引》（EI）、《化学文摘》（CA）等优质网络数据库资源。图书馆的馆藏文献数量和质量，是衡量高校办学条件的一个重要方面。截至 2017 年 5 月 31 日，全国高等学校共计 2914 所，图书馆是高等学校标配部门，因而高校图书馆的数量较多。高校图书馆的数量以及使用人数，足以使其成为我国图书馆的一大支柱。

部分高校图书馆网址如下：
北京大学图书馆　　　　　http://www.lib.pku.edu.cn/portal/
清华大学图书馆　　　　　http://lib.tsinghua.edu.cn/
中国人民大学图书馆　　　http://www.lib.ruc.edu.cn/
武汉大学图书馆　　　　　http://www.lib.whu.edu.cn/

中国科学技术大学图书馆　　　http://lib.ustc.edu.cn/
湖北省高等学校数字图书馆　　http://www.hbdlib.cn/

3.1.2　高校图书馆提供的主要服务

高校图书馆是我国图书馆中的一个主要组成部分,其资源丰富,用户多,使用率高,对高校师生和广大文献需求者来讲,了解高校图书馆提供的服务,有助于其充分利用图书馆资源。

高校图书馆提供的主要服务如下。

1. 外借服务

外借服务是图书馆的传统服务,允许读者将馆藏文献借出馆外,自由阅读。外借服务有4种不同模式:个人外借、预约外借、馆际互借(不同图书馆经过协商,在建立互借关系的基础上,可互借对方图书馆的馆藏)、通借通还(即读者可以在图书馆的任一分馆借阅或归还图书)。

2. 阅览服务

图书馆通常对不宜外借的图书文献提供阅览服务,允许读者在馆内固定场所阅读文献。通过提供阅览服务可以提高文献的利用率,有助于图书馆员了解读者的阅读需求,有针对性地购买图书、推荐图书。

根据文献类型不同,设有不同阅览室,常见的阅览室有3种。

(1) 图书阅览室。例如,文学图书阅览室、社会科学阅览室、自然科学阅览室、工具书阅览室等。

(2) 报刊阅览室。报刊阅览室主要提供报纸、期刊阅览。期刊、报纸是周期性、连续出版物,其阅览室也就分为现刊阅览室和过刊阅览室。现刊阅览室主要提供本年度的中外文期刊、杂志、报纸等;过刊阅览室主要提供本年度之前的所有期刊、杂志、报纸。每一年度结束时,图书馆员会将这一年度的期刊和杂志装订为合订本,以方便管理保存和读者查阅。

(3) 多媒体阅览室。多媒体阅览室提供光盘数据库的检索、电子图书阅览、网络浏览、馆藏文献检索等服务。

3. 参考咨询服务

高校图书馆除了提供基础服务外,还根据高校学术科研的特点,提供咨询类高端服务,以满足高校师生多样化的需求。

1) 口头与电话咨询

高校图书馆一般能够配备具备科技学科背景、熟悉学科文献资源、具有丰富文献信息检索经验的参考咨询馆员,为社会公众或国家企事业单位提供各种类型的咨询服务,如科技咨询、社科咨询、法律文献咨询、商业经济信息检索、专题咨询等服务。

2) 文献传递

文献传递是读者检索到某一文献资源后,在本地图书馆不能得到原文内容,于是发出文献传递请求,当收藏有该文献的图书馆看到请求后,将文献以人工传递或电子传递的方式传递给读者的服务。

3) 定位服务

定位服务（Selective Dissemination of Information Service，SDI）分为标准 SDI 和用户委托 SDI 两种。标准 SDI 是图书馆根据用户的教学、科研需要，定期或不定期对某一特定主题进行跟踪检索，把经过筛选的最新检索结果，以书目、索引、全文等方式提供给用户，或者是经过与用户协商，在用户开展科学研究过程中，从课题前期调研、开题立项、中期成果、直接成果验收等各个阶段提供文献检索服务。用户委托 SDI 是图书馆对用户委托的研究课题进行检索，以书目、索引、文献、全文、汇编等形式提供给用户的服务。

4) 代查代检服务

代查代检服务是指图书馆根据用户需求，代替用户做相关的文献检索、事实查询、查引等工作。

文献检索服务：根据用户需求，围绕一个主题查找中外文图书、报刊以及数字资源中的相关资料，或者查找指定的时间段和文献范围内的文摘、书目索引、文献资料汇编等，或者为用户提供科学技术、商业信息等学科领域中特定的文献检索服务。

事实查询：为用户查询包含在一种或多种文献资料中的具体信息，如某一事件、某一人物、某张图片、事物起源、统计数据等事实或数据信息。

查引服务：对作者已发表论文被 SCI、EI 等著名检索工具收录引用的情况进行检索，并对检索结果出示证明。

5) 文献综述分析

图书馆在全面检索文献的基础上，根据用户的需要对相关文献进行科学组织、分类、摘录和分析，为用户提供撰写文献综述和分析报告的服务。

6) 科技查新及查新中介服务

在科研工作开始前，科研人员一般要对科研课题进行查新检索，防止出现科研课题是已经被攻克了的项目，从而避免出现人力、物力资源的浪费。科研人员可以将查新需求委托给具备查新资质的机构（馆），由该机构查证科学技术内容的新颖性，接受委托的机构按照科技查新规范操作，有偿地反馈查新结果。

3.1.3 图书馆新形态

随着科技的发展，信息的处理、存储、传输从技术到设备有了巨大进步，文献的记载、保存与使用的技术都发生了很大的转变，传统的图书馆已有很大的变化，出现了数字图书馆、移动图书馆、云图书馆等新形态。

1. 数字图书馆

数字图书馆是虚拟的图书馆，是基于计算机网络环境下的可扩展的知识网络系统。它涉及文献资源数字化和文献管理服务网络化两个方面。数字图书馆的文献资源是用数字技术处理和存储的各种电子文献。数字图书馆是一种分布式信息系统，它能对各种不同载体、不同地理位置的信息资源，进行跨越区域的网络查询和传播，涉及信息资源加工、存储、检索、传输和利用的全过程。

数字图书馆是超大规模的分布式的知识中心，具有便于使用、没有时空限制、跨库检索、智能检索等特点。相比于传统图书馆，数字图书馆具有以下优点。

(1) 信息查阅检索方便。数字图书馆都配备计算机查阅系统,读者通过在计算机查阅系统上检索一些关键词,可以获取大量的相关信息。而在传统图书资料的查阅过程中,读者需要经过检索、找书库、按索书号寻找图书等多道工序,烦琐不便。

(2) 远程迅速传递信息。传统图书馆位置固定,读者在去书馆的路上就需要花大量的时间。数字图书馆则可以利用互联网迅速传递信息,不管读者身在何处,只要能够登录数字图书馆网站,点击鼠标就可以在几秒钟内看到自己想要查阅的信息,不受时间限制,这种便捷是传统图书馆所不能比拟的。

(3) 信息载体容量大、占地小,不易损坏。数字图书馆把信息以数字化形式加工储存,一般储存在电脑光盘或硬盘里,与过去的纸质资料相比占地很小。传统图书馆中的实体文献多次查阅后就会磨损,为保护一些原始的比较珍贵的资料文献,一般读者很难看到这类文献,数字图书馆就避免了这一问题。

(4) 同一信息可多人同时使用。一本实体图书一次只可以给一个人使用,而数字图书馆则可以突破这一限制,通过计算机技术,可以实现同一数字文献无数人同时查阅,大大提高了信息的使用效率。

2. 移动图书馆

移动图书馆是数字图书馆信息服务的一种新形态,用户通过利用移动端软件、移动设备(如手机、笔记本电脑、掌上电脑等)和通信网络,实现随时随地的浏览和查询文献资料。移动图书馆具有移动性、互动性、集成性、个性化等特点。

我国移动图书馆主要有3类:①商业公司的移动图书馆,如超星移动图书馆、中国知网移动图书馆;②以高校图书馆资源为基础的移动图书馆;③以各级公共图书馆为基础的移动图书馆。

移动图书馆提供的主要服务如下。

(1) 传统图书馆服务移动端操作。读者在手机上可以进行馆藏查询、续借、预约、挂失、到期提醒、热门书排行榜、咨询等自助式移动操作。

(2) 图书馆服务信息网络推送,包括新闻发布、公告(通知)、新书推荐、借书到期提醒、热门书推荐、预约取书通知等信息交流功能。

(3) 电子文献检索和阅读,可以实现中外文图书、期刊、报纸、学位论文、标准、专利等各类文献检索和全文获取的功能。

(4) 个性化订阅服务。用户可以订阅自己感兴趣的内容,锁定个人的主要阅读栏目,如电子图书、报刊、音频、视频等,可以长期跟踪一个专题。个性化订阅服务可以简化操作流程。

(5) 条码扫描功能。用户通过扫描图书、期刊的条码,可以看到对应资源的馆藏信息,并获取原文。

目前我国移动图书馆发展迅速,移动图书馆手机 App 如雨后春笋般出现,各级省、市、县、区图书馆陆续提供了移动图书馆手机 App,用户在手机上安装移动图书馆手机 App 软件后就可使用移动图书馆服务,吉林省图书馆、大连图书馆、连云港市图书馆等公共图书馆都提供了移动图书馆服务。各高校基本上都建设有自己的移动图书馆。

3. 云图书馆

在传统图书馆体系中,由于经费和建馆历史不同,各图书馆的馆藏资源有很大的差异。

由于经费的原因,多数图书馆均备有一般的电子资源,而缺乏优质的电子资源。大量存在着普通电子资源重复投资、利用率不高,优质的电子资源短缺的现象,对单个图书馆来说,还存在大量资源闲置的现象,云图书馆的出现为解决各图书馆资源差异带来了解决方案。

云图书馆也称云数字图书馆,是将云计算技术应用于文献管理与服务而产生的新的文献服务形式,是一种新型的资源建设和读者服务模式。云图书馆采用云计算技术,一方面把分散的数据资源整合起来,另一方面集中财力购买全球各出版类型和学科领域的数据库资源,构建规模大、馆藏丰富的高效率、低成本数字资源集成平台,通过统一的云端平台提供服务,使全国不同地区、不同类型的图书馆和用户都能享有稳定、高效、不受时空限制、按需支付的资源与服务。

云图书馆的实现基础是云计算技术。关于云计算的定义很多,目前没有统一约定,美国国家标准与技术研究院(NIST)给出的定义是,云计算是一种按使用量付费的模式,这种模式提供可用的、便捷的、按需的网络访问,进入可配置的计算资源共享池(资源包括网络、服务器、存储、应用软件、服务),这些资源能够被快速提供,只需投入很少的管理工作,或与服务供应商进行很少的交互。云计算的主要支撑技术为虚拟化技术、海量分布式存储技术、高效的分布式处理技术、自动管理监控技术、云计算信息安全技术。

云计算是用户利用电脑终端设备连接到互联网,从云端获取存储、计算、数据库等计算资源的技术。云计算在资源分布上包括"云"和"云终端"。云是互联网中大型服务器集群的比喻,是资源与服务的提供方,由分布式互联网基础设施组成,如网络设备、服务器、存储设备、安全设备等。云终端是指电脑、手机等设备,这些设备不需要太高的配置,只要安装操作系统,能运行浏览器连接互联网,便可接入云,并从云获取存储、计算、应用软件等服务。用户在使用云提供的服务时,所能够感受到的是服务的变化,即以较小的代价获得优质服务,其他方面并没有什么不同,用户也不需要关注具体技术实现。

云图书馆为读者带来一站式检索,一站式检索具有范围宽广、获取全文快、路径多等特点。云图书馆极大地拓展文献服务的辐射范围,提升资源利用效率,为各类图书馆和用户提供了以较低成本获取丰富资源的途径。

我国主要的云图书馆有超星公司的百链云图书馆、中国高等教育数字图书馆等。其中,中国高等教育数字图书馆(China Academic Digital Library & Information System,CADLIS)是在教育部的领导下,将高校丰富的文献资源和人力资源整合起来建设的教育文献联合保障体系,目前有800多家CALIS高校成员馆,除了高校成员馆外,还有众多公共图书馆、各类科技情报所、教育部资源共享项目、国内资源数据库商等机构为其提供文献支撑。

CALIS为用户提供电子原文下载、文献传递、馆际借书、单篇订购、电子书租借等多种原文获取服务,可以帮助读者在全国乃至全世界范围查找并索取包含中外文的图书、期刊、学位论文、会议论文、专利标准等各种类型的电子或纸本资源全文。

中国高等教育数字图书馆提供e得全文获取、e读学术搜索引擎、CALIS联合目录数据库、CALIS外文期刊网等服务平台,CALIS高校成员可以免费使用。

云图书馆网址如下:

百链云图书馆　　　　　　　http://www.blyun.com/
中国高等教育数字图书馆　　http://www.calis.edu.cn/

3.2 图书馆馆藏检索

3.2.1 索书号

图书馆会在图书的书脊贴上一个标签,标签上面有由字母和数字组成的号码,凭此号码人们可以找到图书,这个号码就是索书号(Call Number)。索书号是读者在图书馆查找图书时必须了解的信息。

索书号是由分类号与书次号共同组成的,分类号是依据图书馆分类法来确定的,我国主要的图书馆分类法有《中图法》《人大法》《科图法》,目前,大多数图书馆采用《中图法》。下面以《中图法》为例说明图书索书号的编制过程。

《中图法》根据知识的内容性质,将具有相近内容或相同性质的知识划分为一类,每一类都对应一个分类号,每一种图书按其知识内容来划分都会属于某一个类,因而也就对应一个中图法的分类号。《中图法》为每一种图书赋予一个分类号,但同一分类号下面的图书还有很多种,例如,C语言程序设计主题的教材不少于几百种,它们分别是不同年代、不同著者出版的,即便是同一著者出版的C语言程序设计教材还有不同的版本,这些不同种类的图书还需要加以区分,所以除了分类号之外,还有必要进行进一步区分。

书次号用来对同一分类号下的图书作进一步的区分。书次号常用的取法有两种:种次号、著者号。种次号是在图书分类后,对同类图书赋予不同的顺序号,按入馆的先后顺序排。根据某类图书的最大种次号,可以看出这一类图书一共有多少种。它的不足之处是,有可能使同一著者的同一分类号下的不同著作分散于不同的位置。著者号,是按著者名称来区分同一分类号下的不同图书。它能使同一著者的同一分类号下的不同图书放在邻近的位置。相对而言,种次号在普通图书馆用得较多。

在使用种次号的情况下,由分类号与种次号共同组成图书的索书号。例如,索书号 G254.97/27,其中 G254.97 表示分类号,27 表示种次号。索书号 TP391.41/1015,其中 TP391.41 表示分类号,1015 表示种次号。索书号 G252.7/164,其中 G252.7 是分类号,164 是种次号,表示该书是馆藏此类书的第 164 种。

同一种书有多本时,称为复本,给图书分类的时候,复本的标记是用条形码来区分的,它们的索书号是一样的,只有条形码是唯一的,条形码是一本书的身份证。

分类号的主要作用就是把图书按学科区分开来,把相同学科内容的图书归纳到统一的类号下,例如,把高等教育理论的书全部归纳到 G640 这个类号,把数学理论全部归纳到 O224 这个类号,把有关计算机软件的书归到 TP31 类中。

种次号是用来区分每类图书中的各种图书的,它给每一种书编制一个号码,根据到馆顺序来排,先到先排。例如,可以通过种次号把《C语言程序设计教程》《深入浅出新编C语言程序设计教程》《C语言程序设计》等书区分开。

通过为图书赋予分类号与书次号,图书馆的每一种馆藏图书获得了索书号,图书馆的图书依据索书号的顺序来摆放,读者根据索书号就可以准确地找到馆藏图书在书架上的位置了。

3.2.2 排架方法

馆藏图书是依据索书号进行排列、存取的。馆藏图书具体的排列方法是先按分类号,后按种次号排列。馆藏图书首先按照分类号顺序排列,小号码在前,大号码在后;分类号完全相同的图书再按照种次号从小到大排列。

按分类号排架时,先按一级类号从小到大排,一级类号相同时,再按二级类号从小到大排,以此类推。例如:

先按英文字母顺序排:A,B,…,F,…,Z

一级类号相同时,按二级类号顺序排:F0-0,F01,F02,…,F09…

二级类号相同时,按三级类号顺序排:F030,F031,F032,…

分类号相同时,则按种次号从小到大排列。

总论复分号"-",要排在数字"0"的前面,如 F0-0 排在 F01 的前面。

3.2.3 馆藏书目计算机检索

目前,人们使用计算机图书管理系统对图书馆资源进行管理。其中,图书馆自动化集成系统(Integrated Library Automation System,ILAS)是我国大多数图书情报单位使用的图书馆自动化系统。

ILAS 提供了简单检索、高级检索等方式。检索字段有题名、责任者、主题词、分类号、国际标准书/刊号、索取号、丛书名等,还可按图书类型来检索。

案例 3-1:馆藏图书检索

题目: 某高校大学生正在学习数据结构课程,他打算在学校图书馆借一本数据结构方面的图书作为参考书,请帮助他完成借书任务。

分析: 该学生是为学习找参考书,不是特定要找某一本书,因而主题相符、出版时间较新的图书即可。

步骤 1: 登录学校馆藏书目查询系统,如图 3-1 所示,查询方式选择"题名";图书类型选择"查中文图书";限定方式选择"模糊查找";排序方式选择"出版时间降序";在搜索文本框中输入"数据结构",鼠标单击"检索"按钮,即可找到关于数据结构的馆藏图书,查询结果如图 3-2 所示。

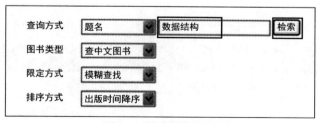

图 3-1 馆藏图书查询

步骤 2: 在找到的结果中,发现第一条即为所需,鼠标单击该条信息的右下方"馆藏信息",则显示该书的详细信息,如图 3-3 所示,记下该书的索书号 TP312C/1187,查看该书的馆藏地点为"新书库",状态栏中有一本为"借出",还有两本为"入藏",如图 3-4 所示。该同学可以直接到学校图书馆的新书库,按索书号查找此书并借阅。

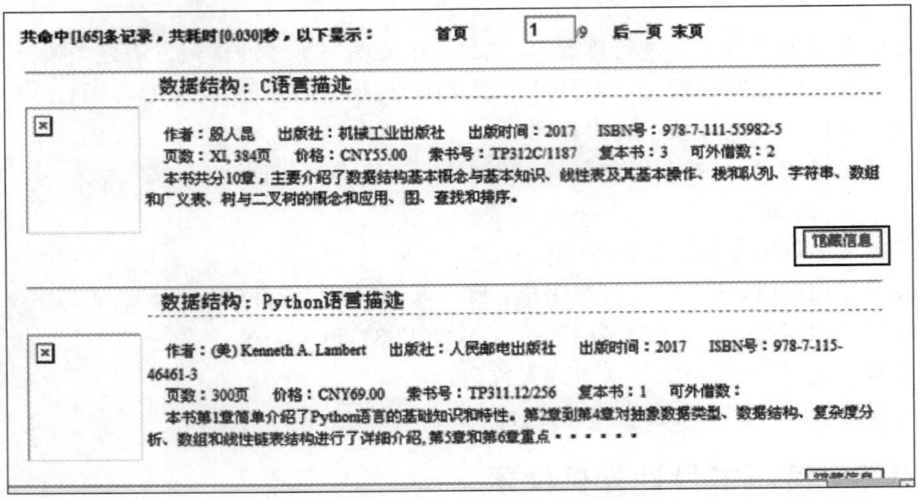
共命中[165]条记录,共耗时[0.030]秒,以下显示: 首页 1/9 后一页 末页

数据结构:C语言描述

作者:殷人昆 出版社:机械工业出版社 出版时间:2017 ISBN号:978-7-111-55982-5
页数:XI,384页 价格:CNY55.00 索书号:TP312C/1187 复本书:3 可外借数:2
本书共分10章,主要介绍了数据结构基本概念与基本知识、线性表及其基本操作、栈和队列、字符串、数组和广义表、树与二叉树的概念和应用、图、查找和排序。

馆藏信息

数据结构:Python语言描述

作者:(美) Kenneth A. Lambert 出版社:人民邮电出版社 出版时间:2017 ISBN号:978-7-115-46461-3
页数:300页 价格:CNY69.00 索书号:TP311.12/256 复本书:1 可外借数:
本书第1章简单介绍了Python语言的基础知识和特性。第2章到第4章对抽象数据类型、数据结构、复杂度分析、数组和线性链表结构进行了详细介绍,第5章和第6章重点······

图 3-2 图书查询结果(1)

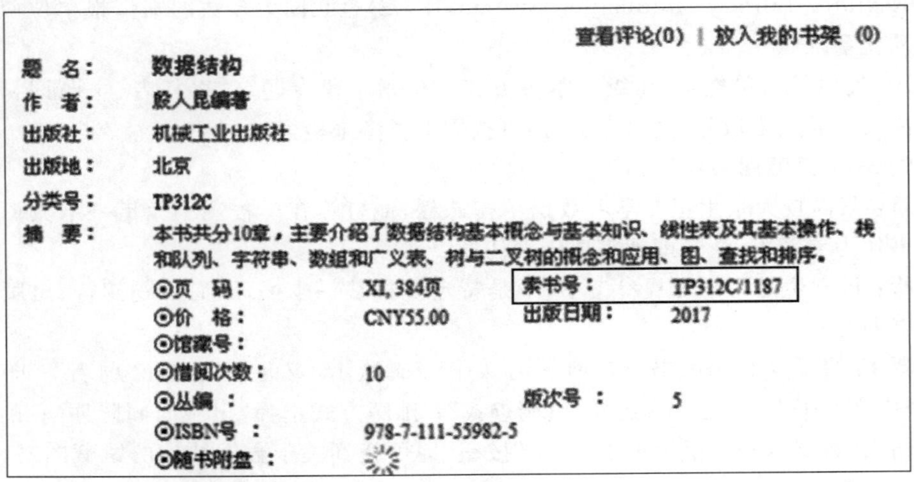
查看评论(0) | 放入我的书架 (0)

题 名: 数据结构
作 者: 殷人昆编著
出版社: 机械工业出版社
出版地: 北京
分类号: TP312C
摘 要: 本书共分10章,主要介绍了数据结构基本概念与基本知识、线性表及其基本操作、栈和队列、字符串、数组和广义表、树与二叉树的概念和应用、图、查找和排序。

⊙页 码: XI,384页 索书号: TP312C/1187
⊙价 格: CNY55.00 出版日期: 2017
⊙馆藏号:
⊙借阅次数: 10
⊙丛编: 版次号: 5
⊙ISBN号: 978-7-111-55982-5
⊙随书附盘:

图 3-3 图书查询结果(2)

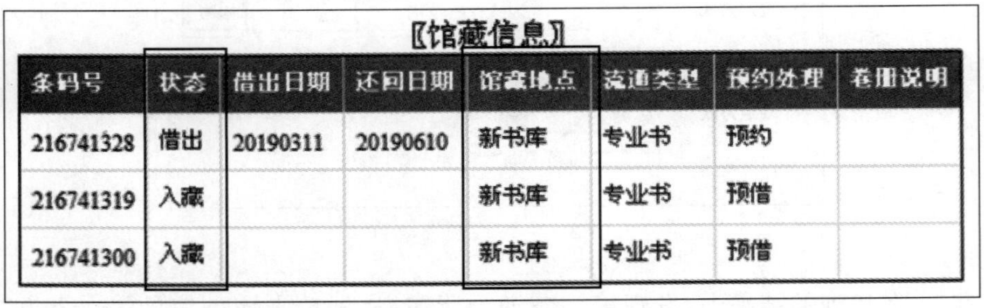
〖馆藏信息〗

条码号	状态	借出日期	还回日期	馆藏地点	流通类型	预约处理	卷册说明
216741328	借出	20190311	20190610	新书库	专业书	预约	
216741319	入藏			新书库	专业书	预借	
216741300	入藏			新书库	专业书	预借	

图 3-4 查看馆藏信息

习题 3

1. 在互联网上搜索《中华人民共和国公共图书馆法》原文，了解该法律并回答以下问题：该法律的发布日期和实施日期分别是？公共图书馆的内涵是？哪一级以上人民政府应当设立公共图书馆？
2. 根据《中华人民共和国公共图书馆法》，公共图书馆应当免费向社会公众提供哪些服务？
3. 《中华人民共和国公共图书馆法》对读者在公共图书馆的行为作了哪些约束？
4. 搜索《"十三五"时期全国公共图书馆事业发展规划》，了解数字图书馆建设，了解您所在地的公共图书馆关于数字资源的利用情况。
5. 搜索《"十三五"时期公共数字文化建设规划》，了解面向特殊群体的数字图书馆，了解您所在地区面向特殊群体的数字图书馆建设情况。
6. 列出您所在的省有哪些公共图书馆，并找到这些公共图书馆的网址，了解其提供的服务。
7. 进入中国国家图书馆网站，了解中国国家图书馆提供的服务，查看"每日课堂"提供的各类公开课。
8. 下载超星移动图书馆手机 App，并试用。
9. 在您所在学校图书馆查找两本与您所学课程相关的图书。
10. 进入下列图书馆的网站，了解它们提供的服务，向同学们推荐自己所了解的信息，制作 PPT 文档用于讲解，并在这些图书馆网站上演示使用过程。

(1)国家科学图书馆；(2)中国社会科学院图书馆；(3)国家科技数字图书馆；(4)中国国家图书馆；(5)上海图书馆；(6)中国高等教育数字图书馆。

第 4 章 互联网信息资源搜索

学习导引

本章介绍了互联网上获取信息的主要途径、方法，通过案例介绍了搜索引擎、知识分享网站以及 Big6 模式在解决实际问题中的应用。

搜索引擎是常用的互联网信息搜索途径，搜索引擎分为全文索引、元搜索、垂直搜索等 6 类。搜索引擎产品很多，用户可以通过经常使用来比较它们的搜索效果，从中选择一种个人喜爱的搜索引擎，还可以选择两种或两种以上搜索引擎来共同解决问题。用户可以使用直接提问方式搜索、高级搜索、搜索指令限定条件搜索等方法。搜索引擎可以搜索特定类型、特定来源、特定时间范围的文档。

问题解答类搜索网站也是解答各类生活问题、获取学习资源的常用途径。

用户搜索单一问题答案时，直接在搜索引擎的搜索框提问即可；解答复杂问题时，则需要进行需求分析、构造搜索式、根据搜索结果调整策略、进行多次搜索逐步找到搜索目标。由于互联网是一个开放的网络世界，用户在利用互联网信息时需要甄别信息的真伪。

Big6 模式为利用互联网解决信息问题提供了完备的 6 个步骤：任务定义、确定信息获取策略、收集信息、使用信息找方案、整合解决方案、审视与评价。Big6 模式可以用于解决生活、学习、研究等方面的问题。

学习目标

了解

搜索引擎的类型；常用的问题解答类搜索网站；图片搜索方式。

掌握

常用的文本搜索限定词；搜索引擎的高级搜索；

扩大或缩小搜索结果范围的常用方法；搜索引擎搜索步骤；

Big6 信息问题解决模式中每个步骤的内涵。

应用

熟练使用一种搜索引擎，使用其高级搜索功能；

使用搜索限定词，较为精准地解决生活、学习、工作中的问题；

分析问题的需求，构造搜索式，根据情况进行扩大搜索或缩小搜索；

应用 Big6 信息问题解决模式来解决生活、学习、工作中的问题。

4.1 搜索引擎及使用

World Wide Web(WWW)译为"万维网""环球网"等,常简称为Web。互联网信息资源搜索主要利用万维网进行。万维网提供了一个世界性的信息库,人们通过万维网可以方便快捷地访问全球信息。

万维网是基于超文本相互链接而成的全球性系统,是互联网所能提供的服务之一。万维网通过Web服务器程序和Web客户端两部分来实现信息访问。Web服务器上的页面是一个由许多互相链接的超文本组成的系统,在这个系统中,每个有用的事物被称为一种"资源",由一个全局的"统一资源定位符(URL)"来标识,这些资源通过超文本传输协议(Hypertext Transfer Protocol,HTTP)传送给用户,而用户通过点击超链接来获得资源。万维网的Web客户端可以使用浏览器访问Web服务器上的页面。

常用的网页浏览器有Internet Explorer(IE浏览器)、360浏览器、QQ浏览器、百度浏览器、Firefox、Safari、Opera、Chrome、搜狗浏览器、猎豹浏览器、UC浏览器、傲游浏览器、世界之窗浏览器等。浏览器一般都有计算机版和手机版,用户在计算机或手机上安装了浏览器后便可自由访问互联网,在计算机或手机上可同时安装多个浏览器。

4.1.1 搜索引擎概述

搜索引擎(Search Engine)是指根据一定的策略、运用特定的计算机程序从互联网上搜集信息,根据用户输入的检索词,对信息进行筛选、排名等处理后,将那些和用户检索词相关的信息展示给用户的系统。用户通过浏览器访问搜索引擎网站进行搜索。

1. 搜索引擎分类

搜索引擎的6种类型包括全文索引搜索引擎、目录索引搜索引擎、元搜索引擎、垂直搜索引擎、集合式搜索引擎、门户搜索引擎。

1) 全文索引搜索引擎

全文索引搜索引擎(Full Text Search Engine)是目前广泛应用的主流搜索引擎。其工作可简略地分为以下4步。

①爬行和抓取。搜索引擎派出一个能够在网上发现新网页并抓取文件的程序,这个程序通常称为蜘蛛(Spider)或者机器人(Robot)。搜索引擎会跟踪网页中的链接,访问更多的网页,这个过程就叫爬行。这些新的网址会被存入数据库等待抓取。②索引。对抓取的页面文件进行分解、分析,并存入数据库,这个过程称为索引(Index)。③搜索词处理。用户在搜索引擎界面输入关键词,单击"搜索"按钮后,搜索引擎程序即对搜索词进行处理。④排序并呈现。对搜索词处理后,搜索引擎程序从索引数据库中找出所有包含搜索词的网页,并且根据排名算法计算出哪些网页应该排在前面,然后按照一定格式返回到"搜索"页面。

第①步和第②步是为搜索服务提供信息来源,由此创建的库内容越丰富,则搜索的范围越大。搜索引擎日常不间断地在执行这两步。第③步是理解用户提出的搜索意图并执行此次搜索,第④步是为用户呈现搜索结果。

国内著名的全文索引搜索引擎有百度、搜狗、360搜索等。国外具有代表性的全文索引搜索引擎有 Google、Inktomi、Teoma、WiseNut 等。这些搜索引擎都是在互联网上提取各个网站的信息(以网页文字为主),并建立数据库,然后检索与用户查询条件匹配的相关记录,再按一定的排列顺序将结果返回给用户,因此,全文索引搜索引擎是真正的搜索引擎。

2) 目录索引搜索引擎

目录索引搜索引擎(Search Index/Directory Engine)是以人工方式或半人工方式搜集信息,由编辑员查看信息之后,人工形成信息摘要,并将信息置于事先确定的分类框架中,信息大多面向网站,提供目录浏览服务和直接检索服务。Yahoo 是知名的目录索引搜索引擎之一。

目录索引搜索引擎虽然有搜索功能,但在严格意义上不算是真正的搜索引擎,仅仅是按目录分类的网站链接列表。

3) 元搜索引擎

元搜索引擎(Meta Search Engine)在接受用户查询请求时,同时在其他多个搜索引擎上进行搜索,并将结果返回给用户。元搜索引擎的出现,对需要使用不同的搜索引擎做重复相同检索的人来说,提供了方便。

著名的元搜索引擎有美国的 InfoSpace、Dogpile、Vivísimo 等,中文元搜索引擎曾出现过一批,但目前少有使用。

4) 垂直搜索引擎

垂直搜索引擎(Vertical Search Engine)专注于特定的搜索领域和搜索需求,如机票搜索、旅游搜索、生活搜索、小说搜索、视频搜索、购物搜索等,这类搜索目标或需求明确,信息类型一致。垂直搜索具有行业色彩浓厚,用户需求特定,查询方式多样等特点。另外,有些全文索引搜索引擎公司也推出了垂直搜索频道,例如,搜狗搜索于 2016 年,相继推出明医搜索、英文搜索和学术搜索等垂直搜索频道。

以下是搜索物流、旅游、机票等信息的部分网址:

56114 物流查询网	http://www.56114.net.cn/fenzhan2.html
17TRACK	https://www.17track.net/zh-cn
56 通网	http://www.wltpt.com/home/
快递 100	http://www.kuaidi100.com/
携程网	http://www.ctrip.com/
京东旅行	https://trip.jd.com/

5) 集合式搜索引擎

集合式搜索引擎类似于元搜索引擎,二者的区别在于,集合式搜索引擎不是同时调用多个搜索引擎进行搜索,而是由用户从提供的若干个搜索引擎中选择,如 HotBot 搜索引擎。

6) 门户搜索引擎

门户搜索引擎虽然提供搜索服务,但自身既没有分类目录也没有网页数据库,其搜索结果完全来自其他搜索引擎,如 AOL Search、MSN Search 等。

2. 搜索方式

搜索引擎的搜索方式可以分为文本搜索与图片搜索。文本搜索方式通过在搜索框中输入文本,告诉搜索引擎要搜索的内容,目前也有语音输入方式,语音输入方式本质还是文本输入方式,因为语音输入最终转换成文本告诉搜索引擎搜索内容。图片搜索方式通过在搜索框中输入图片,告诉搜索引擎要搜索的内容。图片搜索利用了图像处理技术,通过提取图片的特征进行比对,找到与输入图片相关的信息,这种方法与图像处理技术发展是密切相关的,诞生时间较短,还处于发展阶段。例如,百度搜索框的右端有一个照相机图标,单击之后可以上传图片来搜索。文本搜索方式是使用较多的方式,搜索引擎为文本搜索提供的功能支持也较多。

也有学者依据搜索结果的文档类型来分类,将搜索分为文本搜索、音频搜索、图片搜索、数据搜索等类型。这种分类关注的是搜索结果。这种分类方式下的图片搜索,其搜索方式可能是文本搜索方式,也可能是图片搜索方式。例如,在搜索框中输入表达图片特征的文字来搜索图片,这种搜索方式本质上是文本搜索方式,只是找到的结果是图片类型文档或者是含有图片的文档。

3. 搜索引擎初步使用

目前,搜索引擎产品很多,它们在界面风格、排名策略、搜索效果、用户数量等方面都有所不同,下面列出部分搜索引擎,用户可以尝试使用,根据自己的喜好来选择搜索引擎,在执行搜索任务时,可以选择一种或多种来共同完成搜索任务。

百度	https://www.baidu.com/
搜狗	https://www.sogou.com/
360搜索	https://www.so.com/
必应	https://cn.bing.com/
中国搜索	http://www.chinaso.com/
Teoma	https://www.teoma.com/
InfoSpace	http://infospace.com/
Dogpile	http://www.dogpile.com/

案例 4-1:使用搜索引擎

题目:任选一个国外搜索引擎,搜索关键词"元搜索引擎"。

以下选用 Infospace 搜索引擎作为示例(此示例搜索于 2019 年 3 月)。

步骤 1:在浏览器中输入"http://infospace.com/",在搜索框中输入"元搜索引擎",单击 Search 按钮,如图 4-1 所示。

图 4-1 InfoSpace 搜索引擎界面

步骤 2:InfoSpace 搜索引擎返回搜索结果,如图 4-2 所示,浏览搜索结果,在其中找到所关注的信息。例如,选取第二条:"元搜索引擎_MBA智库百科",进行查看。

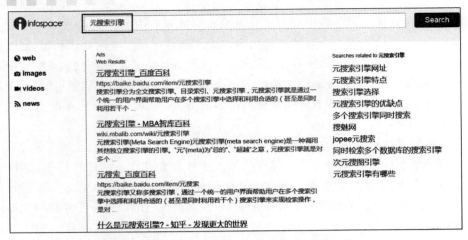

图 4-2　InfoSpace 对"元搜索引擎"的搜索结果

案例 4-2：搜索引擎使用对比

题目：任选两个搜索引擎，分别对关键词"农业供给侧改革"及其对应的英文词 Agricultural supply side reform 进行搜索，对比两个搜索引擎的搜索结果。

以下选用百度搜索引擎和 Infospace 搜索引擎作为示例（此示例搜索于 2019 年 3 月）。

步骤 1：在浏览器中输入"http：// www.baidu.com/"，在搜索框中输入"农业供给侧改革"，如图 4-3 所示。

图 4-3　百度对"农业供给侧改革"的搜索结果

步骤 2：在百度搜索框中输入 Agricultural supply side reform，如图 4-4 所示。

步骤 3：在 InfoSpace 的搜索框中输入"农业供给侧改革"，如图 4-5 所示。

步骤 4：在 InfoSpace 搜索框中输入 Agricultural supply side reform，如图 4-6 所示。

步骤5：对比两个搜索引擎。百度在呈现搜索信息时与InfoSpace有较大的不同：①百度搜索结果页面中呈现出找到相关结果数量、日期、来源、主要内容、百度快照等信息，信息比较丰富。而InfoSpace则简洁、清晰地呈现搜索结果，提供相关的其他搜索主题供用户参考使用。②这两个搜索引擎对搜索结果的排序是不同的，即在找到的大量信息中，哪些信息出现在最醒目的位置是不同的。

图 4-4　百度对 Agricultural supply side reform 的搜索结果

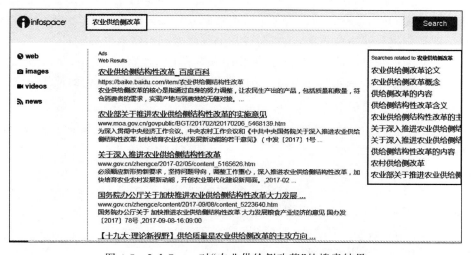

图 4-5　InfoSpace 对"农业供给侧改革"的搜索结果

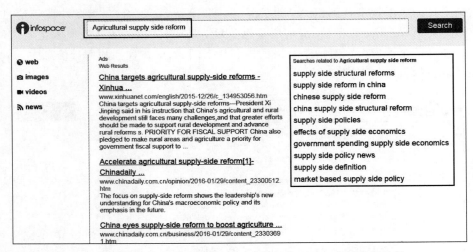

图 4-6　InfoSpace 对 Agricultural supply side reform 的搜索结果

常用的搜索引擎较多,用户可以根据自己的使用习惯和偏好来选择搜索引擎。

4.1.2　限定条件搜索

互联网信息每日都在爆炸式增长,通常搜索结果数量成百万计,这么庞大的信息量,要想阅读完是很难的,用户一般只会阅读第一页或前几页。用户要想高效地得到最相关的信息,主要与以下两个方面有关:一是用户的搜索能力;二是搜索引擎对找到结果的排序策略。

用户要想精确地描述搜索问题,一方面要对问题进行准确的分析,即要弄清需求是什么,要找什么内容,并用搜索式描述出来。所谓搜索式,就是用户在搜索引擎的输入框中输入的内容,即搜索提问。另一方面,用户需要充分利用搜索引擎提供的工具。

在百度、360、搜狗、Google 等搜索引擎中有一些常用的搜索指令,用户可以用这些搜索指令限定搜索,高效地找到匹配的内容。以下是几个常见的指令和它们的使用方法。

1. 限定文档类型搜索指令——filetype:

这个指令用于查找文档、资料的时候,限定文档类型为特定的类型,如 Word 文档、Excel 文档、PPT 文档、PDF 文档等。

使用方法:查询词+filetype:+文档类型。

其中,文档类型可以为.doc、.xls、.ppt、.pdf、.rtf、.txt、.all 等格式。

例如,在搜索引擎中输入"信息素养 filetype:ppt",表示搜索关于"信息素养"的演示文稿类型的文档。如果搜索其他类型的文档只需要将文档类型更换即可。

案例 4-3:限定文档类型搜索

题目:使用搜狗搜索引擎查找关于"信息素养"的 Word 类型的文档。

操作:在搜狗搜索框中输入搜索式"信息素养 filetype:doc",则搜索结果即为包含"信息素养"的 Word 类型的文档,如图 4-7 所示。

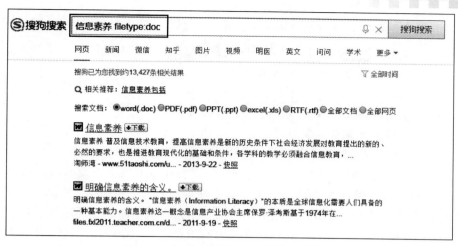

图 4-7 使用搜狗搜索 Word 类型的文档

2. 限定查询词出现在网页标题中——intitle：

如果不限定查询词出现的位置,则查询词出现在网页任何位置的网页都会被搜索出来,搜索结果就可能与主题的相关性不大。每个网页标题通常反映网页的主题,当用户明确查找某一主题时,则可限定查询词必须出现在网页标题中,即标题中含有查询词的网页才会被搜索出来。

使用方法：intitle：＋查询词。

案例 4-4：限定查询词出现在网页标题中的搜索

题目：某同学需要对"供给侧改革"作深入了解,在搜索时发现有些结果只是略微涉及该主题,参考意义不大。如果标题中出现搜索词,其参考价值较大,他决定搜索标题中含有"供给侧改革"的网页,请帮助他完成此任务。

操作：选择搜狗搜索引擎,在输入框输入搜索式"intitle：供给侧改革",搜索标题中含有"供给侧改革"的网页,如图 4-8 所示。

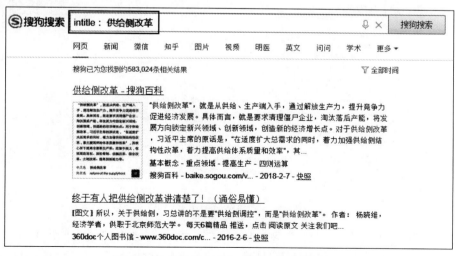

图 4-8 搜索标题中含有"供给侧改革"的网页

3. 把搜索范围限定在特定站点中——site：

如果用户知道某个网站中有自己需要的信息，或者用户要查的内容需要被限定在某个网站，就可以把搜索范围限定在这个网站中。

使用方法：查询词＋site：＋网站域名。

要注意，"site："后面跟的网站域名，不要带"http://"。

案例 4-5：搜索特定来源信息

题目：请在互联网查找关于保康县扶贫工作开展情况的官方报道。

分析：①如果直接搜索"保康县扶贫"，搜索引擎会在所有网页中搜索，很可能会搜索到各类商业新闻，怎么查找官方报道呢？出现在各级政府网站上的报道，可认为是符合要求的。所以，可将搜索限定于各级政府的网站。②保康县隶属于湖北省襄阳市，因此搜索结果最可能出现的网站有保康县政府的网站、襄阳市政府的网站、湖北省政府的网站、国务院网站。当然，其他政府网站也可能会有相关信息，但信息量相对要小，也较为分散。因此，此次搜索分别针对这 4 个政府网站。这样搜索的一个好处是，可以按县、市、省、国家不同层面收集信息。③也可以把搜索范围确定在我国所有政府网站，但不利于分层次了解信息。④如果限定站点搜索，首先需要知道站点的网址，可以通过百度查询政府官网的网址。⑤在搜集信息时使用百度搜索引擎，因为百度存储的信息容量具有相对优势。(6)对收集信息的时间暂不作限定，便于了解其发展变迁过程。如果找到结果太多，再进一步限定。

步骤 1：在百度搜索框中输入"保康县政府"，如图 4-9 所示，单击第一条即可打开保康县政府的官网。（政府官网一般出现在百度搜索结果的第一条。）由此可知保康县政府的网址为 http://www.baokang.gov.cn/，同理，可找到湖北省政府的官网 http://www.hubei.gov.cn/和国务院的官网 http://www.gov.cn/。襄阳市政府使用过两个不同的网址，http://www.xf.gov.cn 和 http://www.xiangyang.gov.cn/。一般政府机构的网址是稳定不变的，但也存在由于机构并、改，机构更名，技术更新等原因而变更网址的情况，并且在一段时间内新旧域名并存，以避免用户由于不知情而不能使用。

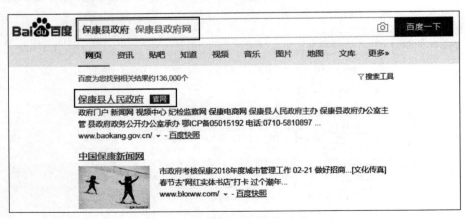

图 4-9 查找政府网站的网址

步骤 2：限定在保康县政府网站上进行搜索，在百度搜索框输入"扶贫 site：www.baokang.gov.cn"，所有出现在保康县政府网站上关于扶贫的网页被显示出来，找到 28 条，如图 4-10 所示。

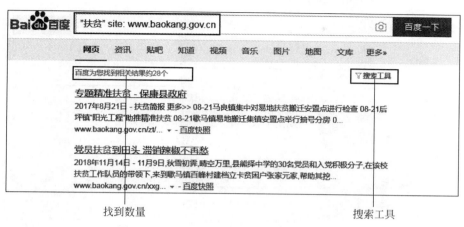

图 4-10　限定在保康县政府网站上进行搜索

单击"搜索工具"按钮,如图 4-10 所示,则切换为"收起工具",如图 4-11 所示,这时百度给出了几个限定搜索的工具,包括按时间限定,按网页和文件类型限定,站点限定。此时单击按钮右侧的向下箭头,则可以在下拉列表中选择限定条件。如果搜索到的结果数量很多,可以使用这些限定搜索工具使结果范围缩小。如果想要显示搜索结果数量,可单击"收起工具",切换到数量显示。

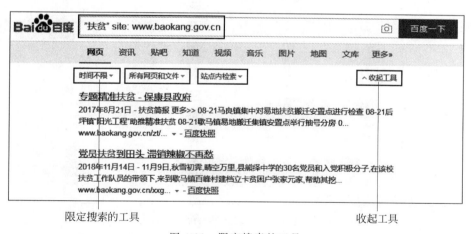

图 4-11　限定搜索的工具

步骤 3:限定在襄阳市政府网站上进行搜索。因为襄阳市还有其他的扶贫县,仅使用"扶贫"作为查询词则不能限定地域范围,因而查询词改为"保康县扶贫"。在百度搜索框输入""保康县扶贫" site:www.xiangyang.gov.cn",找到 0 条信息。当出现搜索结果为 0 的情况时,需要扩大范围,尝试更换搜索式,在百度搜索框输入""保康县扶贫" site:xiangyang.gov.cn",找到了 17 条信息。可以从找到的结果中发现信息来源有 fpb.xiangyang.gov.cn/ 和 swj.xiangyang.gov.cn/z 这样的网址,这两个网址分别属于襄阳市政府下属的扶贫办公室和商务局。由此可见,site:xiangyang.gov.cn 的搜索范围较大一些,如图 4-12 所示。

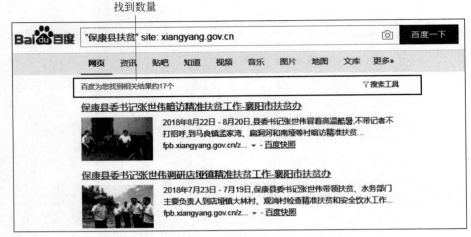

图 4-12　限定在襄阳市政府网站上进行搜索

步骤 4：使用襄阳市政府网站的另一个域名进行搜索。搜索式""保康县扶贫"site：www.xf.gov.cn"和""保康县扶贫"site：xf.gov.cn"找到的结果相同，都只有 2 条，报导时间分别是 2016 年和 2017 年，如图 4-13 所示。

同一个网站在不同时期用过不同域名，是常见现象，用户在限定网站搜索时最好对新旧域名都进行搜索，从而保证搜到的结果比较完备。

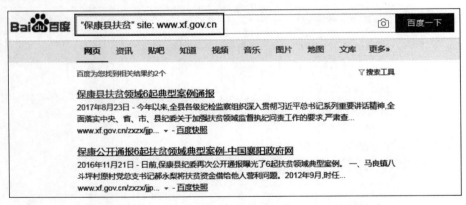

图 4-13　使用襄阳市政府另一个域名进行搜索

步骤 5：同理，限定搜索范围为湖北省政府网站、国务院网站。

在百度搜索框中输入搜索式""保康县扶贫"site：www.hubei.gov.cn"，找到 13 个相关结果，输入搜索式""保康县扶贫" site：www.gov.cn"，找到 1 条结果，如图 4-14 和图 4-15 所示。

步骤 6：限定搜索范围为我国所有的政府网站。

输入搜索式""保康县扶贫"site：gov.cn"，此时找到 79 个相关结果，如图 4-16 所示。从找到的结果中，可以发现信息来源有 fpb.xiangyang.gov.cn/z 和 www.hbfp.gov.cn/zwdt/d 这样的网址，这些搜索结果来源于地方政府的网站。对比图 4-15 可知，"site：www.gov.cn"和"site：gov.cn"的含义完全不同，前者代表国务院网站即中央人民政府网站，后者表示我国所有的政府网站。

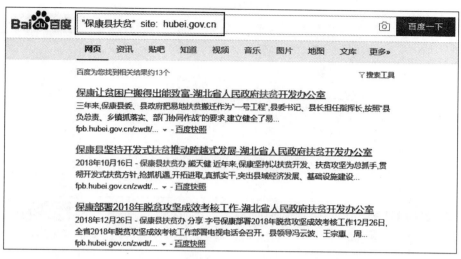

图 4-14　限定搜索范围为湖北省政府网站的搜索结果

图 4-15　限定搜索范围为国务院网站的搜索结果

图 4-16　搜索范围为我国所有的政府网站

步骤 7：比较 3 种不同的搜索词找到的结果。在百度搜索框输入""保康县扶贫"site：www.gov.cn"（保康县扶贫用双引号括起来），找到 1 条结果，如图 4-17 所示，输入"保康县扶贫 site：www.gov.cn"时找到 13 条结果，如图 4-18 所示，输入"保康扶贫 site：www.gov.cn"时找到 20 条结果，如图 4-19 所示。

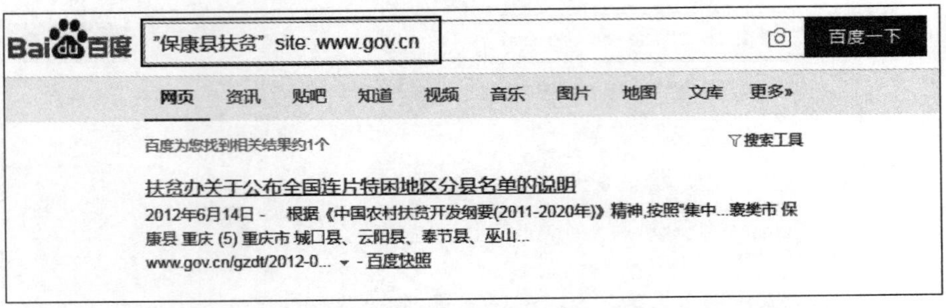

66　文献检索与利用

图 4-17　搜索式""保康县扶贫"site：www.gov.cn"的搜索结果

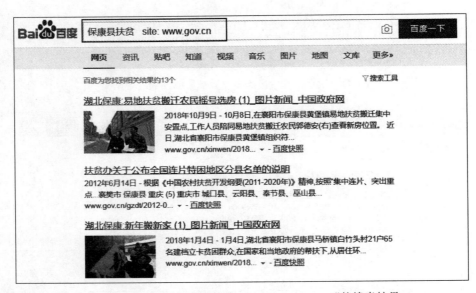

图 4-18　搜索式"保康县扶贫 site：www.gov.cn"的搜索结果

图 4-19　搜索式"保康扶贫 site：www.gov.cn"的搜索结果

搜索词使用""保康县扶贫""时找到的结果最少,去掉双引号后,找到结果增多,去掉"县"字,找到的结果最多。结果表明,精确限定会使搜索结果减少,搜索时应根据需要的信息数量及精准程度选择如何限定搜索。

步骤8:总结。以上各步骤对"保康县扶贫"关键词在不同政府网站进行了搜索,搜索结果如下:

    保康县政府网站 找到 28 条
    襄阳市政府网站 找到 17 条＋2 条
    湖北省政府网站 找到 13 条
    国务院网站   找到 1 条
    我国所有政府网站 找到 79 条

此次搜索找到的信息,在主题和来源上都符合搜索要求,数量中等,如果还需要增加信息数量,可以通过改变关键词来调整。例如,去掉双引号;将"保康县扶贫"改为"保康扶贫"。

案例 4-6:查找特定数据

题目:某同学在作教育资源分析时,需要了解我国高校数量的准确数据,请帮助他查找可靠、准确的数据。

分析:查找我国高校的数量,可以使用搜索引擎来解决,如果直接查找"我国高校数量",可能会找到不同口径的各种数据,在找到的结果中,哪些才是可靠的呢?教育部是我国高等学校的管理部门,教育部发布的数据即可认为是官方的数据,因而限定搜索站点为教育部网站。

步骤1:尝试搜索。在百度搜索框里输入"我国高校数量",找到了 3100 万条信息,数量太多,读了几条后,很难找到比较新的我国高校数量信息,也不能分辨哪些信息是准确的,如图 4-20 所示。

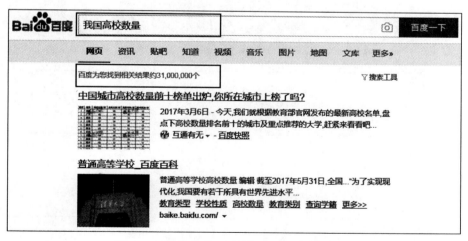

图 4-20 搜索式:"我国高校数量"找到的结果

步骤2:找教育部的网站。在百度搜索框里输入"教育部",找到教育部的网址 http://www.moe.gov.cn/。

步骤3:在百度搜索框里输入"我国高校数量 site:moe.gov.cn",如图 4-21 所示。第一条为教育部 2017 年发布的全国高等学校名单,时间也比较近,从摘要中能看到数据。

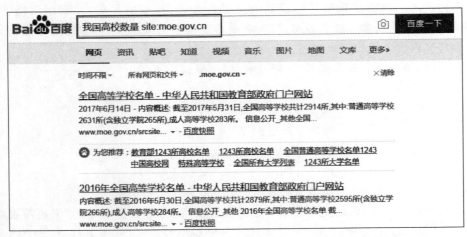

图 4-21　搜索式"我国高校数量 site：moe.gov.cn"找到的结果

步骤 4：单击第一条搜索结果,打开网页后,如图 4-22 所示,得到如下信息。

信息名称：全国高等学校名单　　信息索引：360A03-02-2017-0015-1

生成日期：2017-06-14　　　　　发文机构：中华人民共和国教育部

内容概述：截至 2017 年 5 月 31 日,全国高等学校共计 2914 所,其中：普通高等学校 2631 所(含独立学院 265 所),成人高等学校 283 所。

可以看出信息来源于我国教育部网站,内容非常严谨,日期为 2017 年,有准确的数据。此数据时间很近,来源可靠,数据精确,达到了检索要求。

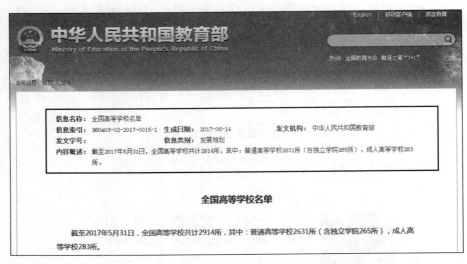

图 4-22　教育部发布的我国高校数量信息

4. 把搜索范围限定在 URL 链接中——inurl：

URL 是统一资源定位符,互联网上的每个文件都有一个唯一的 URL。URL 是对可以从互联网上得到的资源的位置和访问方法的一种简洁的表示,是互联网上标准资源的地址。网页的 URL 往往也会包含一些重要的信息,用户在查找信息的时候,通过对搜索结果的 URL

做某种限定,也可以限定检索范围。但由于国内许多网站对 URL 的忽视,还有很多的超链接中没有关键词,所以这个指令的效果没有"intitle:"的效果好,一定程度上限制了结果呈现。

使用方法:inurl:+需要在 URL 中出现的关键词。

由于国际通用网址是拉丁字母或数字,所以关键词一般使用拼音或英文。

例如,在互联网上查找与襄阳有关的特产信息,搜索式为"特产 inurl:xiangyang"。这样会在 URL 中包含"xiangyang"的那些网页中查找"特产"。

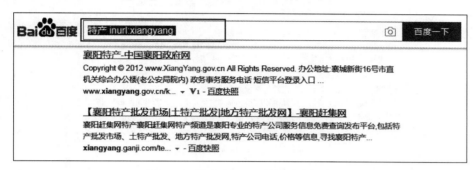

图 4-23　限定在 URL 超链接中查询

5. 精确匹配——双引号和书名号

如果搜索式由多个单元词构成,百度在经过分析后,给出的搜索结果中的查询词就有可能是分开的。如果想完全按照输入的关键词的字数和顺序给出搜索结果,可以在输入的时候给查询词加上双引号("")。

例如,搜索式为"襄阳市隆中",如图 4-24 所示,搜索式由两个单元词"襄阳市"和"隆中"构成。因为没有用双引号引起来,在找到的结果中,这两个词在文档中出现的位置可能是分开的,而加上双引号后,搜索式为""襄阳市隆中"",则在找到的结果中,这两个词不会被拆分,如图 4-25 所示。

图 4-24　不使用双引号限定搜索

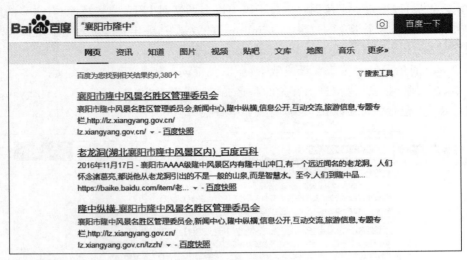

图 4-25　使用双引号限定搜索

给搜索词加上书名号(《》),一是书名号会出现在搜索结果中;二是被书名号包裹起来的内容,不会被拆分,等同于双引号的作用。这个指令在查找一些有特定意义的电影或书籍的时候就很有用。例如,查电影《神话》,如果不加书名号,很多情况下搜索出来的是关于神话的五花八门的信息,而加上书名号后,其结果就是关于电影、书籍等方面的了。

6. 不确定关键词的搜索指令——星号

用户在搜索一些内容的时候,可能会忘记其中部分内容,只记得当中的一两个字,此时就可以使用星号(*)来替代遗忘的内容,得到初步的检索结果后,再筛选自己想要的结果即可。

7. 百度的高级搜索

以上的限定搜索功能,也可以通过搜索引擎的高级搜索实现。在百度首页右上角找到"设置"按钮,当鼠标指针停留在"设置"上时,会弹出下拉列表,单击"高级搜索"按钮,在高级设置页面中,输入关键词或其他限定。

案例 4-7:搜索引擎的高级搜索

题目:在保康县政府网站上查找关于保康县扶贫的信息,时间要求最近一个月,关键词要出现在标题中。

操作:打开百度的"高级搜索",第一行输入关键词"扶贫",第二行输入关键词"保康县",单击时间一栏的向下箭头,选择"最近一月",文档格式一栏选择"所有网页和文件",关键词位置选择"仅在网页的标题中",站内搜索一栏输入 baokang.gov.vn,然后单击"高级搜索"按钮,给出搜索结果,如图 4-26 所示。这时在搜索结果页面上的搜索框中,出现搜索式"site:(baokang.gov.cn) title:(扶贫 "保康县")"。

在百度中还有一项搜索设置功能,可以对"搜索框提示""搜索语言范围""搜索结果显示条数"等进行设置,这些设置可以满足不同用户多样性的需求,如图 4-27 所示。

使用高级搜索方式,可以免去用户自己写搜索式的麻烦,当用户很熟悉搜索式的写法时,直接在搜索框中输入搜索式,则更为便捷和灵活。搜索引擎一般都具有类似的功能,通过使用限定词或高级搜索,能使搜索结果更为精确,有效地缩短信息阅读时间,提高工作效率。

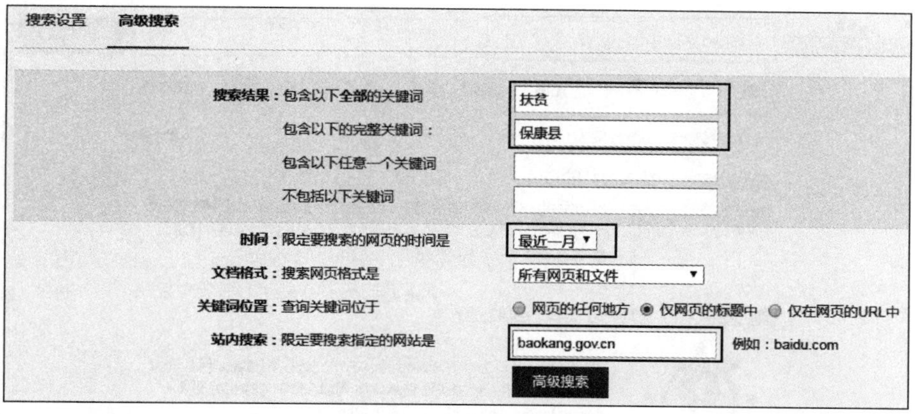

图 4-26　百度高级搜索

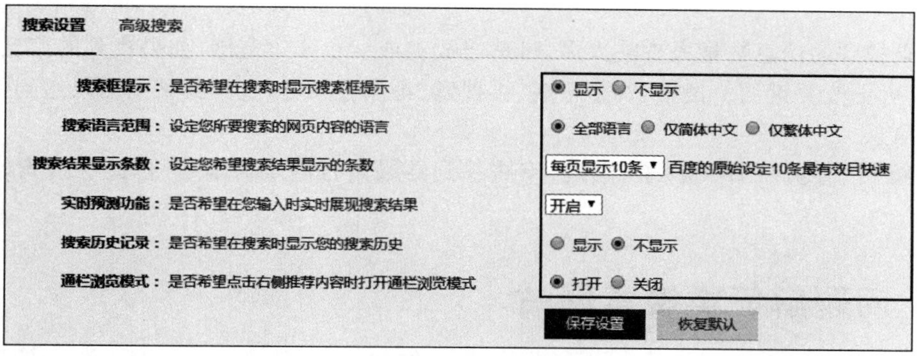

图 4-27　百度搜索设置

4.1.3　搜索引擎搜索步骤

用户利用搜索引擎解决问题时,待解决问题的复杂程度可能会不同,简单的问题可能一次搜索就解决了,而复杂一些的问题,一般要进行多次搜索,并调整策略以达到较好的效果。

当利用搜索引擎寻求单一问题的答案或方法时,例如,"会计学与财政学的区别?""某某酒店附近有什么购物区?"等这类问题,直接把要解决的问题输入到搜索框中即可,搜索式就是一个问句,如"在 Word 文档中怎么插入公式?",如图 4-28 所示,对搜索到的结果,用户只需要查看标题,选择阅读几条相关的搜索结果即可。

利用搜索引擎解答较为复杂的问题时,搜索步骤如下。

第一步:分析问题,列出需求。即要解决哪些问题,需要的文档类型、时间范围、站点范围等。

第二步:选择搜索渠道。即选择哪个或哪几个搜索引擎来解决问题。

第三步:构造搜索式。列出关键词,明确关键词之间的逻辑关系,列出限定搜索指令,然后写出搜索式。

第四步:尝试并完善搜索,直到找到所需结果并采集信息。

按构造的搜索式进行搜索,可以通过输入搜索式完成,也可以使用高级搜索来完成。

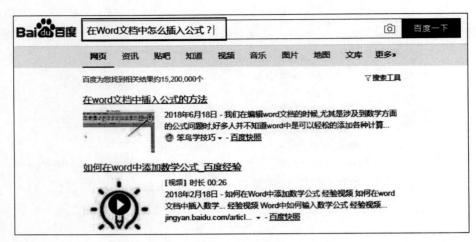

图 4-28　在搜索框中输入一个问句

如果找到的信息数量太少或太多,可适当放宽或缩小搜索范围,如果找到的信息相关程度不高,可更改关键词。搜索、调整策略、再搜索、再调整策略,直到找到的结果达到要求,最后采集信息。

第五步:分析得到信息的可信度,审查找到结果是否满足需要,评价此次搜索,以供决策使用。

4.2　问题解答类搜索网站

问题解答类搜索网站是解答各类生活问题、获取学习资源的常用途径。

1. 知乎

"知乎"是网络问答社区,是寻求问题解答的一个成熟网站。"知乎"的用户来自各行各业,通过用户分享彼此的知识、经验和见解,知乎积累了丰富的信息资源,"知乎"在网络问答类网站中享有较高知名度。"知乎"的网址为 https://www.zhihu.com/。

用户也可以通过下载"知乎"手机客户端 App,在手机上使用。计算机版知乎首页提供了多个栏目,主要栏目如下。

(1) 提问。知乎最重要的功能是用户可以发布问题,得到解答。当用户的问题曾经被解答过,或者有类似的问题存在了,则答案可以直接作为参考。例如,用户提问"Python 中变量的存储与 C 语言中变量的存储有什么不同?",当输入"Python 中变量的存储"时,"知乎"会给出相关的问题,其中一个问题是"运行过程中程序中的变量存储在哪?",如图 4-29 所示,这时可以先查看一下,此问题的解答是否能回答目标问题。如果还不能,再继续提问。

"知乎"首页中会有一些热门内容,是很多人关注或评论过的问题,用户可以选择查看自己关注的问题,如图 4-30 所示。

(2) 知乎圆桌。知乎圆桌在互联网上实现传统的嘉宾讨论,并能使更多的人参与。每场圆桌,"知乎"邀请 1 位主持人和 4 位以上有多年行业经验的嘉宾共同发表见解,与用户分享他们的探索与洞察。用户可以参与多种活动,例如,对主题提问,邀请各位嘉宾回答,回答问题,对嘉宾的回答进行评论。

(3) 话题。进入话题页面,用户可以选择自己想关注的话题,例如,关注话题"心理学",如图 4-31 所示。

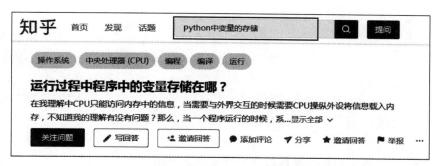

图 4-29　在"知乎"中提问"Python 中变量的存储"

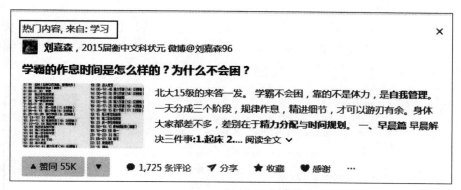

图 4-30　"知乎"首页的热门问题

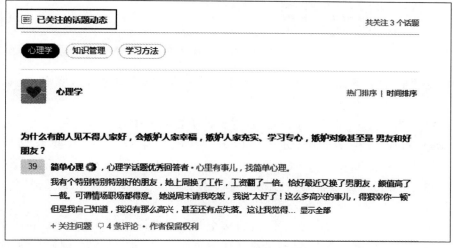

图 4-31　关注"心理学"话题

(4) 知乎专栏。用户可以开通自己的专栏,也可以进入自己感兴趣的专栏。

(5) 知乎 Live。知乎 Live 是实时语音问答产品,主讲人对某个主题分享知识、经验或见解,听众可以实时提问并获得解答,从而便捷高效地获取知识和经验。知乎 Live 是收费项目。

2. 丁香园

"丁香园"原名"丁香园医学文献检索网""丁香园医学主页",是一个医学知识分享网站,其网址为 http://www.dxy.cn/。"丁香园"旗下有丁香园论坛、丁香医生、丁香诊所、丁香智汇等项目。医疗专业人士可以在这里了解或交流专业知识。非医疗专业人士,可以在这里寻求健康问题的解答,了解健康科普知识,同时用户也可以通过下载"丁香园"手机客户端 App,在手机上使用。"丁香园"是相对专业的医疗信息搜索网站,但也需要用户从多种途径对信息加以辨别。

案例 4-8:使用医学知识分享网站寻求健康问题的解答

题目:某人得了甲状腺功能减退的疾病,简称"甲减",想了解该疾病的治疗和注意事项,请帮助他获取相关信息。

步骤 1:在浏览器中输入 http://www.dxy.cn/,在丁香园搜索框中输入"甲状腺功能减退"或"甲减"。搜索后页面显示为"全部来源"页,表示搜索结果是从全部搜索源中得到的,此次搜索到约 11 351 条结果,如图 4-32 所示。搜索结果还可以按时间、相关度排序。

图 4-32 搜索"甲状腺功能减退"的全部结果

步骤 2:在搜索框下面的选项卡中,单击"丁香医生",找到约 185 条信息,如图 4-33 所示。

步骤 3:单击"更多来源"下拉按钮,在弹出的下拉列表中有丁香学院、科学网、Medical News Today、Nature、科学公园、健康中国人、果壳、医学论坛网、食药监总局、知乎、ScienceDaily、MedpageToday、FDA、Medscape、Newsmedical 等来源的查询,如图 4-34 所示。例如,选择"果壳",可以看到从"果壳"网搜索到的关于"甲状腺功能减退"的信息,如图 4-35 所示。

步骤 4:使用丁香搜索的高级搜索,通过多个关键词进行更精确的限定。在搜索框的右边有"高级搜索"按钮,鼠标单击后,打开高级搜索页面。在"包含全部关键词"后面的文本框中输入"甲状腺功能减退,治疗"。其他选项使用默认设置,单击"搜索"按钮即可找到解答,如图 4-36 所示。

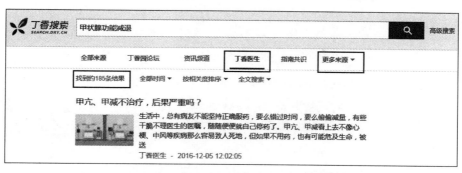

图 4-33　在丁香医生页面中搜索到的"甲状腺功能减退"结果

图 4-34　从更多来源中选中"果壳"网

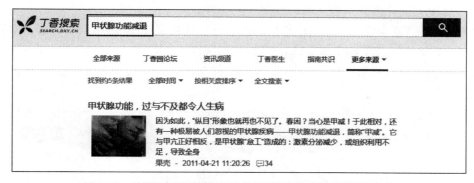

图 4-35　从"果壳"网搜索到的关于"甲状腺功能减退"的信息

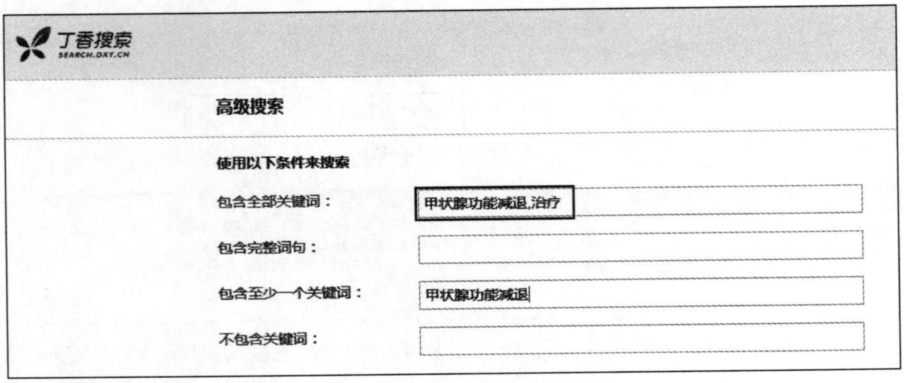

图 4-36 丁香搜索的高级搜索

丁香搜索的高级搜索还可对关键词、发贴作者、所属版块、发贴时间、关键词位置等进行限定,从而缩小搜索范围。

3. 豆丁网

豆丁网创立于 2007 年,是知名的 C2C 中文文档分享平台,拥有论文、会议、图书、杂志、医疗、考试、行业名人贡献的专业文件、行业研究报告等类型文档,其文档数量超过 5 亿份。用户可以在豆丁网分享自己的文档,并通过豆丁网发表到不同博客、论坛等平台上,进行广泛传播,也可以通过付费的方式获取热门图书、杂志以及各类专业文献。豆丁网的网址为 https://www.docin.com/。豆丁网搜索框界面如图 4-37 所示。

图 4-37 豆丁网搜索框界面

4. 爱问共享资料

爱问共享资料是新浪旗下的在线资料分享网站,用户可以上传或下载各类资源,内容涉及教育资源、专业资料、IT 资料、娱乐生活资料、经济管理资料、办公文书、游戏资料等。爱问共享资料提供了分类搜索和关键词搜索。

使用爱问共享资料搜索时,用户直接在搜索框中输入提问即可,用户还可以搜索特定类型的文档,如 .txt、.doc、.xls、.pdf、.ppt 等格式的文件。

爱问共享资料网址为 http://ishare.iask.sina.com.cn/。爱问共享资源搜索框界面如图 4-38 所示。

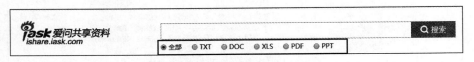

图 4-38 爱问共享资料搜索框界面

爱问共享资料还提供分类搜索。例如,搜索经济管理类中的专利。当鼠标移动到左侧的"经济管理"类时,在中间位置会显示经济管理下的子类,鼠标单击"专利",可搜索这一主题的文档资料,如图4-39所示。

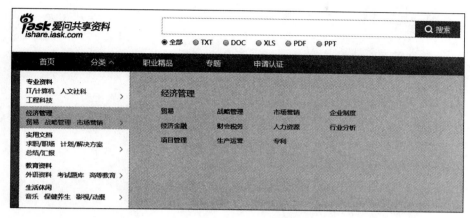

图4-39　爱问共享资料分类搜索

5. 爱问

爱问既是搜索引擎,也是问题解答平台。它通过调动网民参与提问与回答,让用户彼此分享知识与经验。爱问汇集广大网民的智慧来解答问题,又经过多年的沉淀,积累了许多问题的精华解答,它还集合了新浪各个频道的海量信息与资源。爱问的网址为 https://iask.sina.com.cn/。爱问搜索框界面如图4-40所示。

图4-40　爱问搜索框界面

6. 其他网络资源获取方法

用户可从专业网站、论坛、社区平台等渠道获取信息,也可以在搜索引擎中搜索某特定类型网站,挖掘某个领域的专业网站。

部分其他网络资源网址如下。

IT社区CSDN　　　　https://www.csdn.net/
hadoop论坛|社区　　http://www.aboutyun.com/forum-53-1.html
MATLAB中文论坛　　http://www.ilovematlab.cn/

4.3　Big6信息问题解决模式

Big6信息问题解决模式(Big6 Model of Information Problem-Solving,Big6)是美国迈克·艾森堡(Mike Eisenberg)和鲍勃·伯克维茨(Bob Berkowitz)两位学者于1988年首先提出的,用于帮助人们运用网络资源解决问题或完成任务,世界各国的很多学校都对这种模式进行了推广应用。

4.3.1 Big6 的含义

Big6 信息问题解决模式属于"问题解决"式的研究性学习模式。使用 Big6 模式解决问题的过程包括 6 个步骤,取其 6 个步骤英文名称的第一个字母,组成 B-I-G-S-I-X,这就是人们为什么把它叫作 Big6 的原因。Big6 是一种已经得到普遍应用的网络主题探究模式。6 个步骤如下。

- Be sure you understand the problem 确定理解了问题。
- Identify source of information 确定信息来源。
- Gather relevant information 收集相关信息。
- Select a solution 选择解决方案。
- Integrate the ideas into a product 整合解决方案。
- Examine the result 检查结果。

4.3.2 Big6 的步骤

Big6 信息问题解决过程分为 6 个步骤,6 个步骤对应了 6 个方面的具体应用。

1. 任务定义

在这一阶段要确定:问题是什么,解决问题需要获取哪些信息,获取信息的范围,最终要达到的目标。如果要完成的任务是要处理某项事务,则还需要从待解决的事务中提炼出问题的题目,明确表述完成此问题需要完成哪些任务。

此阶段要回答:我要解决的问题是什么?我要做什么?我要达到的目标是什么?

2. 确定信息获取策略

此阶段可从以下 3 个方面来应用。

第一,选择渠道。根据需要获取的信息类型,从可以获得的信息途径中,选择自己较为熟悉或具有优势的信息获取渠道。例如,用户可在以下信息渠道中选择某几种:网站、论坛、中文及英文搜索引擎、国内专业文献数据库、国外知名文献数据库等。

第二,确定时间范围。确定所获取信息是处于某个时间段,或某几个时间段,还是所有时间范围。

第三,确定领域范围。确定所获取信息属于哪一个或涉及哪几个领域。

此阶段要回答:我如何才能找到最需要的信息?

3. 收集信息

此阶段是实施信息收集,找到所需要的信息资料。

网络信息收集可以分为网络通讯交流、资源搜索等方式。网络通讯交流通过 QQ、微信、MSN、邮件等方式进行。资源搜索可以通过搜索引擎、专业文献数据库、专业网站等方式进行。资源搜索时根据对问题的理解,选择合适的检索词,编制检索式,通过已确定的信息渠道收集信息。

收集信息是逐步求准、求全的过程。收集信息是探索未知的过程,一般是尝试性、试探性地逐步解决问题。首先,给出初步收集方案,试探性收集信息,并判断初步得到的结果是否符合解决问题的要求,如果不能达到目标,则需要调整策略,再次收集信息,并分析判断收集信息效果,直到最终找到解决问题的信息。

4. 使用信息找方案

此阶段是对收集的信息资料实施筛选、分析,并构造自己的观点或得到相应的结论。

对收集的信息进行处理,找到与问题相关信息并利用,在处理层次上分为三步。第一步,筛选。在收集的信息中选择与问题相关度较高的内容,快速阅读文档信息,发现该资料与待解决问题是否有相关性,以决定取舍。第二步,分析。精读信息资料,记载资料中的重要信息或观点,并提出阅读后的想法。第三步,构造。在精读资料后,结合要解决的问题,构造自己的观点或得出相应的结论。

5. 整合解决方案

此阶段形成问题解决成果。

对上述 4 个步骤的活动进行整理,形成该信息问题的解决方案、相关结论或决策、调研报告、综述论文等。

6. 审视与评价

此阶段再次审视各个步骤,并评价问题解决方案是否达到要求。

评价阶段是再次审视解决该问题的各个步骤,研判该问题是否被真正理解,材料收集渠道是否有遗漏,资料收集是否充分,分析过程是否合理,解决方案整合是否完备等。通过审视每个阶段和步骤,保证充分解决该信息问题。

4.3.3 案例

案例 4-9:使用 Big6 模式解决考研学校选择问题

题目:某高校数学与应用数学专业的大学三年级学生,打算在大学四年级时报考硕士研究生,初步考研方向为应用统计专业,攻读学术学位,目前正在思考报考哪所大学的问题,请使用 Big6 信息问题解决模式来解决此问题,给出决策。

其解决过程如下。

1. 任务定义

确定研究问题:我在大四时报考硕士研究生,选择哪所院校。

目前我心仪的学校有 5 所,包括武汉大学、厦门大学、中国人民大学、华中科技大学、中南财经政法大学,要对这 5 所学校进行了解并最终做出抉择。

我需要了解这些学校的层次、入学考试课程、复试课程、招收人数、往年录取分数线、学费、奖学金、专业课程入学考试难度、课程考试大纲、往年考试题目等。

招生简章是学生报考研究生必读的文件,我需要获取并阅读这些学校的 2018 年招生简章。

2. 确定信息获取策略

我能从哪里获取资源?能获得哪些信息?能向谁寻求帮助?

(1)通过 QQ 找考研相关的群;通过 QQ 或电子邮件方式,找在读的学长咨询,向老师咨询。

(2) 进入学校论坛咨询。

(3) 进入研究生招生单位的网站或考研相关的网站，阅读招生简章，了解招生信息。

(4) 中国研究生招生信息网是教育部为考研设立的官方网站，信息具有可靠性、权威性。该网是考研学生网上报名、招生学校发布调剂信息的正式渠道，同时还提供很多考研相关信息，如招生院校信息。其"院校信息"栏目为用户提供了研究生招生单位信息查询服务。其网址为 http://yz.chsi.com.cn/sch/。

(5) 研途宝网站也是一个提供考研信息的专业网站，网址为 http://www.yantubao.com/。

(6) 使用学校电子文献数据库资源。

3. 收集信息

此阶段开展了以下信息收集工作。

(1) 通过QQ、邮件等通讯工具，找在读的学长咨询，向老师咨询。

(2) 在百度搜索中输入提问词：考研、2018考研复试分数线、***大学、***大学研究生招生简章，从而获取考研相关网站的网址，获取所关注大学的网站网址等信息。

(3) 在中国研究生招生信息网上，查找研究生招生单位信息，浏览往年分数线等信息。

(4) 进入心仪的学校网站，浏览学校简介，浏览其研究生院发布的信息，下载招生简章。

(5) 利用研途宝网站，了解心仪学校的考研相关情况，以下是各类信息的链接。

```
2017年中国人民大学考研报录比
2018年中国人民大学考研复试分数线
2018年中国人民大学港澳台地区考研参考书目
2019中国人民大学考研招生专业目录
中国人民大学考研参考书目
```

```
2019中南财经政法大学考研复试参考书目
2019中南财经政法大学初试考试大纲
2019中南财经政法大学考研招生专业目录
```

```
2019年华中科技大学考研招生目录
2018年华中科技大学硕士生入学考试复试分数线
华中科技大学参考书目
2009-2013华中科技大学报录比
```

```
2019年厦门大学考研招生专业目录
2018厦门大学考研复试分数线
厦门大学各院系专业2014—2017年硕士研究生报考
2019厦门大学考研参考书目
```

```
2019武汉大学考研招生专业目录
2017武汉大学考研参考书目
2018武汉大学考研复试分数线
公共课、统考联考大纲
武汉大学参考书目
```

研途宝网站比较集中地提供了考研者所关注的信息。例如，在"找学校"栏目下，查看自己关注的几所学校，可以查询或下载考研学校的往年复试分数线、参考书、考试大纲、导师、奖学金等信息，还可以了解各校的往年硕士研究生招生人数、复试分数线、考试科目、参考书、学费、奖学金等信息。

该阶段收集到的 5 所学校的基本情况如表 4-1 所示。表 4-1 中招生简章一列给出了招生简章的下载超链接。

表 4-1　5 所大学的基本情况

院校名称	所在地	院校隶属	院校属性	自划线院校	招生简章
武汉大学	湖北	教育部	985 211	是	http://info.whu.edu.cn/info/1982/173613.htm
厦门大学	福建	教育部	985 211	是	http://zsb.xmu.edu.cn/55/9e/c5797a349598/page.htm
中国人民大学	北京	教育部	985 211	是	http://pgs.ruc.edu.cn/info/1041/1680.htm
华中科技大学	湖北	教育部	985 211	是	http://gszs.hust.edu.cn/info/1093/2516.htm
中南财经政法大学	湖北	教育部	211	否	http://yz.kaoyan.com/znufe/jianzhang/5b9f129aec526.html

4．使用信息找方案

通过阅读信息，获取了报考学校专业强弱、导师情况、学校提供的奖助学金和机遇、学校所在地、学费、招生人数、考试课程等方面的信息。对主要信息进行整理，如表 4-2 所示。

表 4-2　主要信息整理表

院校名称	所在地	院校属性	学费（元/年）	导师信息及联系	学长及教师建议	分数线			
						政治	外国语	业务一	业务二	总分
武汉大学	湖北	985 211	13 000	√	√	50	45	75	75	285
厦门大学	福建	985 211	11 000	√		50	50	80	80	310
中国人民大学	北京	985 211	48 000	√		55	55	90	90	360
华中科技大学	湖北	985 211	11 000	√		50	50	90	90	320
中南财经政法大学	湖北	211	8000	√	√					329

5．整合解决方案

通过学长、教师、论坛以及各类网站获取的信息了解到，中南财经政法大学是我国教育部直属的综合性大学，是四大财经院校之一，在应用统计专业上具有较好的基础和优势，专业排名靠前，专业学费较低，录取率比较高，地理位置优越，专业考试课程与平时所学课程相符，对考试大纲内容比较熟悉，能获取往年考题。综合考虑自己的条件，选择报考中南财经政法大学。

决策：选择报考中南财经政法大学。

6．审视与评价

（1）自己决定在大四考研，初步定下专业方向为应用统计专业，攻读硕士学术学位，亟待解决的问题是报考哪所大学的问题,想要解决的问题很明确。

(2) 采用的信息获取途径是在目前环境条件下可以得到的所有途径,比较全面。信息收集采用 QQ 交流方式和电子邮件方式,资料主要在专业网站或学校网站下载。

(3) 资料分析主要侧重了报考学校专业强弱、导师的信息和联系情况、学校提供的奖助学金和机遇、学校所在地、学费、招生人数、专业考试课程等方面。综合了自己的各方面条件,最后做出了决策,报考中南财经政法大学。这一决策比较符合我的实际情况,我比较满意此方案。

习题 4

一、了解搜索引擎

1. 什么是搜索引擎?搜索引擎有哪些类型?
2. 搜索引擎是如何收集信息资料的?请通过互联网找此问题的答案。
3. 利用搜索引擎找到的信息,如何判断其可靠性。
4. 当搜索引擎呈现搜索结果时,对信息呈现的排名先后有哪些机制?
5. 使用百度、搜狗、360 搜索等搜索引擎搜索"云计算",比较不同搜索引擎的搜索结果的异同。

二、了解文化艺术方面的规定等信息

6. 搜索《互联网文化管理暂行规定》,了解其发文机构、发文日期、适用范围;了解此规定所称互联网文化产品包含哪些内容;讨论有哪些途径可以获得此规定的全文。
7. 搜索《中国文化艺术政府奖动漫奖评奖办法》,了解其发文机构、发文日期、评奖对象、评奖标准、奖励和推广等内容。
8. 群星奖是国家文化艺术政府奖,搜索《群星奖评奖办法》,了解其评奖对象、评奖条件、评奖周期等。
9. 搜索《网络游戏管理暂行办法》,了解其发文机构、发文日期、适用范围;讨论有哪些途径可以获得该办法的全文。

三、学业相关问题

10. 从国内外开放课程中找到与自己专业相关的课程网站,制作一份 Word 文档介绍搜集到的网址及如何利用课程网站来学习相关的课程。
11. 了解学科信息门户,找到自己专业相关的学科信息门户,并进行浏览,制作一份 Word 文档介绍搜集到的信息。
12. 某学生正在学习网页制作,需要在互联网上寻找教程、素材、案例、常用资源网站等,以加强网页设计学习,请帮助他获取相关信息。
13. 沃尔夫勒姆引擎 http://www.wolframalpha.com/ 可以在统计与数据分析、物理、化学、材料、医学等科学技术领域进行检索,还能给出数学题解答的一步步推导。请使用沃尔夫勒姆引擎,求解方程$(x^2+y^2-1)-(x^2)\times(y^3)=0$,并使用百度搜索进行比较。
14. 请找一个方程,通过沃尔夫勒姆引擎解答。

四、解决生活和学习中的问题

15. 某同学在做 PPT 展示时,投影到屏幕后,不能满屏显示,请通过搜索引擎帮助他解决此问题,可使用提问式如"PPT 投影不能全屏"进行搜索。

16. 某同学制作 Word 文档,在其中插入图片显示不全,如图 4-41 所示,请通过搜索引擎帮助他解决此问题。

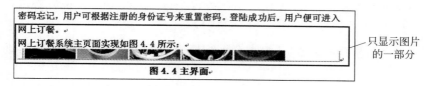

图 4-41 图片显示不全

17. 通过互联网解答问题:如何在计算机上搜近 20 天的文件?

18. 通过互联网解答问题:如何给 Windows 7 自带的截图工具设置快捷键?

19. 某教师因为工作需要经常使用计算机,想为计算机的窗口设置一种保护视力的颜色,请了解哪种配色方案具有保护视力的效果以及如何设置。

20. 请在医学专业网站上搜索一种疾病并了解。

21. 某班级开展"新时代中国特色社会主义思想学习"活动,同学们想了解一下别人的学习成果,从而启发思路、加强学习,打算重点查找 Word 文档和 PPT 文档,请使用搜索引擎完成这一任务。

22. 某班级为了组织同学们学习十九大报告,需要在互联网上搜索适合集体学习的材料,请完成以下任务:①使用搜索式"十九大报告精读"收集资料;②使用搜索式"十九大报告图片"收集资料;③利用高级搜索,查找 2017—2018 年关于十九大报告的新闻;④制作一份文档,汇报所搜集的信息。

23. 某学生会组织一次宣传活动,要对我国的人民代表大会制度作一期专题介绍,请使用搜索引擎搜集材料,并完成任务:①制作一个 Word 文档反映搜集过程,包含分析任务、选择搜索引擎、选择检索类型及构造检索式、调整搜索策略等方面;②根据搜集的信息,制作一个 Word 文档完成本次专题介绍。

24. 某同学要在环境保护协会中作一个报告,讲述全球变暖问题的危害,请帮助他通过互联网搜集相关资料并撰写此报告。

25. 通过互联网收集资料并了解联合国气候变化专门委员会和《巴黎协定》。

五、Big6 信息问题解决模式应用

26. 使用 Big6 信息问题解决模式解决以下问题:

(1) 大学毕业后找工作问题。

(2) 考研专业方向选择问题。

(3) 大学某某社团筹备问题。

(4) 报考公务员分析与决策。

27. 自拟一个生活或学习中的问题,尝试用 Big6 信息问题解决模式解决。

六、交流讨论

28. 利用各种信息获取渠道，了解批判性阅读的含义，制作 Word 文档对该内容进行展示报告、交流讨论。

29. 利用各种信息获取渠道，了解信息的可靠性鉴别及网络行为规范，制作 PPT 文档对该内容进行展示报告、交流讨论。

30. 利用各种信息获取渠道，了解学习金字塔理论，制作 PPT 文档对该内容进行展示报告、交流讨论。

31. 利用各种信息获取渠道，了解1万小时理论，制作 PPT 文档对该内容进行展示报告、交流讨论。

32. 利用各种信息获取渠道，了解如何才能倾听自己的声音，制作 PPT 文档对该内容进行展示报告、交流讨论。

33. 利用各种信息获取渠道，搜集关于心理学的情绪 ABC 理论的信息，制作 PPT 文档介绍该理论及其在处理各种不良情绪中的应用，结合自己的经历，分享该理论对自己的启示。

第 5 章 典型数据库检索平台使用

学习导引

本章介绍了中国知网、万方数据、超星平台、维普网等知名文献信息服务平台,用户可以利用它们来解决文献检索与利用问题。检索理论应用和技能训练是在文献信息服务平台上开展的,文献信息服务平台使用以解决信息问题为目的。

目前,计算机文献数据库检索一般都通过综合性的、大型的文献信息服务平台进行,通过一个平台可实现多库检索,为用户提供了简便、高效的服务。各大文献信息服务平台提供的文献种类、数量、收藏时间范围、检索工具、增值服务等各有不同,但在检索服务上具有一定的共性。用户掌握了一种文献信息服务平台的使用之后,对其他平台便可触类旁通。

文献数据库检索平台提供的基本检索方式有:一框式检索、高级检索、专业检索。这3类检索方式对用户检索能力的要求是逐渐增高的。

各类检索平台提供二次检索、分组浏览、排序等工具,使用户能锁定精准的检索目标,有的平台还提供多种格式导出参考文献、文献可视化分析等增值服务。全文收录型数据库提供文献原文下载功能,用户能否下载与用户或用户所在机构的使用权限有关,通常是可以浏览题录信息的。

检索字段是检索的入口,反映了检索工具的检索能力。不同类型文献的特征不同,对应的检索字段也有所不同。各类数据库平台都会为不同类型文献提供多种检索字段。

文献信息服务平台是动态发展的,其可供访问的资源也是动态增长的,各大平台总体上呈现出服务多元化、多层次化、使用简单化的趋势。

学习目标

了解

了解中国知网、万方数据、超星平台、维普网、SpringerLink 等平台的资源情况和常用文献服务。

掌握

分析检索问题,为检索问题写检索式,使用多个检索字段进行检索,总结检索过程;

掌握一框式检索、高级检索等检索方式;

跨库检索;二次检索、导航、分组浏览、排序、导出参考文献、下载文献。

应用

使用中国知网、万方数据、超星平台、维普网、SpringerLink等平台，获取文献资源；

解决实际应用问题，根据检索目标选择需用的数据库；

针对信息需求，按照分析解决方案、选择检索平台、检索文献、总结等步骤完成信息获取任务。

5.1 中国知网

中国知网（China National Knowledge Infrastructure，CNKI）是由清华大学、清华同方发起，CNKI工程集团开发建设的"CNKI数字图书馆"，始建于1999年6月，其资源包括中国知识资源总库及CNKI网络资源共享平台等。中国知网为用户提供了知识信息资源、知识传播与数字化学习平台。

中国知网通过与期刊界、出版界和其他内容提供商建立合作关系，已经发展成为涵盖期刊杂志、博士论文、硕士论文、会议论文、报纸、工具书、年鉴、专利、标准、国学、海外文献等资源的具有国际领先水平的网络出版平台，日更新文献量达5万篇以上。

中国知网还是基于海量资源的增值服务平台，任何人、任何机构都可以在中国知网建立自己个人数字图书馆，定制自己需要的内容。越来越多的用户将中国知网作为日常工作和学习的平台。

5.1.1 中国知识资源总库

中国知识资源总库提供中国期刊全文数据库、中国博士学位论文全文数据库、中国优秀硕士学位论文全文数据库、中国重要报纸全文数据库、中国重要会议论文全文数据库等多种数据库。每个数据库都提供初级检索、高级检索和专业检索3种检索功能。

（1）中国期刊全文数据库包含中国学术期刊（网络版）全文数据库和中国学术辑刊全文数据库。

中国学术期刊（网络版）数据库是连续动态更新的全文数据库，其收录的期刊以学术、技术、政策指导、高等教育及科普类期刊为主，内容涵盖自然科学、工程技术、农业、哲学、医学、人文社会科学等各个领域。该数据库文献分类目录有10大类（即10大专辑）：基础科学、工程科技Ⅰ、工程科技Ⅱ、农业科技、医药卫生科技、哲学与人文科学、社会科学Ⅰ、社会科学Ⅱ、信息科技、经济与管理科学，10大专辑含有168个专题。该数据库收录年限自1915年至今出版的期刊，部分期刊回溯至创刊。目前，收录期刊11 119种，1 948 754期，文章64 044 753篇（这些数据是动态增长的）。

中国学术辑刊全文数据库收录了1979年以来的论文集。辑刊是指由学术机构定期或不定期出版的成套论文集。辑刊的编辑单位多为高等院校和科研院所，编者的学术素养高，辑刊的论文质量好、专业特色强，因而具有较强的学术辐射力和带动效应。

（2）中国博硕士学位论文数据库收录了1984年以来的博硕士学位论文，文献来源于全国464家博士培养单位的博士学位论文和751家硕士培养单位的优秀硕士学位论文。目前，该数据库已累积博硕士学位论文全文文献300余万篇，还在不断收录新的博硕学位论文,收录数量连续动态更新。

(3) 中国重要报纸全文数据库收录了 2000 年以来中国国内公开发行的 500 多种重要报纸刊载的学术性、资料性文献,是连续动态更新的数据库。

(4) 会议论文数据库包含国际会议论文全文数据库和中国重要会议论文全文数据库。

国际会议论文全文数据库的文献是由国内外会议主办单位或论文汇编单位书面授权并推荐出版的重要国际会议论文,重点收录了 1999 年以来中国科协系统及其他重要会议主办单位举办的在国内召开的国际会议上发表的文献,部分重点会议文献回溯至 1981 年。目前,该数据库已收录出版国际学术会议论文集 4152 本,累积文献总量 70 万篇,收录量还在不断地动态增长。

中国重要会议论文全文数据库收录了国内重要会议主办单位或论文汇编单位书面授权并投稿到中国知网进行数字出版的会议论文,重点收录了 1999 年以来中国科协系统、社科联系统及省级以上的学会、协会、高校、科研机构、政府机关等举办的重要会议上发表的文献。其中,全国性会议文献超过总量的 80%,部分连续召开的重要会议论文回溯至 1953 年。目前,该数据库已收录出版 1 万次国内重要会议投稿的论文,累积文献总量 200 余万篇。

(5) 中国年鉴网络出版总库是我国第一部使用国家标准刊号连续出版的年鉴全文数据库型电子期刊,年鉴完整、客观、系统地展示了中国经济社会发展及各行业发展事实(数据),详细记载了中国的省、市、县(区)的地域地情,全库有 2700 余种,2 万多册年鉴,支持快捷检索社会经济事实资料,用于挖掘利用国家、地情、各行业发展信息。

(6) 中国经济社会发展统计数据库为用户提供经济社会数据服务,提供了完备的统计年鉴和统计资料,包括各类普查资料、调查资料、历史统计资料汇编及统计分析报告。该数据库收录自创刊开始的各年鉴资料,实时出版了国家统计局及各部委最新经济运行数据 12 000 余项指标。该数据库还为用户提供指标挖掘分析服务,以及经济社会发展实证研究和决策分析工具。

(7) 中国经济信息文献数据库,简称经济信息库,收录国内公开出版的经济信息类期刊文献,收录财经类期刊 135 种,其他期刊 4000 余种,经济信息库对经济信息类期刊文献进行规范著录、标引和深度加工,提供微、宏观经济信息及其分析报告的检索系统与分析平台,为企业、行业协会、政府部门、经济研究机构和社会公众提供服务。

(8) 中国法律知识资源总库法律法规库,收录宪法、法律及有关法律问题的决定,行政法规及规范性文件,军事法规及文件,地方性法规及文件,部门规章及文件,地方政府规章及文件,司法解释及文件,行业规定,国际条约,团体规定等内容,所收录内容均来自官方正式文本。

(9) 中国科技项目创新成果鉴定意见数据库(知网版),主要收录正式登记的中国科技成果,收录专家组对科技成果的推广应用前景与措施、主要技术文件目录及来源、测试报告和鉴定意见等内容的鉴定数据。该数据库通过知识网络集成与每项科技成果相关的最新文献、成果和标准等信息,因而,可完整地展现每项成果产生的背景、最新发展动态、相关领域的发展趋势。用户可浏览成果完成人和成果完成机构发表的文献。

(10) 专利数据库包含中国专利全文数据库(知网版)和海外专利摘要数据库(知网版),收录了自 1985 年至今的中国专利和自 1970 年至今的国外专利。专利数据库的更新频率为中国专利每两周更新,国外专利每月更新。

用户可以通过申请号、申请日、公开号、公开日、专利名称、摘要、分类号、申请人、发明人、优先权等检索项进行检索,可一次性下载国内专利说明书全文,国外专利说明书全文则链接到欧洲专利局网站。该数据库文献来源为国家知识产权局下属的知识产权出版社。

(11)标准数据总库包含中国标准题录数据库(SCSD)、国外标准题录数据库(SOSD)、国家标准全文数据库和中国行业标准全文数据库。用户可以通过标准号、中文标题、英文标题、中文关键词、英文关键词、发布单位、摘要、被代替标准、采用关系等检索项进行检索。用户可以免费检索,免费浏览题录、摘要和知网网络,全文下载需付费。

中国标准题录数据库收录了所有的中国国家标准(GB)、国家建设标准(GBJ)、中国行业标准的题录摘要数据。国外标准题录数据库收录了世界范围内重要标准,如国际标准(ISO)、国际电工标准(IEC)、欧洲标准(EN)、德国标准(DIN)、英国标准(BS)、法国标准(NF)、日本工业标准(JIS)、美国标准(ANSI)、美国部分学协会标准(如 ASTM、IEEE、UL、ASME)等标准的题录摘要数据,更新频率均为月更新。

国家标准全文数据库收录了由中国标准出版社出版的国家标准化管理委员会发布的所有国家标准,占国家标准总量的90%以上,更新频率为月更新。

中国行业标准全文数据库收录了现行、废止、被代替以及即将实施的行业标准,全部标准均获得权利人的合法授权,更新频率为季更新。

5.1.2 中国知网文献检索

目前,中国知网新版网站和旧版网站同时运行,新版网站布局有较大改动,新版首页更为简洁明快,如图5-1所示,新版网站和旧版网站都有互相进入的入口,可以快速切换,满足新老用户不同的使用习惯。在中国知网的任意网页单击CNKI的LOGO,都可以返回到新版首页(一般来说,文献检索平台都有单击LOGO返回首页的功能)。新版网址为http://www.cnki.net/,旧版网址为http://www.cnki.net/old/。

图 5-1 中国知网新版主页

中国知网按不同的文献类型分为多个检索标签按钮,例如"文献""期刊""会议""报纸""图书""年鉴""百科""词典""统计数据""专利""标准"等检索标签按钮,如图5-2所示。其中,"文献"按钮是综合文献类型检索按钮,其他按钮为单一文献类型检索按钮。单击"更多"

按钮,会显示全部的检索资源库。单击各个按钮后,字段选择框中可选字段会发生变化。单击字段选择框右侧的向下箭头即弹出可选字段列表。

图 5-2　输入检索词"相位特征信息"后的检索界面

1. 检索字段

检索字段也称检索项,是检索的入口,检索字段反映的是文献外部特征或内容特征。检索字段越丰富,对文献特征反映越全面,检索工具检索能力越强。检索字段的丰富程度反映了检索工具的检索能力。不同类型的文献表现出的特点不同,因而不同类型文献的检索字段有所不同,可用的检索字段数量也不相同。有些检索字段是大多数文献类型共有的,而有些则是某些特定文献类型独具的,如"学位授予单位"字段是博硕士论文独有的字段。常用的检索字段有主题、关键词、篇名或题名、全文、作者、摘要等,这些是大多数文献类型共有的检索字段。

中国知网常用的几种文献类型的检索字段情况如下。

单击"文献"按钮后,检索字段共有 10 项,分别为主题、关键词、篇名、全文、作者、单位、摘要、被引文献、中图分类号、文献来源。

单击"期刊"按钮后,检索字段共有 15 项,除了常用的检索字段外,增加了期刊的一些特征,如刊名、ISSN、CN、基金、DOI、栏目信息等检索字段。

单击"博硕士"按钮后,检索字段共有 13 项,除了常用的检索字段外,增加了博硕士论文的特征,如导师、第一导师、学位授予单位、目录、学科专业名称等检索字段。文献、期刊、博硕士论文、会议的检索字段如图 5-3 所示。

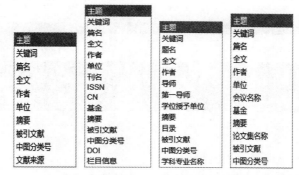

图 5-3　从左至右依次为文献、期刊、博硕士论文、会议的检索字段

2. 检索方式

中国知网提供了一框式检索、高级检索、专业检索、作者发文检索、句子检索等检索方式,这些检索方式对检索提问限定的复杂程度有所不同。用户在检索文本框中输入的内容

即是检索提问。

1) 一框式检索

一框式检索是大众化的检索方式,只需要提供简单的检索式即可,还可以主动选择检索字段、检索数据库,不选则使用默认的检索字段、默认的数据库,如图5-4所示。一框式检索不需要掌握太多检索规则,使用面较广泛,是文献检索技术发展的一种趋势。

图 5-4　中国知网一框式检索界面

案例 5-1:一框式检索

题目:某同学开展主题为"基于相位特征信息的眼底图像检测研究"的项目研究,需要开展文献调研,请帮助他在中国知网上使用一框式检索查找相关文献。

检索过程如下。

步骤 1:列出检索关键词。相位特征、相位特征信息、图像检测、图像、眼底图像、检测、眼底图像检测。

步骤 2:初步拟定检索式。

A:主题=(相位特征信息 and 图像检测)

B:主题=(相位特征信息 and 检测)

步骤 3:选择数据库。"学术期刊""博硕""会议""报纸"4项是默认选择的检索库。因为项目具有较强的专业性,因而去掉"报纸"检索库,增加"专利""标准""成果"3项检索库,如图5-5所示。

图 5-5　输入检索词并选择检索库

步骤 4:选择检索字段,此处选择"主题"。

步骤 5:在检索框中输入"相位特征信息 and 图像检测"。

步骤 6:单击检索文本框右则搜索按钮,得到18条检索结果,如图5-6所示。对检出的序号为1、6、7、8的文献,单击"下载"列下面对应的绿色箭头,即可下载这些文献。如果箭头为黄色,表示没有下载权限,需要付费下载。同样使用检索式B进行检索,然后根据是否满足需要的情况,修改检索式后再次检索。

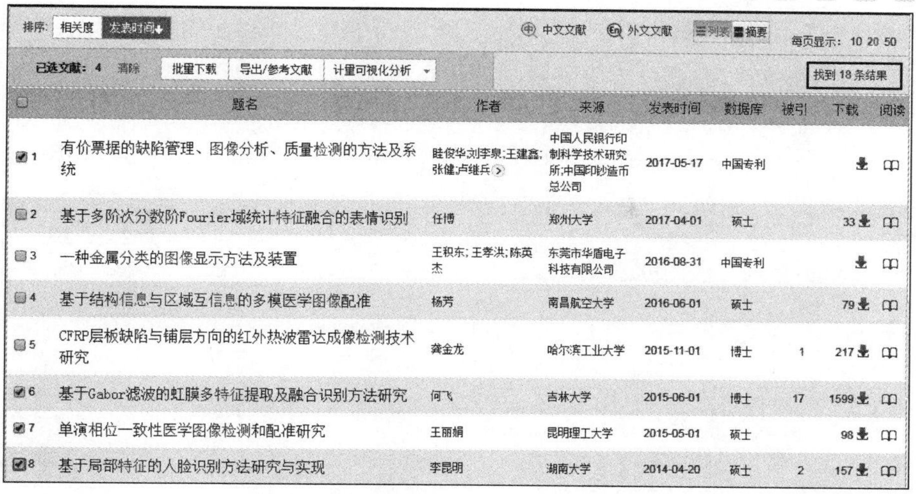

图 5-6 主题=(相位特征信息 and 图像检测)的检索结果

2) 高级检索

中国知网一框式检索框的右侧,有"高级检索"按钮,单击该按钮后进入高级检索页面,在此页面中,同时还有其他 4 个选项卡:"专业检索""作者发文检索""句子检索""一框式检索",如图 5-7 所示,单击这些选项卡可以切换检索方式。单击"一框式检索"选项卡可返回一框式检索页面。

"高级检索"一般是在检索意图较明确的情况下,用户选择检索字段和逻辑连接词等,将检索词输入到对应位置,从而实现精确限定检索范围的检索。应当注意的是,当用户选择的检索字段较多,而且逻辑连接词选"并含"时,有可能造成找到结果为 0。

图 5-7 高级检索页面中多种检索选项卡

案例 5-2:高级检索

题目:对案例 5-1 的检索题目进行中国知网高级检索。

检索过程如下。

步骤 1:列出检索关键词。相位特征、相位特征信息、图像检测、眼底图像检测、眼底图像、检测。

步骤 2:拟定检索式。

全文=(相位特征 and 图像检测)or 摘要=眼底图像检测

发表时间不限。

支持基金为国家自然科学基金。

网络首发、增强出版、数据论文、同义词扩展的文献都属于检索范围。

步骤 3:在高级检索页面,如图 5-8 所示,在第一个选择框中,单击向下箭头选择"全文"

作为检索字段,输入检索词"相位特征"。然后,单击向下箭头选择逻辑关系"并含",输入检索词"图像检测"。在第二行中,单击向下箭头选择逻辑关系"或者",选择"摘要"作为检索字段,输入检索词"眼底图像检测"。在支持基金文本框中输入"国家自然科学家基金",选择精确匹配。当不知道基金的准确名称,单击该栏右侧的按钮,将会打开基金选择窗口,如图5-9所示。

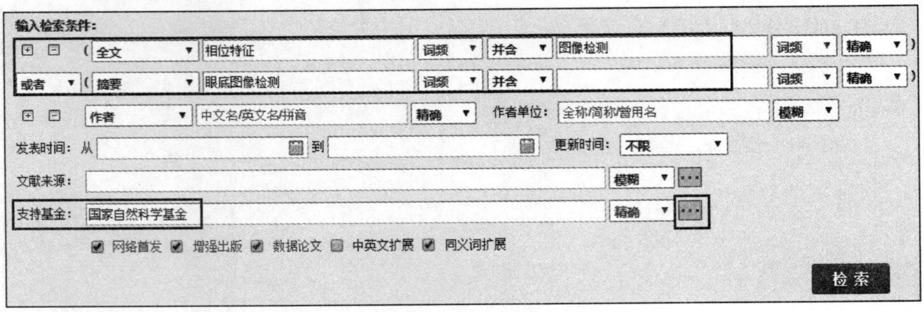

图 5-8　高级检索页面

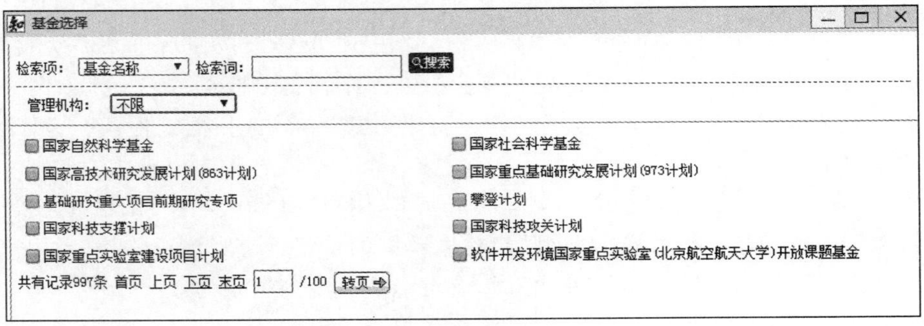

图 5-9　基金选择窗口

步骤4:单击检索按钮,得到347条检索结果,如图5-10所示。

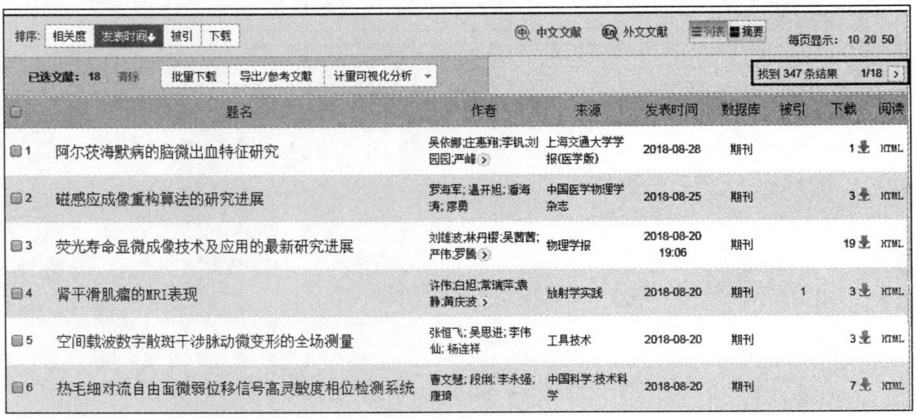

图 5-10　检索结果

3)专业检索

专业检索一般用于图书情报专业人员查新、信息分析等工作。专业检索通过输入检索式进行检索。

中国知网的检索字段用特定的缩略词形式表示：SU 表示主题，TI 表示题名，KY 表示关键词，AB 表示摘要，FT 表示全文，AU 表示作者，FI 表示第一责任人，AF 表示机构，JN 表示中文刊名和英文刊名，RF 表示引文，YE 表示年，FU 表示基金，CLC 表示中图分类号，SN 表示 ISSN，CN 表示统一刊号，IB 表示 ISBN，CF 表示被引频次。专业检索式使用"AND""OR""NOT"等逻辑运算符，"()"括号将表达式按照检索目标组合起来。中国知网专业检索运算符及其用法，如表 5-1 所示。

表 5-1 中国知网专业检索运算符说明

运算符	检索功能	表达式	检索含义	举例	适用检索项
*	并且包含	='str1'*'str2'	包含 str1 和 str2	TI='非均衡数据集'*'机器学习'	所有检索项
+	或者包含	='str1'+'str2'	包含 str1 或者 str2	TI='非均衡数据集'+'机器学习'	
−	不包含	='str1'−'str2'	包含 str1 不包含 str2	TI='机器学习'−'均衡数据集'	
''	精确	='str'	精确匹配词串 str	AU='谷琼'	作者、第一责任人、机构、中文刊名和英文刊名
SUB N	序位包含	='str /SUB N'	第 N 位包含检索词 str	AU='谷琼 /SUB 1'	
%	包含	%'str'	包含词 str 或 str 切分的词	TI%'地学数据处理'	全文、主题、题名、关键词、摘要、中图分类号
''	包含	='str'	包含检索词 str	TI='地学数据处理'	
SEN N		='str1 /SEN N str2'	同段，按次序出现，间隔小于 N 句	FT='非均衡 /SEN 0 数据集'	
NEAR N		='str1 /NEAR N str2'	同句，间隔小于 N 个词	AB='非均衡 /NEAR 5 数据集'	主题、题名、关键词、摘要、中图分类号
PREV N		='str1 /PREV N str2'	同句，按词序出现，间隔小于 N 个词	AB='非均衡 /PREV 5 数据集'	
AFT N		='str1 /AFT N str2'	同句，按词序出现，间隔大于 N 个词	AB='非均衡 /AFT 5 数据集'	
PRG N		='str1 /PRG N str2'	全文，词间隔小于 N 段	AB='非均衡 /PRG 5 数据集'	
$ N		='str $ N'	检索词出现 N 次	TI='非均衡 $ 2'	
BETWEEN		BETWEEN	年度阶段查询	YE BETWEEN ('2008','2017')	年、发表时间、学位年度、更新日期

例如，检索谷琼在中国地质大学或湖北文理学院发表的文章。

其专业检索式：AU＝谷琼 and（AF＝中国地质大学 or AF＝湖北文理学院）

例如，检索谷琼在湖北文理学院发表的题名或摘要中包含"网络舆情"的文章。

其专业检索式：AU＝谷琼 and AF＝湖北文理学院 and（TI＝网络舆情 or AB＝网络舆情）

注意表达式中的所有符号和英文字母都必须使用英文半角字符。不同文献检索平台中检索字段的名称写法会不相同，具体使用时应查阅平台的使用说明。

案例 5-3：专业检索

题目：对案例 5-1 的检索题目进行中国知网专业检索。

检索过程如下。

步骤 1：列出检索关键词。相位特征、相位特征信息、图像检测、眼底图像检测、眼底、检测。

步骤 2：写出专业检索式。

SU＝'相位特征 '＋'眼底图像' and FT＝'图像检测'

步骤 3：将专业检索式输入到专业检索框中，如图 5-11 所示。单击检索按钮，得到检索结果。检索式表示主题中含有"相位特征"或者"眼底图像"，并且全文中含有"图像检测"的文献信息。

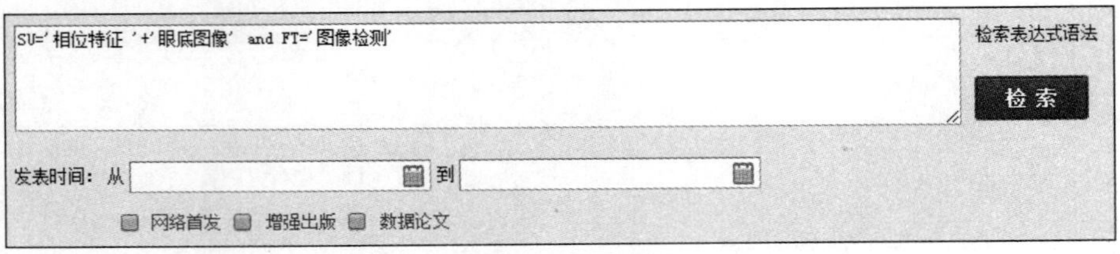

图 5-11　输入专业检索式

4）作者发文检索

案例 5-4：作者发文检索

题目：某同学准备开展"基于相位特征信息的眼底图像检测研究"，首先进行文献调研，他在中国知网上进行了初步检索后，了解到"肖志涛"这位作者的论文和他的课题相关度较高，想全面了解一下该作者的研究成果。

分析：通过案例 5-1 的检索，了解到"肖志涛"这位学者的论文与所做课题相关度高，肖志涛发表的论文，有第一作者的，还可能有非第一作者的，要全面了解肖志涛的研究成果，检索字段就不能选择第一作者。作者单位为"天津大学"，但是随着时间推移，作者的单位是可能变动的，所以在"作者单位"检索字段后的文本框中，输入"天津大学"，采用模糊匹配。

步骤 1：进入作者发文检索页面，第一个检索字段选择"作者"，选择精确匹配。

步骤 2：在检索字段"作者单位"后的文本框中输入"天津大学"，选择模糊匹配，如图 5-12 所示，单击"检索"按钮，得到 18 条检索结果。

5）句子检索方式

对案例 5-1，采用句子检索方式，检索在同一句中含有"相位特征"和"眼底"的文献。在句子检索页面中分别输入这两个词，单击检索按钮，得到检索结果。还可以将条件放宽到

"同一段",检索在同一段中含有"相位特征"和"眼底"的文章,如图 5-13 所示。

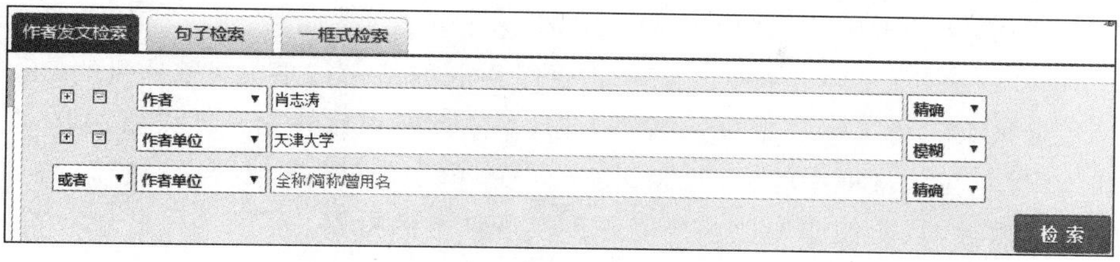

图 5-12 作者发文检索

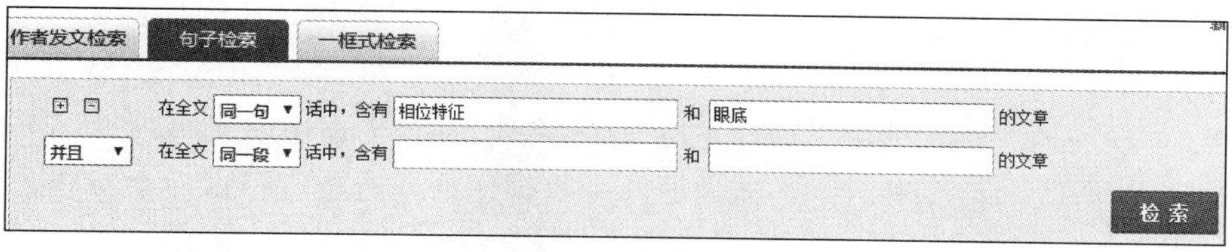

图 5-13 句子检索

3. 跨库检索(选择检索数据库)

跨库检索可以一次性地在多种数据库中检索目标文献,使检索更为便捷。跨库检索一般是为了全面了解目标文献情况。在初步检索时,检索目标不是很明确的情况下也常用跨库检索。

在中国知网首页检索时,默认情况下是跨库检索,如图 5-14 所示,同时还可以根据需要增加或减少检索数据库的数量,要增加检索某数据库,需要把该数据库前面的复选框选中,要减少检索某数据库,则把该数据库前面的复选框中的勾去掉,只选中一个数据库时就是单库检索。在高级检索、专业检索、作者发文检索、句子检索等页面,在检索字段按钮的右侧,都有一个"跨库选择"按钮,单击该按钮,可弹出可选文献数据库,以供用户选择,如图 5-15 所示。

图 5-14 跨库检索

图 5-15 跨库检索中选择数据库

4. 二次检索

中国知网通过"结果中检索"功能，使用户能逐步实现精确的检索。当用户检索目标不是很明确时，往往采用一个检索词开始检索，这时得到的检索结果很可能有几百、几千条，因而筛选工作量很大。为了避免繁重的筛选工作，用户此时可以在第一次检索的基础上，再进一步增加检索词，在检索框中输入增加的检索词后，单击"在结果中检索"按钮，得到较小范围的检索目标内容，从而使非专业用户能逐步实现精确的检索。

案例 5-5：二次检索，逐步精准地找到目标文献

题目：对案例 5-1 采用一框式检索方式下的二次检索，从而找到主题中含有"相位特征信息"和"图像检测"的文献。

检索过程如下。

步骤 1：在一框式检索框中，选择"主题"检索字段，在检索框中输入"相位特征信息"，选中学术期刊、博硕、会议、专利、标准、成果这几个数据库的复选框。单击检索按钮，得到 101 条检索结果，如图 5-16 所示。

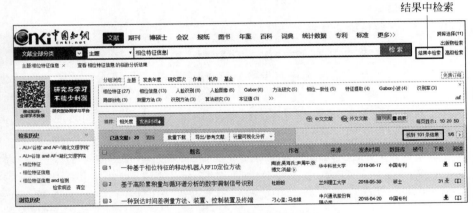

图 5-16　第一次检索结果页面

步骤 2：在检索结果页面，继续在一框式检索框中，选择"主题"检索字段，在检索框中输入"图像检测"。此时不能单击检索按钮，而要单击检索框右侧的"结果中检索"按钮。第二次检索后得到了 3 条检索结果，如图 5-17 所示。

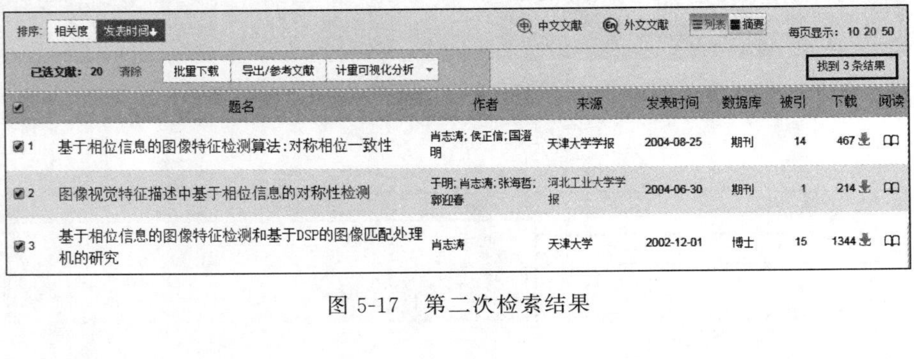

图 5-17　第二次检索结果

可以在高级检索中使用此检索式,采用精确匹配来加以验证,在高级检索中,采用精确匹配时和本例检出结果是一致的。

5. 导航

由于出版物数量很多,如果用户要在上千个出版物中找一个目标时,犹如大海捞针,有了导航功能,则能快速定位目标。

中国知网有期刊导航、学术辑刊导航、博硕士授予单位导航、国际会议导航、国内会议导航、报纸导航、年鉴导航(统计数据年鉴导航、年鉴整刊导航)、工具书导航等。

导航页面提供了分类查找和关键词查找两种方式,以上各种导航均提供多种分类方式查找,适用于不同情况。中国知网进入导航路径:在首页一框式检索框的右侧,单击"出版物检索"按钮,即可进入出版来源导航页面。

案例 5-6:工具书检索

题目:某国学读书会要做一期儒家文化介绍活动,需要找一些相关资料参考,请帮助他们完成此任务。

分析:

(1) 儒家文化内涵丰富,如果没有深厚的文化底蕴、广博的知识面,很难做出全面翔实的介绍。可以考虑使用三次文献来解决这个问题。三次文献是专家、学者参考大量的一次文献,并加以分析、综合,编写出来的关于某一类知识的知识库,具有全面、准确、实用等特点,中国知网的工具书中提供了百科、词典、手册等文献类型,使用工具书是解决该类问题的一个快捷途径。

(2) 但目前不知道工具书的书名,也没有其他出版信息,只有主题是已知的,这时使用导航比较有利。工具书导航提供了学科导航、工具书类型导航、出版者导航、出版时间导航、使用关键词对出版来源检索等方式。具体用哪一种或哪几种导航,要看用户对检索课题的认识。

(3) 对检索课题的认识:该主题所属的大致学科方向应是哲学人文社科。

(4) 初步检索方案:一是通过学科导航查看哲学人文社科类下的工具书,二是通过工具书类型来查找相关的工具书,三是通过关键词来检索。列出关键词:儒学、儒家、孔子、孟子、曾子、诸子百家等。

检索过程如下。

步骤 1:进入中国知网工具书导航,单击学科导航,展开学科导航目录,找到哲学与人文科学,单击展开后,单击"哲学(81)",如图 5-18 所示。

图 5-18 学科导航下的哲学与人文科学

步骤 2:由于"哲学"类下的工具书有 81 本,数量较大,浏览第 1 页,初步发现 3 本工具书符合要求,如图 5-19 所示。如果再继续浏览还要花费时间,所以暂停浏览,面对这么多要筛选的工具书,确实很想念关键词法检索。

·中国儒学文化大观	汤一介,张耀南,方铭	北京大学出版社	2001-01
·中国儒学辞典	赵吉惠,郭厚安	辽宁人民出版社	1988-12
·诸子百家大辞典	冯克正,傅庆升	辽宁人民出版社	1996-06

图 5-19　在"哲学"类下的工具书中筛选的 3 本工具书

步骤 3：通过工具书类型查找，发现"语录(16)"包含的工具书较少便于查看，类型也符合要求。单击展开后，发现有一本"国学句典"工具书符合要求，如图 5-20 所示。

图 5-20　在"语录"下筛选找到的工具书

步骤 4：使用关键词检索，关键词检索提供了"书名""出版者""作者""地区"4 个检索项，由于没有出版者、作者、地区的信息，所以选择"书名"作为检索项。在检索框中输入"儒学"得到 3 条检索结果。在检索框中输入"儒家"得到 1 条检索结果。在检索框中输入"孟子"得到 2 条检索结果。在检索框中输入"诸子"得到 4 条检索结果。在检索框中输入"孔子"得到 3 条检索结果。

步骤 5：根据上述检索结果，确定目标相关度较高的工具书为《中国儒学文化大观》《中国儒学辞典》《魏晋儒学编年》《孔子与儒家》《国学句典》《诸子百家大辞典》，随后可对这 5 本工具书做深入了解。

6. 分组浏览

分组浏览是对检索结果按某种方式再一次分类，方便用户对检出结果的利用。中国知网提供了分组浏览查看检索结果，分组方式有"主题""发表年度""研究层次""作者""机构""基金"等。

分组浏览作用如下。

(1) 当检出的文献数量较多时，用户浏览的工作量很大，分组浏览提供了对文献的再分类，达到缩小检出范围的效果。例如，使用检索词"数据融合"检索时，检出 29 390 条结果，从这么庞大的结果中进行人工筛选，其工作量是非常大的，如果不采取措施缩小范围，筛选工作将很难进行。

(2) 当使用"主题"分组时，能够显示该检索词出现在哪些主题中，使用户对此检索词出现的应用领域有一个全面的认识。

(3) 当使用"作者""机构""基金"等分组时，使用户快速找到检索词涉及领域的研究专家、研究机构、基金等信息。

(4) 通过"发表年度"分组，有利于用户了解检索词涉及领域的研究发展变动情况，了解所涉及研究主题的研究热度。例如，对"数据融合"检索结果按发表年度浏览，发现该主题从 2005 年起，发表的论文在逐年增多，2005 年到 2018 年研究热度处于增长状态。

案例 5-7：对检出文献进行分组浏览，了解一个领域的研究概况

题目：使用检索字段"主题"，检索词"数据融合"进行检索，对检索结果使用不同分组浏

览,进一步缩小检索范围,了解该领域的研究专家、研究机构等情况。

步骤1:选择检索字段为"主题",检索词为"数据融合"进行检索,找到 29 390 条结果,如图 5-21 所示。

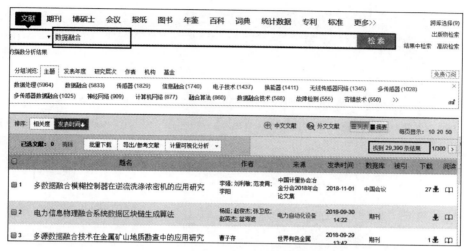

图 5-21 "数据融合"检索结果

步骤2:单击分组浏览中"主题"分组,展示出涉及的主题,每个主题后的括号中的数字为该主题下检出的论文数量,这个数字也反映了检索词在对应主题中的研究热度。单击某一个主题,则展示该主题的检出文献,如单击"容错技术(561)",呈现出这一主题下 561 条文献,如图 5-22 所示。

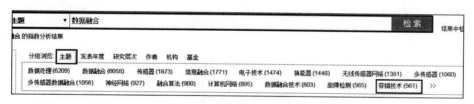

图 5-22 "主题"分组浏览时各主题情况

步骤3:在分组浏览中选择"发表年度"分组,展示出检出文献的发表年度,每个年度后的括号中的数字为各个年度下检出的论文数量,这个数字反映了检索词在各个年度的研究热度。单击某个年度,则呈现出此年度下检出文献,如图 5-23 所示。

图 5-23 "发表年度"分组浏览时各年度论文数量情况

步骤4:在分组浏览中选择"研究层次"分组,展示出检出文献所在的研究层次分布。每个研究层次后的括号中的数字为各个研究层次下检出的论文数量,如图 5-24 所示。可以进一步查看所关注的研究层次的文献。

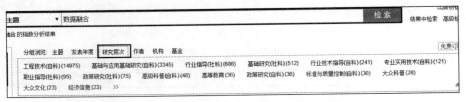

图 5-24 "研究层次"分组浏览时各层次及论文数量情况

步骤 5：在分组浏览中选择"作者"分组，展示出检出文献的作者分布。每个作者后的括号中的数字为检出的该作者论文的数量，如图 5-25 所示。可以进一步查看所关注的作者的文献。通过作者分组，能快速帮助用户找到该领域的研究专家。

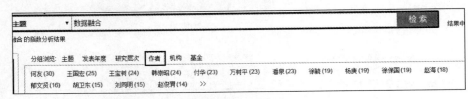

图 5-25 "作者"分组浏览时作者及其发文数量情况

步骤 6：在分组浏览中选择"机构"分组，展示出检出文献的机构分布。每个机构后的括号中的数字为检出的该机构论文的数量，如图 5-26 所示。可以进一步查看所关注的机构的文献。通过机构分组，能快速帮助用户找到哪些机构在该领域做过研究。

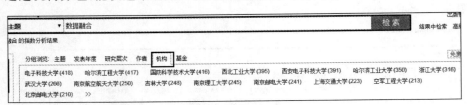

图 5-26 "机构"分组浏览时涉及的机构及该机构下所属论文情况

步骤 7：在分组浏览中选择"基金"分组，展示出检出文献的基金分布。每个基金后的括号中的数字为检出的该基金论文的数量，如图 5-27 所示。可以进一步查看所关注的基金的文献。基金分组可以反映出该主题的研究层次。

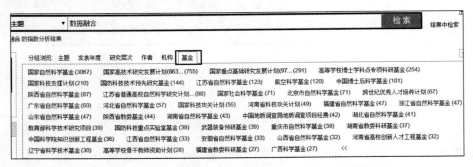

图 5-27 "基金"分组浏览时涉及的基金及其论文数量情况

步骤 8：检索总结。通过分组查看，了解到"数据融合"在数据处理、传感器、电子技术、计算机网络等十几个领域都有应用，是一项应用广泛的技术手段，从 2005 年到 2018 年这 13 年间，研究热度逐年上升，目前仍是研究热点。其研究层次也涉及十几个不同的层次，说明该技术应用广泛。作者中"何友"等作过较多的研究，可以重点检索这些作者的文献。电子科技大学等机构做过大量研究，说明这些机构可能有深厚的研究基础。国家自然科学基金支持的论文数量最多，说明了该方向有很大的应用或理论研究价值。

7. 排序

检索结果可能数量很多，排序可以将检索者最想看到的文献排在最前面。

对某一检索词进行检索，得到检索结果后，先使用某一种分组浏览方式进行浏览，再按一定的排序方式呈现结果。排序方式有"相关度""发表时间""被引""下载"，默认排序方式为"相关度"。

下载量反映了该文献被关注的程度。如果用户想得到的最受关注的文献，那么下载量是最重要的指标。用户可以选择按"下载"排序，下载量高的文献出现在前面，如图 5-28 所示。

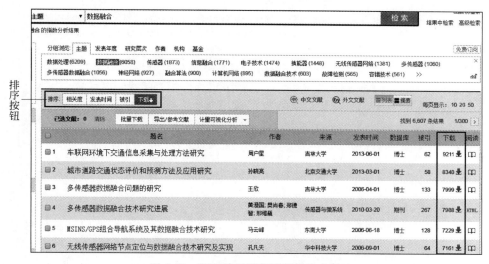

图 5-28　按下载量降序排列检出文献

引用量与文献质量往往被认为有正相关关系，如果用户想得到的被引用量高的文献，可以选择按"引用"排序，则引用量高的文献出现在前面。

同理，按"发表时间"降序排列，可以将最新的文献排在前面显示；按"发表时间"升序排列，可以将最早的文献排在前面显示。

选择哪种排序方式是与用户检索目的相关的。

8. 导出参考文献

导出参考文献，是将检索后选中的文献按某种参考文献格式导出。文献导出格式有 GB/T 7714—2015 格式引文、CAJ-CD 格式引文、查新（引文格式）、查新（自定义引文格式）、CNKI E-Study、RefWorks、EndNote、NoteExpress、NoteFirst、自定义等。

RefWorks、Endnote、NoteExpress、NoteFirst 均为联机文献管理软件，它们所属公司不

同,前两种为国外软件,后两种为国产软件。它们都提供个人文献书目管理、题录管理、文献管理,用于帮助用户建立和管理个人文献书目资料,并可以实现在用户撰写文稿的同时,即时插入参考文献,同时生成规范的、符合出版要求的文后参考文献。它们都与国内外知名的数据服务提供商建立了合作关系,支持众多中外文在线数据库的数据导入。但这些软件在使用风格、功能、使用历史、收费等方面有所不同。

文献管理中心页面如图 5-29 所示,提供了 5 种文献输出方式:①单击"导出"按钮,可以将欲导出的文献保存为 TXT 文档;②单击"复制到剪贴板"按钮,可以将欲导出的文献复制到剪贴板,然后粘贴到其他文档中;③单击"打印"按钮,可以将欲导出的文献输出到打印机或保存为 PDF 文档;④单击"xls"按钮,可以将欲导出的文献保存到 Excel 文档中;⑤单击"doc"按钮,可将欲导出的文献保存在 Word 文档中。

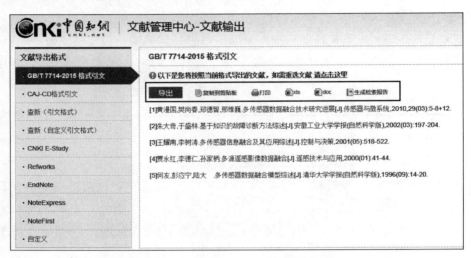

图 5-29　文献管理中心-文献输出页面

案例 5-8:导出参考文献

题目:在中国知网查看检索词"数据融合"检索结果,并导出 5 篇引用最高的参考文献,保存到 Word 文档中。

步骤 1:使用默认检索字段,在一框式检索框中输入检索词"数据融合",单击检索按钮后,按主题分组浏览,选择"数据融合"主题,按"被引"的降序排序,单击前 5 篇文献左边的小方框,选中这 5 篇文献,单击"导出/参考文献"按钮,即可导出这 5 篇文献,如图 5-30 所示。

步骤 2:文献导出后,会出现"文献管理中心-文献输出"页面,此时选择文献导出格式为 GB/T 7714—2015 格式引文,如图 5-29 所示。

步骤 3:可以使用多种方式保存选中的参考文献。①单击"复制到剪贴板",可以将参考文献粘贴到 Word 文档中。②鼠标拖动选中的参考文献并复制,可以将参考文献粘贴到 Word 文档中。③单击"doc"按钮,可将参考文献保存为 Word 文档。

9. 计量可视化分析

计量可视化分析有助于用户快速量化分析检出结果。计量可视化分析有已选文献分析和全部检索结果分析两种工具,如图 5-31 所示。已选文献分析,可以给出选中文献的参考文献数量、总被引次数、总下载次数、篇均被引数、篇均下载数、下载被引比等信息,并以图的方式直观表示;全部检索结果分析,用图的方式展示了关于该次检出文献的年度趋势、涉及学科等信息,如图 5-32 所示。

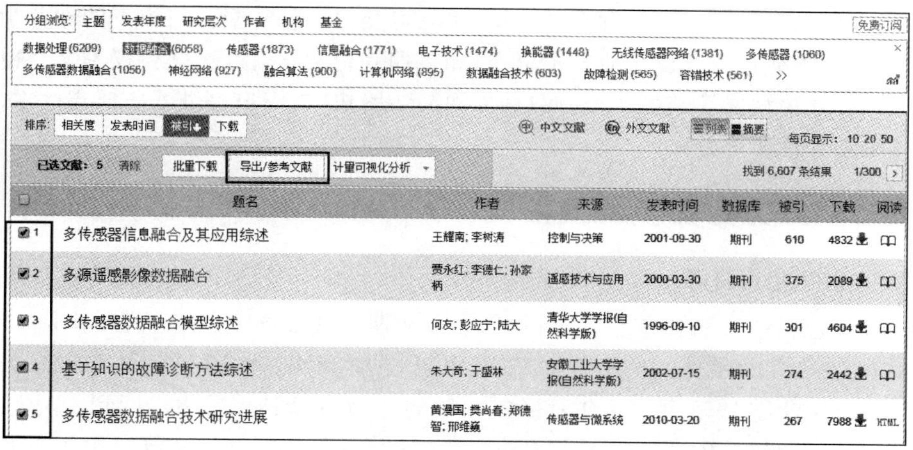

图 5-30 导出文献

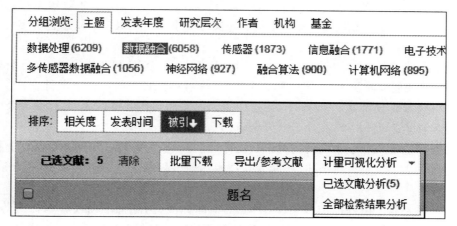

图 5-31 计量可视化分析

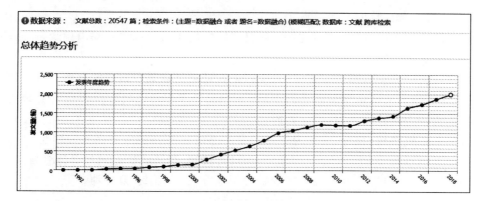

图 5-32 全部检索结果分析

5.2 万方数据

万方数据知识服务平台(简称万方数据)是万方数据股份有限公司旗下的专业学术知识服务网站,整合了数亿条全球优质学术资源,涵盖期刊论文、学位论文、会议论文、科技报告、专利、视频等10余种资源类型。万方数据界面简洁明快,为用户提供了一框式检索、高级检索和专业检索等优质服务。

5.2.1 万方数据资源及服务

1. 万方数据常用资源

期刊资源包括中文期刊和外文期刊,其中中文期刊共8000余种,核心期刊3200余种,涵盖了自然科学、工程技术、医药卫生、农业科学、哲学政法、社会科学、科教文艺等各个学科;外文期刊收录了1995年以来世界各国出版的20 900余种重要学术期刊。

学位论文资源包括中文学位论文和外文学位论文,中文学位论文收录始于1980年,年增30余万篇;外文学位论文收录始于1983年,累计收藏11.4万余篇,年增量1万余篇。

会议资源包括中文会议和外文会议,中文会议收录始于1982年,年收集4000多个重要学术会议,年增20余万篇全文,每月更新;外文会议收录了1985年以来世界各主要学协会、出版机构出版的学术会议论文。

专利资源收录始于1985年,共收录中国专利1500万余条,国外专利3700万余条,年增25万余条,收录范围涉及11个国家和2个组织,内容涵盖自然科学各个学科领域。

中文科技报告收录始于1966年,源于中华人民共和国科学技术部,共计2万余份,外文科技报告收录始于1958年,共计110万余份。

成果资源主要来源于中国科技成果数据库,涵盖了国内各省、市、部委鉴定后上报国家、科技部的科技成果及星火科技成果,涵盖新技术、新产品、新工艺、新材料、新设计等众多学科领域的成果。

标准资源来源于中外标准数据库,涵盖了中国标准、国际标准以及各国标准等在内的37万多条记录,综合了国家技术监督局、建设部情报所、建材研究院等单位提供的相关行业的各类标准题录。全文数据来源于国家指定的专有标准出版单位,文摘数据来自中国标准化研究院国家标准馆,数据权威。

法规资源主要由国家信息中心提供,涵盖了国家法律、行政法规、部门规章、司法解释以及其他规范性文件。

地方志,简称"方志",即按一定体例,全面记载某一时期某一地域的自然、社会、政治、经济、文化等方面情况或特定事项的书籍文献。新方志收录始于1949年,共计4万余册,旧方志收录年代为新中国成立之前,近8万册。

万方视频是以科技、教育、文化为主要内容的学术视频知识服务系统,现已推出高校课程、会议报告、考试辅导、医学实践、管理讲座、科普视频、高清海外纪录片等适合各类人群使用的精品视频。截止目前,万方视频已收录视频3万余部,近90万分钟。

2. 万方扩展服务

（1）万方检测：为科研管理机构、教育领域、出版发行领域、学术个体等用户提供中文文献相似性检测服务，并提供多版本、多维度的检测报告。

（2）万方分析：提供主题分析、学者分析、机构分析、学科分析、期刊分析、地区分析等方面的统计分析。

（3）万方学术圈：通过万方学术圈，学者可以进行交流分享，结识学术好友，管理学术主页，管理学术成果，交流学术心得。

（4）万方书案：注册用户可免费管理个人在万方平台操作过的文献资源，万方书案对操作过的文献资源系统自动记录，分类清晰，方便查找；还具有检索词订阅、检索式订阅、期刊订阅等功能。

（5）万方选题：对研究选题进行评估，评估主题是否热门、是否够创新、论文标题是否唯一，对多个主题融合分析，帮助获取研究主题的相似文献。

5.2.2 万方数据文献检索

新版万方数据将"万方智搜"一框式检索置于最醒目的位置，一框式检索满足了大多数用户的最常用的检索需求。如果需要更精确的检索，用户可以选择高级检索或专业检索。新版万方数据网址为 http://www.wanfangdata.com.cn/。

1. 检索字段

万方数据首页提供了一框式检索，一框式检索既可以是单库检索，也可以是跨库检索。在一框式检索下，默认方式是跨库（全部库）检索，并提供题名、作者、作者单位、关键词、摘要5项常用的检索字段。在检索框上方，列有万方数据的各种文献数据库名称，单击某一个库的名称，表示只对该库中的文献进行检索。例如，选中"成果"库时，如图5-33所示，在检索框中会显示"在905 628项成果中检索"，这个数据表示当前成果库中文献的数量，并且这个数据是随着时间变化而动态增长的，因为文献收录是不断增长的。这时，单击检索框，会弹出适用于"成果"库的常用检索字段列表，分别为题名、完成人、完成单位、关键词、摘要等字段，但这些字段并不是"成果"类文献的全部检索字段，如果需要更为丰富的检索字段，可以进入高级检索界面。

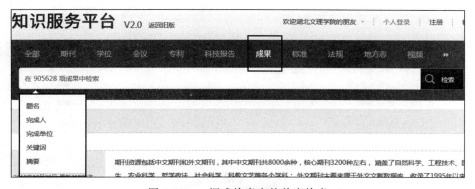

图 5-33 一框式检索中的单库检索

万方数据与中国知网类似,提供了丰富的检索字段,字段数量上略有不同。

科技成果、法律法规、科技报告、新方志是万方特有的资源,它们的检索字段如图5-34所示,可以看出不同类型文献的检索字段(检索入口)有很大的差异。

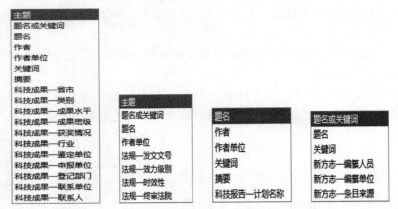

图 5-34　从左至右依次为科技成果、法律法规、科技报告、新方志的检索字段

2. 万方数据检索案例

案例 5-9:一项应用开发项目的技术调研

题目:某公司开发的项目中涉及人脸识别内容,需要对人脸识别领域技术发展状况进行调研,采用万方数据完成此任务。

分析:项目开发一般需要先进的、成熟的技术,需要遵守相关规范标准。因而,此项调研任务可从现有的成果、专利、标准入手进行检索和调研分析。由于对现有文献分布没有初步的认识,不便限定太窄的精确范围,先试探性检索,再逐步锁定所需文献。

步骤 1:进入万方数据高级检索页面,清除默认选中的文献类型,再将"专利""科技成果""中外标准"前的复选框选中。在检索信息栏,选择"主题"检索字段,在文本框中输入"人脸识别",如图5-35所示,单击检索按钮。

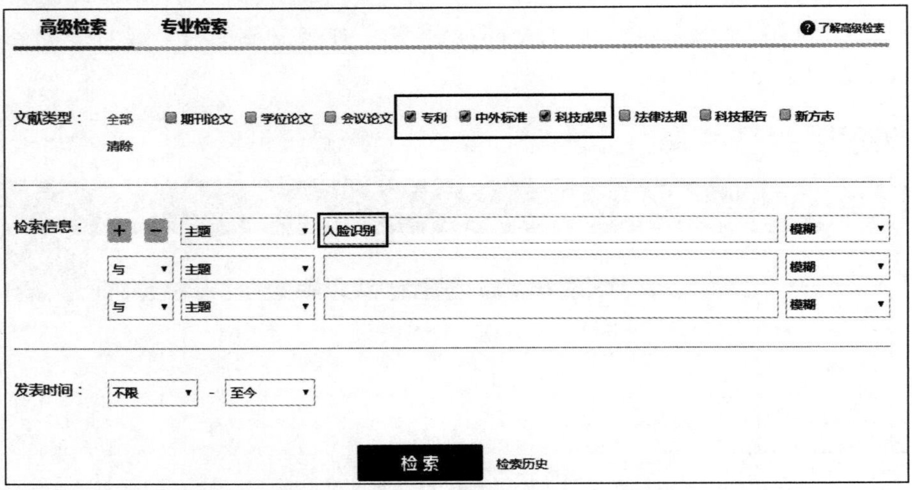

图 5-35　万方跨库高级检索

步骤 2：检索后找到 3746 条结果，其中专利 3605 条，科技成果 123 条，标准 18 条。将检索结果按年份划分，2018 年 160 条，2017 年 1039 条，2016 年 776 条，如图 5-36 所示，还可以单击年份右侧的"展开"按钮，查看更多年份的文献情况。

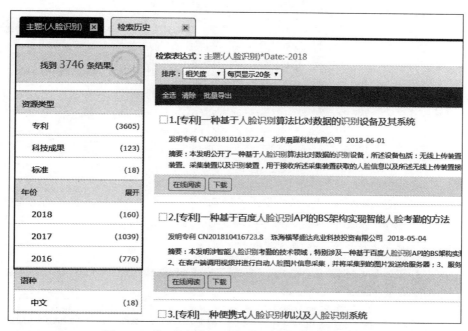

图 5-36　关于"人脸识别"3 种文献类型的检出结果

步骤 3：查看专利类型的文献。单击资源类型下的"专利"，页面中增加了限定条件"专利"，如图 5-37 所示，因为 3605 条数量太多，所以先重点查看 2018 年的专利，单击"2018"。

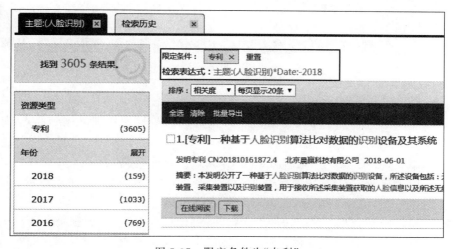

图 5-37　限定条件为"专利"

步骤 4：此时限定条件为"专利""2018"，找到 159 条文献，单击排序框右侧的向下箭头，选择排序方式为"被引量"，如图 5-38 所示，单击前 8 条文献左侧的复选框，单击"批量导出"按钮。

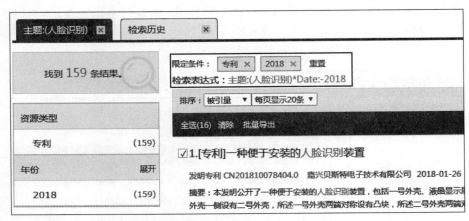

图 5-38　筛选 2018 年的专利并按被引量排序

步骤 5：在文献导出页面，单击"参考文献格式"，可按参考文献格式呈现所导出的文献，如图 5-39 所示。单击"复制"按钮，可将这 8 条文献复制到剪贴板，粘贴到 Word 文档中；或分别选中这 8 条参考文献，也可复制到剪贴板。

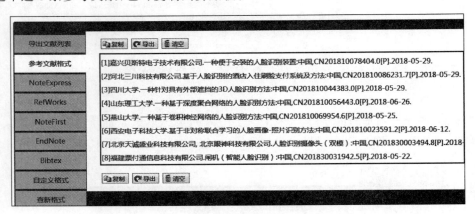

图 5-39　按参考文献格式导出

步骤 6：在文献导出页面，单击"自定义格式"按钮，并选中所有字段，可将每条专利的所有字段信息呈现出来，同样可将其复制粘贴到 Word 文档，以便详细阅读和筛选，如图 5-40 所示。

别外还有查新格式，查新格式给出了专利说明、摘要等信息，便于了解这些专利更为详细的信息，方便用户阅读摘要，以判定其是否符合需求，如果符合需求，可进一步下载专利说明书。

步骤 7：单击"专利""2018"旁边的"×"按钮，关闭此次筛选，可回到第一次检索结果页面，如图 5-41 所示。仿照上次筛选，单击"科技成果"，排序方式选择"发表时间"，可按发表时间的降序排序，同样选中前 8 条文献，将它们导出，并保存在 Word 文档中。

步骤 8：单击"科技成果"旁边的"×"按钮，关闭此次筛选，回到第一次检索结果页面，同理，单击"标准"，排序方式选择"发表时间"，可按发表时间的降序排序，同样选中前 8 条文献，将它们导出，并保存在 Word 文档中。

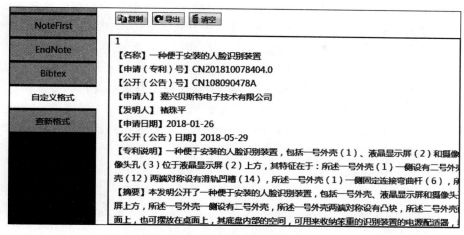

图 5-40　自定义格式的专利文献

图 5-41　单击"×"按钮关闭此次筛选

总结：此次检索发现关于人脸识别的专利多达 3000 多条，科技成果 100 多条，标准 18 条，说明该领域已经有很丰富的研究和比较成熟的技术。检索过程中查看了这 3 类文献，得到了较为充足的文献信息，并对最新的且引用最多的文献进行了导出，保存到 Word 文档，以方便进一步阅读和筛选。

5.3　超星平台

北京世纪超星信息技术发展有限责任公司（简称"超星"）成立于 1993 年，是我国较早从事纸质资料数字化以及制作电子出版物的公司之一，在档案数字化、图书数字化、学术资源数字化方面处于行业领先地位，建设有多种文献类型数据库资源，并依托文献数据资源，提供了一系列的知识利用和检索平台产品，同时在精品课、视频课、公开课、MOOC、SPOC 领域开发多种产品，建有中国高校教学管理平台、移动教学平台、智慧教务系统等，为通识教育、智慧教学、公共文化提供整体解决方案。

5.3.1　超星平台资源及服务

超星拥有以下知识利用和检索平台产品。

（1）超星发现。超星发现系统以超星的数十亿海量元数据为基础，利用数据仓储、资源整合、知识挖掘、数据分析、文献计量学模型等相关技术，将复杂异构数据库群集成集合，实现了统一、精准、高效的学术资源搜索系统。超星发现还提供聚类、引文分析、知识关联分析等增值服务，实现学术文献深度知识挖掘、全方位的知识关联服务。

（2）读秀学术搜索。读秀学术搜索是超星集团全资子公司——北京世纪读秀技术有限公司研发的文献搜索及获取服务平台，其后台是由海量全文数据及资料等基本信息组成的超大型数据库，能够为用户提供265万种中文图书书目信息、240万种中文图书原文、12亿页全文资料的信息，并且数据还在不断增长。读秀学术搜索为用户提供深入的内容章节及全文搜索、文献试读、参考咨询、文献传递等多种功能，并且实现了馆藏纸质图书、电子图书在同一平台的统一搜索、获取等服务。

（3）超星数字图书馆。超星数字图书馆资源涉及文学、经济、计算机等50余大类，拥有数百万册电子图书，其中有大量珍本善本、民国图书等稀缺文献资源，拥有大量国外图书出版机构的数字化业务，并拥有500万篇论文，全文总量13亿余页，数据总量达100万GB，数据量还在不断更新。超星数字图书馆提供大量免费电子图书，拥有超16万集的学术视频，是目前世界最大的中文在线数字图书馆之一。

超星数字图书馆提供电子图书资源阅读服务，超星阅读器（SSReader）是超星推出的一款电子书阅读及下载管理的客户端软件，通过该软件可以方便地阅读超星数字图书，并可以下载到本地阅读。超星阅读器支持下载图书离线阅读，并支持其他图书资料导入阅读，支持的图书资料文件格式有PDG、PDZ、PDF、HTM、HTML、TXT等多种常用格式，其中PDG电子图书格式是专为超星数字图书馆设计的图书格式。超星阅读器内嵌数字图书馆资源列表，拥有超过40万种图书，可以帮助用户方便准确地查找图书，本地图书馆列表方便用户管理已下载的图书。超星阅读器集成了书签、标记、资源采集、文字识别等功能，提供多种个性化设置。

（4）百链云图书馆（简称"百链"）。百链是超星推出的新一代图书馆资源解决方案及共建共享方案。百链有内容丰富的全文资源，实现286个中外文数据库系统集成，其中收录中文期刊8100万篇元数据，外文期刊如Science、SpringerLink、EBSCO和ASCE等数据库16 523万篇元数据，在全国已建立联合分中心70个，应用的图书馆超过900多家，百链为读者提供资源补缺服务。目前，百链使用用户登录模式，个人认证用户或机构用户可以登录。

从百链可以获取的文献包括纸本和电子资源，如中外文图书、期刊、论文、标准、专利和报纸等，用户还可以通过文献传递方式获取图书馆没有的文献资料。百链可以检索到来自世界各图书馆的学术资源，提供所查找文献来源地信息，并且显示相关可提供服务的图书馆名单和可提供全文服务定位链接，通过原文链接或所在图书馆的馆际传递服务，获取所需文献或服务。百链通过元数据仓储数据与用户本地资源分布建立定位链接，能够完成学术资源的一站式检索，能够实现本馆与其他馆的互联互通、共建共享，最终通过原文链接和云服务模式，帮助用户找到所需资源。

（5）超星移动图书馆。超星移动图书馆是现代图书馆移动服务平台，为用户提供搜索、阅读数字信息资源、自助查询等服务。借助于无线通信网络，用户可在手机、iPad等移动终端设备上通过App软件访问超星移动图书馆，随时随地使用其提供的数字信息资源和服务。

超星平台相关网址如下：
超星发现　　　　　　　　　　http://ss.zhizhen.com/
　　　　　　　　　　　　　　http://www.zhizhen.com/

读秀学术搜索	http://www.duxiu.com/
超星数字图书馆	http://www.sslibrary.com/
百链云图书馆	http://www.blyun.com/
超星移动图书馆 App 下载	http://m.5read.com/app.html

5.3.2 超星平台文献检索

超星发现、读秀学术搜索都是综合性检索平台，它们虽然在功能和风格上有所不同，但使用方式比较类似，都提供了一框式检索，还可以通过在结果中检索、资源类型分类、年份分类等方式，逐步锁定精准的目标，降低了检索的难度。它们也都提供了高级检索、专业检索，使检索目的明确的用户能快速准确地检索到所需要的文献。超星发现和读秀学术搜索两款产品有交集，也有所不同，所涵盖的主要数据库类型是一致的。超星发现含有"问答""新闻"等类型文献，读秀提供了一些学术文献挖掘工具。

1. 超星发现文献检索

"超星发现"的主页界面简洁，提供了多库检索和单库检索。其中，"全部"是一种默认的多库检索方式，输入一个检索词后，可一次性地检索以下类型的参考文献：期刊（外文期刊、学术期刊、大众期刊）、图书（电子书、图书全文、图书章节）、学位论文（硕士论文、博士论文）、会议论文、报纸、专利、标准、视频（大众视频、学术视频）、新闻、试题库、故纸堆、课件、问答、法律法规等。

检索框上方的"期刊""图书"等标签则是进入单库检索的入口，单击某一个标签，可以进入该文献类型检索页面，如图 5-42 所示。

图 5-42 "超星发现"的首页检索框

"超星发现"也可以自定义多库检索，由用户在 20 多种文献库中选择所需的文献库，进行自定义多库检索。

当用户对某一种文献类型进行检索时，如"期刊"，"超星发现"提供"在结果中检索""高级检索"来进一步提高检索的精准度，并提供多种检索字段供用户选择，如图 5-43 所示。

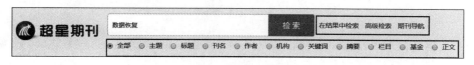

图 5-43 超星期刊检索

2. 读秀学术搜索文献检索

"读秀"学术搜索提供知识、图书、期刊、报纸、电子书、专利、标准、音视频、百科、词典、学位论文、会议论文、课程、文档、考试、虚拟咨询、政府信息等类型的文献检索。其主页界面也提供一框式检索,提供了两个搜索按钮,一个是"中文搜索",一个是"外文搜索",只需要输入一个关键词,选中某一种文献类型,单击"中文搜索"按钮或"外文搜索"按钮,即可搜索相应文献。

"读秀"学术搜索的主页搜索实际上是多库检索。如果选中检索框上面的某一个文献类型的库,则会在检索结果页面的正中间呈现此类型文献,同时也在其他库中检索,其结果呈现在右侧小区域,如图5-44所示。

图5-44 非选中库的检索结果在右侧显示

当用户对某一种文献类型进行检索时,如"图书","读秀"学术搜索提供"在结果中检索""高级检索"来进一步提高检索的精准度,还提供多种检索字段供用户选择,如"书名""作者""主题词""丛书名""目次"等,如图5-45所示。

图5-45 图书的检索字段

"读秀"学术搜索的检索结果页面会给出本次检索找到的文献数量以及所用的搜索时长,如图5-46所示。

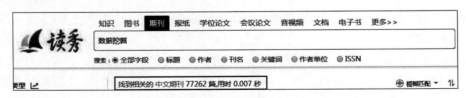

图5-46 "读秀"学术搜索的期刊检索

"读秀"学术搜索还提供检索词的共现词,如"数据挖掘"的共现词有"关联规则""数据仓库""决策树""大数据""聚类"等,如图5-47所示。

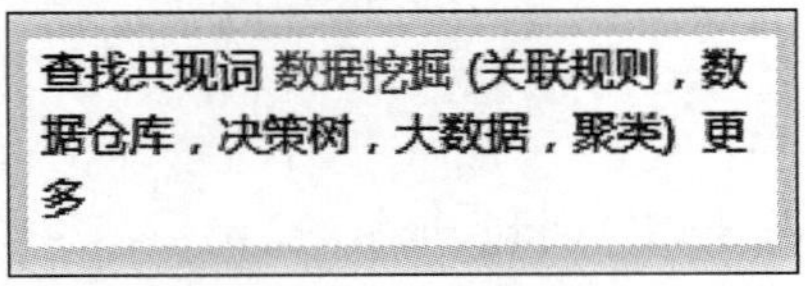

图5-47 "数据挖掘"的共现词

案例 5-10：寻找一个问题的解决方案并获取学习资料

题目：某高校计算机专业学生小吴很想钻研一下数据恢复技术,因为他自己和身边的同学都遇到过硬盘或 U 盘不能读取的问题,而这些存储设备存有大量重要数据,他们常因数据不能读取而非常懊恼。小吴想解决这些问题,并结合所学专业寻找研究活动的方向,于是对数据恢复技术文献进行查找,并广泛搜集资料。

分析：该同学的检索目的是学习硬盘或 U 盘等外部存储设备数据恢复技术,因而他要了解的相关主题有：外部存储设备不能读取的故障原因,存储设备相关原理,数据恢复软硬件工具,数据恢复技术,数据恢复案例等。需要查找的文献类型包括：图书、期刊论文、学位论文、视频、课程、讲稿等。涉及的关键词：数据恢复、存储设备、移动硬盘、硬盘、U 盘、数据恢复原理、数据恢复工具、数据恢复案例等。超星发现提供了丰富的文献资源,可以在一个页面呈现多种类型文献检出结果,方便用户浏览,所以该同学选择"超星发现"来完成此任务。

步骤 1：登录"超星发现",网址为 http://www.zhizhen.com/,在检索框中输入"数据恢复",文献类型选择"全部",如图 5-48 所示,单击"搜索"按钮。

图 5-48　在"超星发现"主页界面输入"数据恢复"

步骤 2：检索结果如图 5-49～图 5-51 所示。

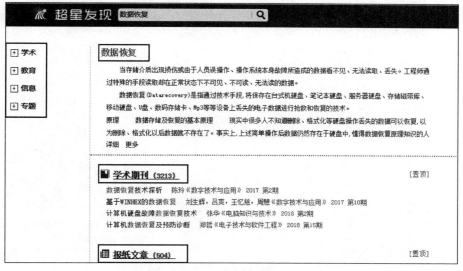

图 5-49　数据恢复检索结果截图之一

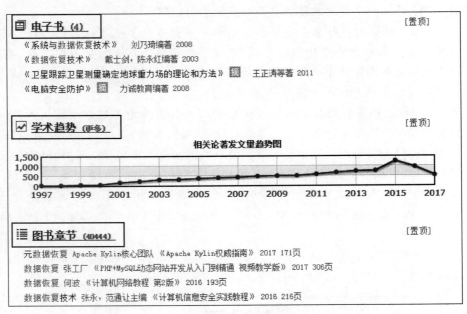

图 5-50　数据恢复检索结果截图之二

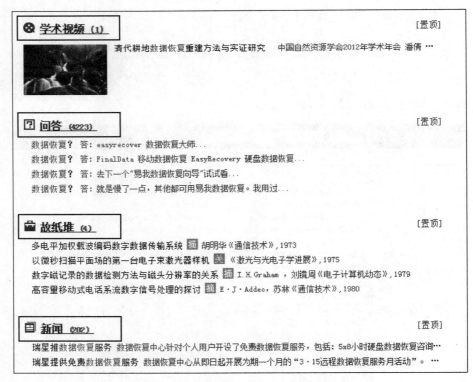

图 5-51　数据恢复检索结果截图之三

（1）检索结果如图 5-49 所示，第一条检索结果是关于"数据恢复"的内涵说明。下面列出了"学术期刊（2312）"及 4 条代表文献，其含义是此次检索找到关于数据恢复的学术期刊类型文献 2312 篇,应该注意的是,这个数据是动态的,不同时间的检索结果可能会不一样,因为数据库存储的文献量随时间推移而逐步增长,此处仅列出了 4 条文献作为代表,如果要查看更多的学术期刊文献,单击"学术期刊(2312)"这个标题,即可浏览更多的关于数据恢复的学术期刊检索结果。"报纸文章(504)"的含义是此次检索到了 504 条报纸文献。

(2)此次检索还给出了电子书、学术趋势、图书章节、学术视频、问答、故纸堆、新闻、图片、图书书目、图书全文、博士论文、硕士论文、会议论文等检索结果,如图 5-50 和图 5-51 所示。

步骤 3:检索结果可以通过左侧的折叠目录来查看,如图 5-52 所示。

单击"学术"左侧的"＋"可展开"学术"包含的子类,此时,"学术"左侧的"＋"变为"－",单击"－"时,"－"则变为"＋",这是一个循环切换按钮,能在"＋""－"两者之间不断切换。"学术"的子类有"全部""电子书""学术期刊""图书书目""图书章节"等类型,单击某一个类型,即可进入该类型文献的查看页面。最下端还有"教育""信息""专题"类,它们的左侧都有一个"＋",其查看方式与"学术"类似。因为步骤 1 是对"全部"文献进行检索,所以当前页面显示的就是全部类型的文献。

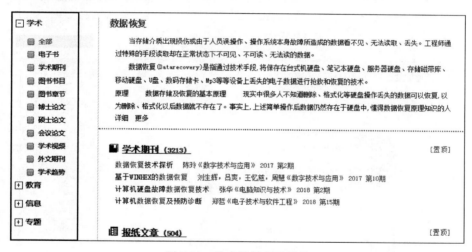

图 5-52 检索结果折叠目录

步骤 4:单击页面最上端的"数据恢复",进入"百科"页面,列出了"顶尖数据恢复软件""手机数据恢复""远程数据恢复"等内容,还可查看更多,如图 5-53 所示。由于该同学的检索目的是学习数据恢复技术,因此可通过重点查看"百科"页面的内容,对数据恢复技术作全面认识。

步骤 5:单击"电子书",找到电子书资源 4 条,可以单击每条进行阅读,如图 5-54 所示。选中某条文献左侧的复选框,然后选择页面左下端的"导出所选结果",可以导出文献,并以 Word 文档格式保存,如图 5-55 所示。

步骤 6:浏览"问答",如图 5-56 所示,单击第一条问答,呈现问题"我今天想把电脑里的文件复制到 U 盘里,采用直接拖拉的方式,没想到电脑里和 U 盘里的文件都不在了,那个文件还可以恢复吗?",其答案为"FinalData 移动数据恢复,EasyRecovery 硬盘数据恢复",如图 5-57 所示,这些问答是其他用户对该主题中的问题的解答,通过翻阅这些问答,也可以帮助该同学解决问题。

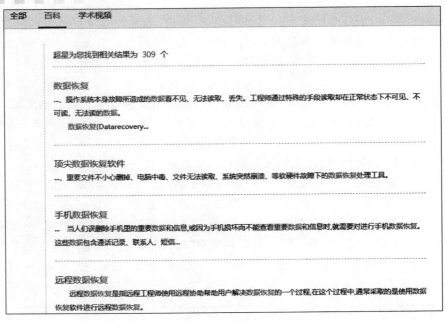

图 5-53　数据恢复相关的"百科"

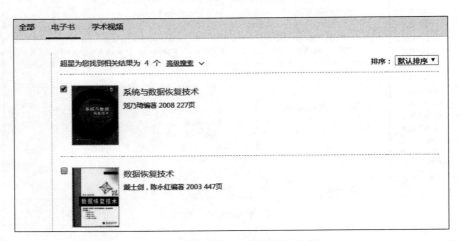

图 5-54　数据恢复相关的"电子书"

图 5-55　对选中的电子书导出文献并以 Word 文档格式保存

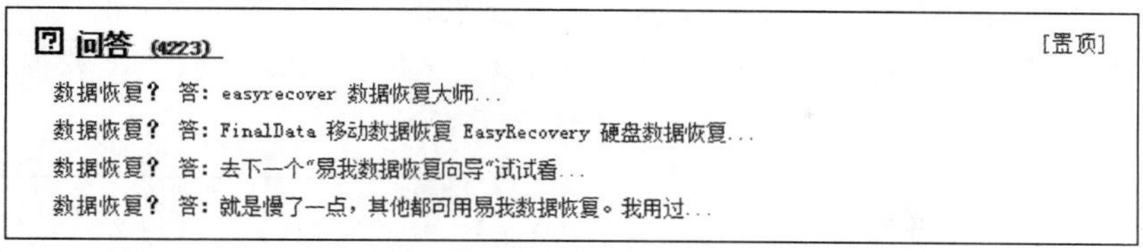

第5章 典型数据库检索平台使用

图 5-56　检索出 4233 条"问答"

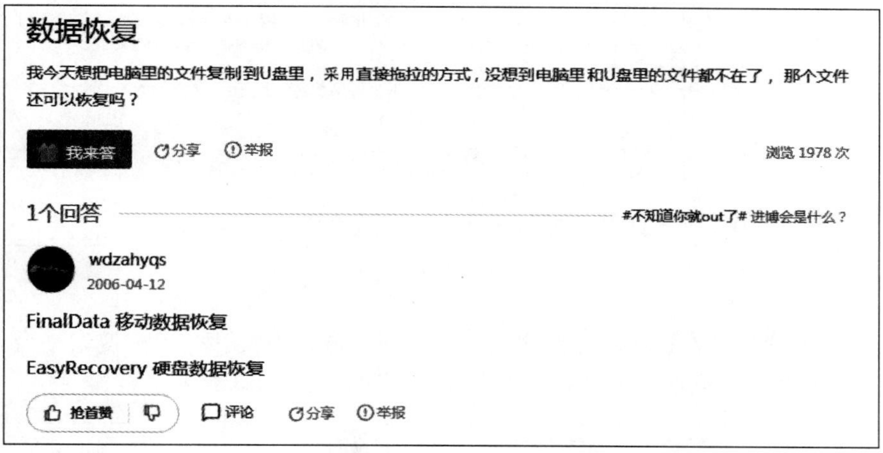

图 5-57　浏览第一条"问答"

步骤 7：浏览"新闻"。如果单击"新闻"标题，可以查看找到的 202 条新闻，如图 5-58 所示。可以单击标题下的某一条新闻，直接打开该条新闻。第一条新闻的发布时间为 2013年，提供了瑞星公司有数据恢复业务的线索，如图 5-59 所示。

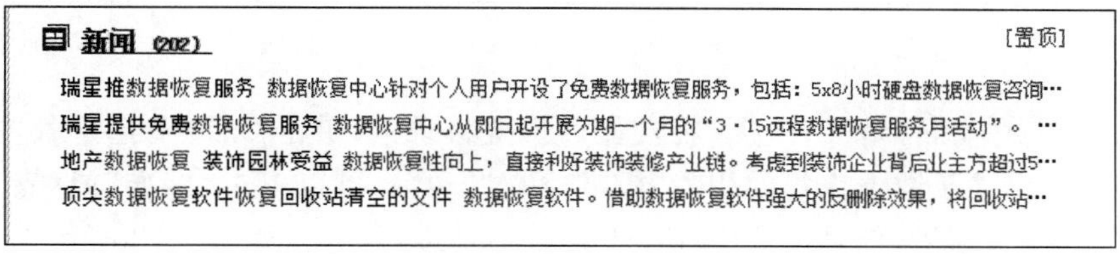

图 5-58　检索出 202 条"新闻"

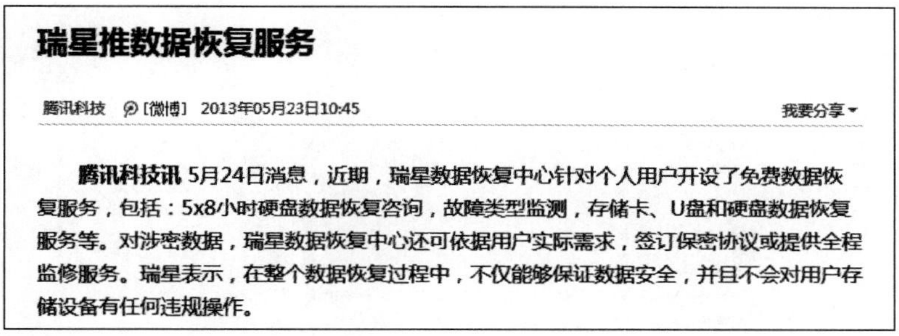

图 5-59　浏览第一条"新闻"

步骤 8：浏览"课件"。检索的目的之一是学习数据恢复技术，课件是一种快速学习材料。在左侧的折叠目录上，单击"教育"，选中其中的"课件"，可显示出关于数据恢复的相关课件，如图 5-60 所示。

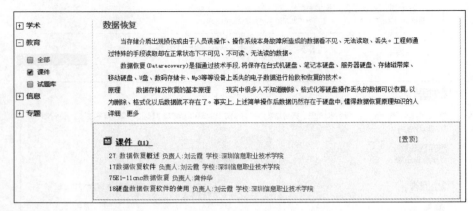

图 5-60　浏览"课件"

单击第一条课件"27 数据恢复概述"后，发现网页链接到"读秀"学术搜索平台，在"获取途径"栏，选择"学习本课程"，可以观看该课程的视频，如图 5-61 所示。

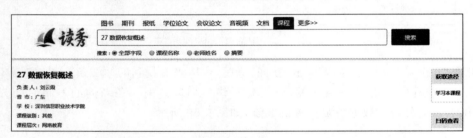

图 5-61　单击第一条课件后链接到读秀学术搜索平台

步骤 9：浏览"标准"和"专利"。在左侧的折叠目录上，单击"信息"，选中其中的"标准""专利"，可显示出关于数据恢复的相关"标准"和"专利"。可以单击"标准"或"专利"这两行标题浏览所有检索结果，也可以选中标题下的某一条进行浏览，如图 5-62 所示。

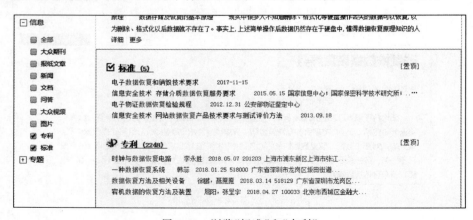

图 5-62　浏览"标准"和"专利"

步骤 10：导出标准文献。单击"标准"，可进入标准浏览页面。选中某条标准前面的复选框，然后单击网页下端的"导出所选结果"，可导出标准文献，以备进一步的阅读使用，如图 5-63 所示，同理，"专利"也可如此操作。

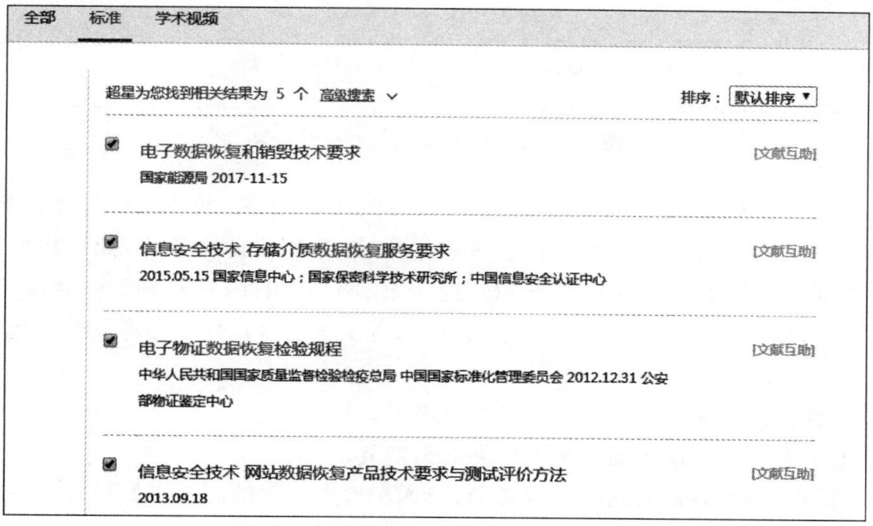

图 5-63　浏览标准并选中需要导出的标准文献

步骤 11：在检索结果的右侧，可以浏览"相关搜索"和"外文"。超星发现根据用户输入的检索词在"相关搜索"栏目中提供了一些相关的主题，为用户提供了一些新的检索思路，用户可以查看并加以利用，只需单击某一条即可进行检索。

"超星发现"根据输入的检索词，能给出相关的外文关键词，通常一个中文的术语可能对应多种英文表达，这一栏目的好处是可以为用户提供中文检索词对应的不同英文关键词。例如，"超星发现"对"数据恢复"术语提供了"data recovery""data recovering""data reconstruction"3 种不同的英文关键词，如图 5-64 所示。单击其中的某一条，如单击"data recovery"，便可以得到此英文关键词的外文检索结果，如图 5-65 所示。

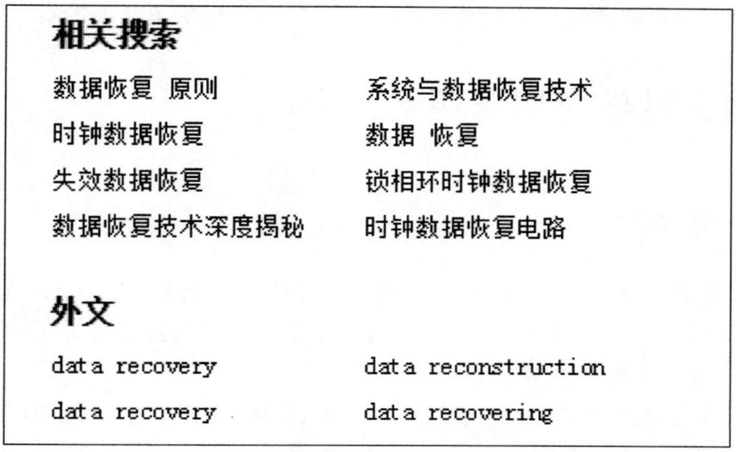

图 5-64　浏览"相关搜索"和"外文"

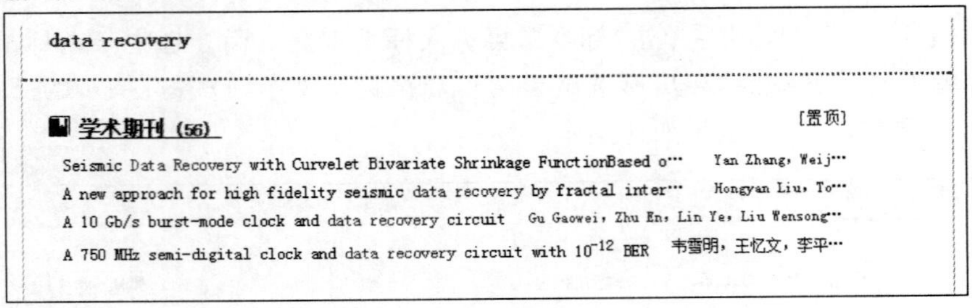

```
data recovery

学术期刊 (56)                                                              [置顶]
Seismic Data Recovery with Curvelet Bivariate Shrinkage FunctionBased o⋯  Yan Zhang, Weij⋯
A new approach for high fidelity seismic data recovery by fractal inter⋯  Hongyan Liu, To⋯
A 10 Gb/s burst-mode clock and data recovery circuit    Gu Gaowei, Zhu En, Lin Ye, Liu Wensong⋯
A 750 MHz semi-digital clock and data recovery circuit with 10⁻¹² BER   韦雪明, 王忆文, 李平⋯
```

图 5-65 "data recovery"的检索结果

总结：本次检索目的是为学习数据恢复的原理、技术、工具、故障分析等查找相关资源。通过此次检索发现，超星发现的"全部"多库检索方式，适用于此次检索，能一次性地检索出关于数据恢复的多种文献类型。其中百科、电子书、图书、课件、视频、问答、新闻等栏目，既能扩大知识面，也有很强的针对性。电子书、图书等文献还可以导出参考文献。此次检索得到的有效结果如下。

(1) "百科"文献，提供了各种类型的数据恢复知识。

(2) "电子书"文献，便于用户系统学习数据恢复。

(3) "问答"文献，对解决问题很有帮助，与本次检索相关的问答正好可以解答该同学的疑惑。

(4) "课件"文献里，深圳信息职业技术学院刘云霞老师的视频课对学习数据恢复理论和技术很有帮助。

(5) "新闻"文献，提供了瑞星公司有数据恢复业务的线索，还提供了其他数据恢复的案例。

(6) "标准""专利"文献对了解行业规则、新技术很有帮助，也能启发用户进行技术创新，开拓研究思路。

(7) "超星发现"还提供"外文"文献检索，能给出中文检索词对应的外文检索词，为获取外文文献提供了一条途径。通过外文文献检索，能获取更广泛的信息，从而找到有利用价值的外文文献。

通过以上步骤，获取的这些文献为解决数据恢复问题提供了全面的资料。

5.4 其他文献信息服务平台

5.4.1 维普网

维普网，原名维普资讯网，是我国知名的中文科技期刊论文搜索平台，是重庆维普资讯有限公司所属的综合性文献服务网站，该公司成立于1995年，其前身为1989年成立的中国科技情报所重庆分所数据库研究中心。

维普网主要资源为《中文科技期刊数据库》，收录66 186 265条文献，中文期刊14 600余种，其中现刊9456种，核心期刊1973种，文献总量6600万余篇，回溯年限至1989年，部分期刊回溯至创刊年，中心网站每日更新。文献涉及医药卫生、机械工程、自动化与计算机技术、化学工程、经济管理、政治法律、文学艺术等 35 个学科大类,457 个学科小类。

1. 中文期刊服务平台

中文期刊服务平台是在《中文科技期刊数据库》基础上研发而来,面向教、学、产、研等多场景应用的期刊大数据服务平台。平台提供数据检索应用基础服务、数据挖掘与分析特色服务,检索方式有简单检索、高级检索、检索式检索等方式。平台提供期刊导航、期刊评价报告、期刊开放获取等功能,其中期刊导航提供学科分类检索、按字母顺序查找期刊、关键词查找 3 种期刊查找方式。维普中文期刊服务平台网址为 http://qikan.cqvip.com。

2. 维普期刊资源整合服务平台

维普期刊资源整合服务平台(http://lib.cqvip.com)是中文期刊资源一站式服务平台,其特点是以传统文献检索为基础,提供具有高端分析价值的精细化增值服务。该平台提供期刊文献检索、文献引证追踪、科学指标分析、高被引析出文献、搜索引擎服务 5 大模块。

(1) 期刊文献检索模块的数据源是《中文科技期刊数据库》,除了提供传统的检索功能外,还新增了文献传递、检索历史、参考文献、基金资助、期刊被知名国内外数据库收录的最新情况查询、查询主题学科选择、在线阅读、全文快照、相似文献展示等功能。

(2) 文献引证追踪模块采用科学计量学中的引文分析方法,对文献之间的引证关系进行深度数据挖掘,除提供基本的引文检索功能外,还提供基于作者、机构、期刊的引用统计分析功能,可广泛用于课题调研、科技查新、项目评估、成果申报、人才选拔、科研管理、期刊投稿等用途。

(3) 科学指标分析模块采用科学计量学有关方法,以维普中文科技期刊数据库近 10 年的千万篇文献为计算基础,对我国近年来科技论文的产出和影响力及其分布情况进行客观描述和统计,通过引文数据分析揭示国内近 200 个细分学科的科学发展趋势、衡量国内科学研究绩效,适用于课题调研、科技查新、项目评估、成果申报等用途,有助于显著提高用户的学习研究效率,是具有高端分析价值的精细化产品服务。

3. 知道科技文献服务系统

知道科技文献服务系统(http://zhidao.cqvip.com)提供期刊论文、博硕论文、会议论文、科技报告、产品样本、标准、政策法规、专利等文献类型的检索,包含 3 亿专业资源,提供了简单检索、高级检索、检索式检索等多种检索方式。

5.4.2 SpringerLink 学术资源平台

SpringerLink(施普林格)系统(https://link.springer.com/),是施普林格·自然(SpringerNatwre)科技出版集团的学术资源平台,提供学术期刊及电子图书的全文在线服务。Springer 集团于 1842 年始建于柏林,拥有 170 多年的历史,是全球最大的科学、技术和医学类图书出版商和学术期刊出版商之一,在全球 20 多个国家或地区设立了 60 余家分支机构。Spirger 拥有高质量资源,有 180 多位诺贝尔奖得主、50 多位费尔兹奖得主与 Springer 合作出版图书专著或发表文章,文献每天都在更新。

1. SpringerLink 主要资源

(1) 电子期刊。Springer 出版 1900 多种经同行评议的学术期刊,大部分拥有自 1996 年以来已出版的期刊内容,对 1996 年以前的期刊将逐步开通。Springer 中的大多数全文电子期刊是国际重要期刊,其中 72% 为 SCI 源刊,它是科研人员的重要信息源。

(2) 电子图书数据库。电子图书数据库包括各种图书产品,如专著、教科书、手册、地图集、参考工具书、丛书等。其电子参考工具书均由居于领军地位的科学家和具有全球视角的专家所撰写,并由专家组成的编辑委员会管理。

(3) 在线回溯数据库。在线回溯数据库包括电子期刊和电子丛书两个子库。

(4) Springer Protocols 实验室指南。

2. SpringerLink 主页

SpringerLink 主页分成 3 个部分:①搜索功能区,包括搜索框和高级搜索按钮;②浏览功能区,可以浏览学科目录及子目录;③信息呈现区,根据用户资料提供的相关内容。如图 5-66 所示。

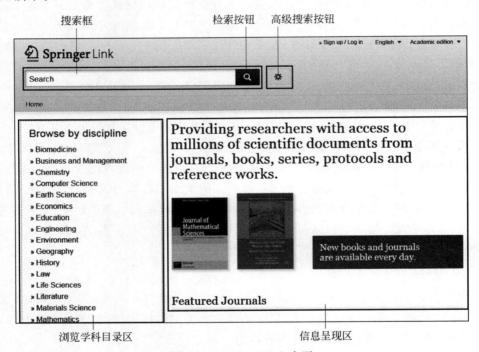

图 5-66 SpringerLink 主页

主页左侧的"Browse by discipline"给出了 SpringerLink 的学科列表,单击某个学科即可进入该学科的页面。学科下还有对应的子学科。表 5-2 给出了 SpringerLink 学科目录区的学科名称中英文对照表。

表 5-2 学科名称中英文对照表

英文	中文	英文	中文
Biomedicine	生物医学	Business and Management	商业与管理
Chemistry	化学	Computer Science	计算机科学
Earth Sciences	地球科学	Economics	经济学
Education	教育	Engineering	工程
Environment	环境	Geography	地理

续表

英文	中文	英文	中文
History	历史	Law	法律
Life Sciences	生命科学	Literature	文学
Materials Science	材料科学	Mathematics	数学
Medicine & Public Health	医学与公共卫生	Pharmacy	药剂学
Philosophy	哲学	Physics	物理
Political Science and International Relations	政治科学和国际关系	Psychology	心理学
Social Sciences	社会科学	Statistics	统计

3．SpirgerLink 简单检索

在检索框中输入检索词"data recovery"，找到 662 901 条结果，如图 5-67 所示。可以利用筛选区的工具对搜索结果进行筛选。

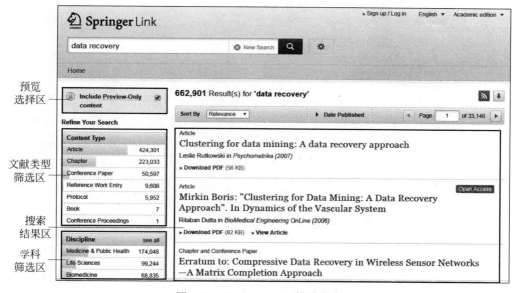

图 5-67　SpringerLink 简单检索

搜索结果页面分为左右两部分，左边为筛选区，右边为搜索结果。

（1）预览选择区的右侧有一个小方框，它被勾中表示检索时将用户使用权限以外的数据库中相关文献也呈现出来以供预览；不被勾中时，只会呈现用户使用权限以内的文献。

（2）文献类型筛选区提供文章、章节、会议论文、参考工具书条目、实验室指南、图书、会议论文集等文献类型，每个类型后面有一个数字，表示该类型文献检出数量。单击某个类型，会在搜索结果区呈现该类型相关文献。

（3）学科筛选区列出与检索词相关的学科，每个学科后面有一个数字，表示该学科文献检出数量。单击某个学科，会在搜索结果区呈现该学科相关文献。另外，还有子学科筛选、语言类型筛选等筛选方式。

（4）搜索结果区呈现检索到的文献信息，每一条信息包含以下内容：文献类型、文献标题、文献描述、所列文献的作者、文献在何处以何种产品形式出版、全文以 PDF 格式下载或以 HTML 格式浏览等。

习题 5

1. 请从以下课题中选择一项，使用中国知网进行文献检索。要求：①写出检索式；②分别使用一框式检索、高级检索进行检索；③通过二次检索、分组浏览、排序等工具，锁定精准的检索目标；④选择合适的文献类型，如期刊论文、学位论文、会议论文、成果、专利等；⑤使用两种格式导出参考文献，并保存于 Word 文档和 Excel 文档中；⑥总结此次检索活动。

（1）智能软材料柔性机器人中的关键力学研究

（2）航空燃料及成品油新型抗静电剂国产化关键技术研究

（3）基于视觉识别和光学检测的高通量水果分选机

（4）文化自信视角下小学国学教育的问题与对策研究

（5）股票市场价格预测应用研究

（6）基于人工神经网络的函数逼近方法及其 MATLAB 实现

（7）环境污染问题现状及解决方案

2. 某同学打算设计一款自来水净化装置，需要检索文献，请分析文献需求，列出所需文献类型，写出检索式，选择文献检索平台（从中国知网、万方数据、超星平台等文献检索平台中选择一种或多种）进行检索，对检索到的文献选择合适的方式导出参考文献，最后总结此次检索活动。制作一份 Word 文档记录检索过程，展示报告并交流讨论。

3. 自选文献信息服务平台，从以下课题中选择一项，查找至少 3 种类型的文献并导出参考文献。

（1）大学生就业能力提升机制及其实现路径研究

（2）大学生个性化就业指导应用研究

（3）学生党支部建设研究

4. 选用适当的检索工具，查找以下法律。

（1）《中华人民共和国进出口商品检验法》（2018 修正）

（2）《中华人民共和国国家情报法》（2018 修正）

（3）《中华人民共和国农民专业合作社法》（2017 修订）

5. 选用适当的检索工具，查找以下法规。

（1）《国家建设征用土地办法》

（2）《国务院关于调整获利较大的经济作物的农业税附加比例的规定》

6. 查找您家乡的地方志。

7. 在中国知网高级检索页面中，通过文献分类目录，查找基础数学下"初等几何"主题的中文文献，并选择导出 5 篇。

8. 选择一项自己关注的主题，在中国知网高级检索页面中，通过文献分类目录，查找相关的文献，并选择导出 5 篇。

9. 查找"恐龙化石"有关的百科知识。

10. 查找"冰川"有关的百科知识。

11. 在 SpringerLink 中检索"book"类文献《Contemporary Technologies in Education》。

12. 检索有关"Hadoop 生态系统"的期刊论文、书籍、学位论文、会议论文、外文文献,并导出参考文献,保存于 Word 文档中。

第 6 章 期刊文献检索与期刊评价

学习导引

本章介绍了期刊文献检索步骤、调整检索效果的方法、期刊主要定量评价指标、国内外权威机构核心期刊(或来源期刊)遴选体系、文献引证关系及其作用、引文网络等内容,并提供了期刊文献检索案例。

期刊文献是日常学习、论文写作、科研等活动中用得较多的一种文献。熟练掌握期刊文献检索能为学习或研究工作提供极大便利。

高质量的期刊文献检索应能在庞大的期刊文献中找到与检索目标高度契合的文献,但检索的资源是未知的、庞大的,检索工作需要尝试进行,通常通过扩大检索、缩小检索,限定时间范围、数据库范围、期刊类型、基金类型等方法可使检索结果更为精准。检索之前,分析检索任务是提高检索全面性和精准性的必要工作。

具有引证关系的文献构成一个引文网络,引文网络对研究者搜集文献,找到相关机构和相关作者,了解学科发展的脉络等提供支持。各大文献检索平台一般会提供引文分析工具,用户应充分利用这些工具。

了解期刊质量评价指标、国内外权威机构核心期刊(或来源期刊)遴选体系,有助于研究者找到与自己研究方向相关的重要期刊,了解期刊的学科影响力。

学习目标

了解

期刊主要定量评价指标;期刊引证报告;中国科技期刊引证报告;

CSSCI、CSCD、《中文核心期刊要目总览》、CSTPCD、SCI、EI 等权威机构核心期刊(或来源期刊)遴选体系;

文献引证关系的概念和作用;引文网络;参考文献;引证文献;二级参考文献;二级引证文献;共引文献;同被引文献。

掌握

文献检索步骤;扩大检索与缩小检索的常用方法;

分析检索需求,写检索式,筛选检索结果,找重点文献,总结评价检索活动;

期刊文献检索中限定时间范围、数据库范围、期刊类型、基金类型等方法。

应用

对一个应用研究课题,按照检索步骤进行期刊检索;

使用中国知网的知识网络查找某一篇重点文献的相关文献;

选择一种文献信息服务平台,使用其提供的期刊导航了解期刊信息。

6.1 期刊文献检索

在各种文献信息服务平台提供的资源中,期刊文献在数量上一般占有较大比重。由于期刊具有种类多、信息容量大、发行快等特点,期刊文献往往能较快地反映各领域的最新成果,对创新研究、论文写作等都极具参考价值。一般地,学位(学士、硕士、博士)论文引用的参考文献中期刊文献在数量上占多数,并且引用的期刊文献的出版日期离写作日期较近,以保证学位论文追踪到最新的研究成果,使所做的研究工作不至于落伍。因此,各类研究人员需要经常进行期刊文献检索。

6.1.1 文献检索步骤和调整检索效果的方法

在利用文献信息服务平台检索文献时,常会遇到文献检出数量太多或太少的问题。以期刊文献为例,由于期刊发行快、种类多,文献信息服务平台每天或每周更新的期刊文献数量都很大。为了解决检索到的期刊文献数量庞大的问题,各大文献服务平台都提供了文献筛选工具帮助缩小检出文献数量。但是,如果筛选限定太多、研究领域很新或已经成熟,又会出现检索到的文献数量太少的问题。因此,检索者应根据自己的检索目标,选择适当的方法,得到数量适当、内容相符的文献。

1. 检索阶段和步骤

进行一次检索活动一般包含 3 个阶段:①分析检索课题,写检索式;②实施检索,并查看文献、下载文献、导出文献信息;③对检索到的文献进行整理,并审视、评价。具体而言,检索步骤如下。

(1) 分析检索课题,找出检索主题概念,并按其重要性排序,确定限定性关系。

(2) 挖掘与研究内容相关的概念,以保证研究的主要内容被全面检索。

(3) 找到检索概念的近义词、同义词、上位词、下位词。

(4) 确定获取文献的范围,如发表时间、支持基金等。

(5) 写出初步的检索式。

(6) 实施检索,并根据找到文献数量适当调整检索式,然后再次检索。

(7) 当检索到合适的文献后,进行导出文献、下载文献全文等工作,以供参考阅读。

(8) 审视检索过程,对检索到的文献的充分性、全面性有一个清晰的认识。

检索结果的充分性是指找到的文献能够满足研究活动的需要。检索结果的全面性是指从时间、内容、观点等方面,找到的文献能代表研究领域的成果,以保证研究工作有较宽的视野。

除了查找某一具体文献外,如查找某作者的文献、某篇名的文献,大多数情况下,文献检索是查找符合某些条件范围的一批文献,检索往往需要试探性地进行,根据检索结果的情况不断地调整检索方法,因而可能需要多次检索才能检索到符合要求的文献。

2. 扩大检索和缩小检索

扩大检索,是指当检索结果数量太少时,采用一定的方法,扩大文献检索比对范围,增加检索结果数量的检索过程。缩小检索,与之相反,是指当检索结果数量太多时,采用一定的方法,缩小文献检索比对范围,减少检索结果数量的检索过程。

扩大检索常用的方法如下。

(1) 减少检索关键词。关键词越少,则限定条件越松、越宽泛,符合条件的文献就越多,检索结果就越多。

(2) 使用逻辑"或"。对多个关键词或多个检索字段,使用逻辑"或"关系可以增加检索结果数量。

(3) 使用近义词、同义词、上位词、下位词,一般可以使检索结果更加全面。

(4) 选择检索比对范围较大的检索字段。例如,检索字段为"全文",其检索比对的范围就要比"关键词"字段的范围要大。因此,如果仅用一个检索字段进行检索,使用"全文"字段找到的文献数量就要比使用"关键词"字段找到的文献数量要多。

(5) 扩大时间范围、增加检索的文献数据库、增加学科门类等方法,都可以增加检索结果。

缩小检索常用的方法如下。

(1) 增加检索关键词。关键词越多,则限定越精确,符合条件的文献就越少,检索结果也就越少。

(2) 使用逻辑"与"。对多个关键词或多个检索字段,使用逻辑"与"可以减少检索结果。

(3) 使用逻辑"非",也可以排除一部分文献,达到减少检索结果的效果。

(4) 选择检索比对范围较小的检索字段,如"篇名"字段、"关键词"字段等。一篇文献的篇名一般在 20 个字左右,关键词一般不超过 8 个,而文献全文一般有几千字,因而"篇名"字段、"关键词"字段的检索比对范围要比"全文"字段小得多。

(5) 限定期刊类型,如限定期刊为 SCI 来源期刊、EI 来源期刊、核心期刊、CSSCI、CSCD 等。

(6) 缩小时间范围,限定查找的文献数据库、学科门类、来源机构、来源基金等方法,都可以减少检索结果。

6.1.2 期刊文献检索案例

案例 6-1:一项创新设计项目的期刊文献检索

题目:某学生在使用智能手机的时候,发现手机安全存在较大的隐患,如手机病毒、垃圾信息、电话骚扰、隐私窃取等,因而打算利用自己在软件开发方面的特长,设计一款 Android 智能手机隐私管理软件。请你为他的创新设计搜集期刊文献。

分析:仅从创新设计名称上来看,关键词为"Android 智能手机""隐私管理""软件"。但课题还有隐含概念或问题、相关概念、近义词、上位词,还涉及实现技术等方面。

(1) "隐私管理"实际上是包含"安全""隐私安全"含义的,这两个词是隐含在主题中的概念。本研究的起因即研究要解决的问题是"安全隐患",这是课题中隐含的一个问题。

（2）"隐私管理"的核心是"通信管理"，所以"通信管理"是"隐私管理"的相关概念。

（3）"Android智能手机"是必不可少的限定词。如果没有这个限定词，"隐私管理""软件"的范围太宽泛了。

（4）与Android相关的软件开发，有些作者也写为"Android平台"，这个词可以作为近义词。

（5）"手机"是比智能手机更宽泛的词，如果检索结果数量太少，"手机"可替换"Android智能手机"，获得的文献可以作为借鉴。

（6）Android智能手机隐私管理软件涉及软件开发技术，可以检索一些文献用于Android软件开发技术参考。

（7）中国知网收录的国内期刊达8000多种，其种类多，数量大，因而国内文献检索采用中国知网的期刊检索来完成。

（8）英文文献检索采用超星公司产品百链，"读秀"学术搜索也可以链接到百链。

步骤1：检索隐含问题。

（1）在中国知网首页，单击检索框右侧的"高级检索"按钮，进入中国知网高级检索页面，然后单击"期刊"标签，进入期刊文献检索页面。网址为http://kns.cnki.net/kns/brief/result.aspx?dbprefix=CJFQ。

（2）本设计的初衷是要解决安全隐患，虽然直觉上智能手机有很多安全隐患，但一旦要设计软件，还是需要全面了解智能手机的安全隐患。使用检索式1在高级检索页面下进行检索，如图6-1所示，通过检索找到了20条文献。

检索式1：主题＝(Android智能手机 or Android平台)and 安全隐患
　　　　　　发表时间：不限
　　　　　　来源类型：不限

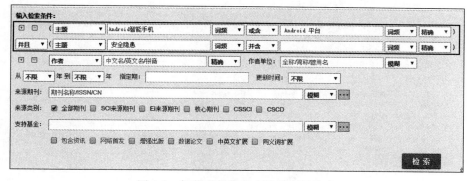

图6-1　智能手机的安全隐患高级检索

步骤2：选择文献并将参考文献保存于Word文档和Excel文档。

（1）单击"被引"，按文献被引用的次数排序。文献被引次数高，在一定程度上可以反映文献的利用价值较高，当然这不是绝对的。第1条文献被引用133次，而第8条文献只被引用7次，后面的就更低了，决定选取前8条文献。

（2）单击前8条文献左侧的方框，如图6-2所示，单击"导出/参考文献"，并在参考文献页面单击"查新(引文格式)"，得到查新格式文献，如图6-3所示。也可以多选一些文献导出，但这会增加文献阅读量。另外，还可以按发表时间或下载量排序，这取决于检索者更关注哪方面的信息。

（3）将查新（引文格式）页面的内容保存于 Word 文档，然后再以"参考文献"格式查看，并将参考文献格式内容导出到 Excel 文档，如图 6-4 所示，方便检索者查看文献题目等信息。以下步骤都对找到的文献做同样的操作，即将参考文献保存于 Word 文档和 Excel 文档中。

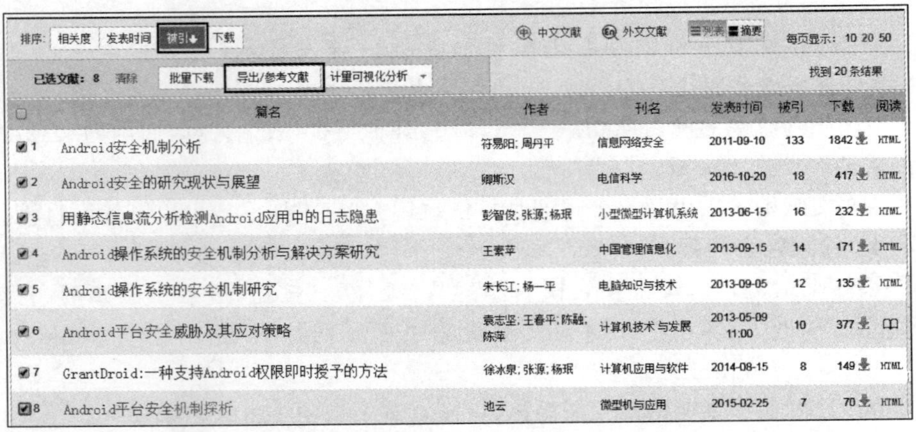

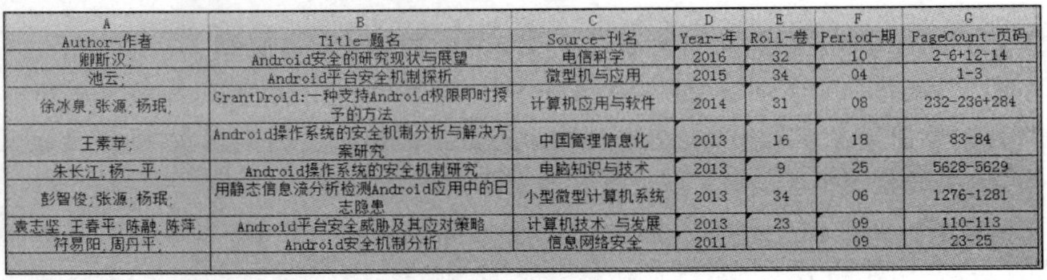

图 6-2　按被引排序并选中前 8 条文献

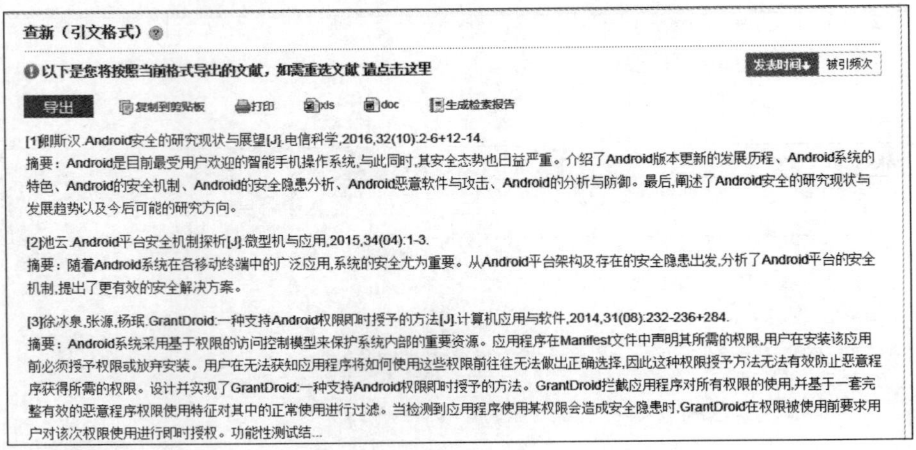

图 6-3　查新（引文格式）

图 6-4　导出到 Excel 文档

步骤 3：限定期刊类型。

使用检索式 2 进行高级检索，与步骤 1 基本相同，不同之处是，将 SCI 来源期刊、EI 来源期刊、核心期刊、CSSCI、CSCD 前面的方框选中，如图 6-5 所示。这 5 类期刊都属于公认的优秀期刊，对论文质量要求高。单击检索后，找到了 4 篇文献，如图 6-6 所示。同样将这些文献导出为查新格式，重点阅读了解。对比步骤 1 和步骤 3，可以发现，被引用最高的一篇，并未发表于上面选中的 5 种重点期刊，这说明普通期刊论文也不应该被忽视。所以，步骤 1 和步骤 3 都是有必要的。步骤 3 中找到的 4 篇文献，有 3 篇与步骤 1 找到的文献是相同的，有 1 篇是不同的。

检索式 2： 主题＝(Android 智能手机 or Android 平台)and 安全隐患
发表时间：不限
来源类型：SCI 来源期刊，EI 来源期刊，核心期刊，CSSCI，CSCD

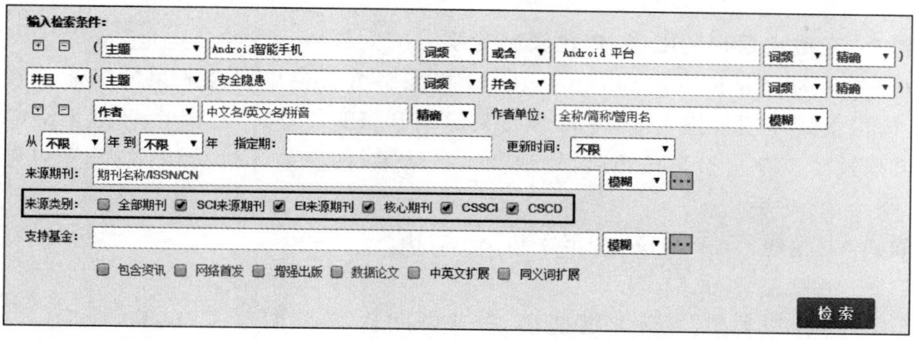

图 6-5　限定期刊来源类别

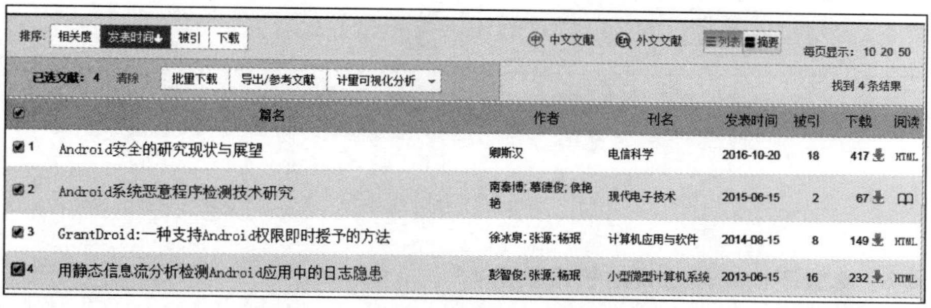

	篇名	作者	刊名	发表时间	被引	下载	阅读
1	Android安全的研究现状与展望	卿斯汉	电信科学	2016-10-20	18	417	HTML
2	Android系统恶意程序检测技术研究	南秦博；慕德俊；侯艳艳	现代电子技术	2015-06-15	2	67	
3	GrantDroid：一种支持Android权限即时授予的方法	徐冰泉；张源；杨珉	计算机应用与软件	2014-08-15	8	149	HTML
4	用静态信息流分析检测Android应用中的日志隐患	彭智俊；张源；杨珉	小型微型计算机系统	2013-06-15	16	232	HTML

图 6-6　限定期刊来源类别找到的文献

步骤 4：在所有期刊范围内，查找领域专家。

(1) 首先，对检索式 3 进行高级检索。检索后找到 6334 条文献，按发表年度分组浏览，发表年度跨度为 2007 年到 2019 年，由于智能手机的出现时间很短，所以检索到的论文最早发表年度为 2007 年，这还是一个崭新的领域。6334 条文献太多了，阅读量太大，这一步可以为查找领域专家做准备。

检索式 3： 主题＝(Android 智能手机 or Android 平台)
发表时间：不限
来源类型：不限

(2) 接下来,查找对 Android 智能手机有突出研究成果的学者。在某一领域进行了长期和深入研究的学者的成果往往具有重要参考价值。

在分组浏览中,单击"作者"标签,如图 6-7 所示,可以看到发文数量前 4 名的作者为李永忠(9)、文伟平(8)、张玉清(8)、周渊平(8),括号里的数字为作者的发文量。单击"李永忠(9)",则检索出 9 篇文献,从标题可以看出与 Android 安全密切相关的文献有 6 篇。这些文献需要重点阅读。同样导出参考文献并保存。此步骤了解了领域专家,同时找到 6 篇文献。

图 6-7　按作者分组浏览

步骤 5:**在重点期刊范围内,查找领域专家**。

(1) 在重点期刊范围内,查找对 Android 智能手机有突出研究成果的学者。在高级检索页面,按检索式 4 填写检索词,并将 SCI 来源期刊、EI 来源期刊、核心期刊、CSSCI、CSCD 前面的方框选中。单击检索按钮后,找到 864 条结果,按发表年度分组浏览,发表年度跨度为 2009 年至 2019 年。

检索式 4:主题=(Android 智能手机 or Android 平台)
　　　　　发表时间:不限
　　　　　来源类型:SCI 来源期刊,EI 来源期刊,核心期刊,CSSCI,CSCD

(2) 按"作者"分组浏览,如图 6-8 所示,张玉清排名第一,单击"张玉清(8)",则检索出该作者的 8 篇文献。这 8 篇文献被引量都比较高,最高的达 249 次,并且有 7 篇与研究课题相关度较高,需要检索者重点阅读。同样导出参考文献并保存。

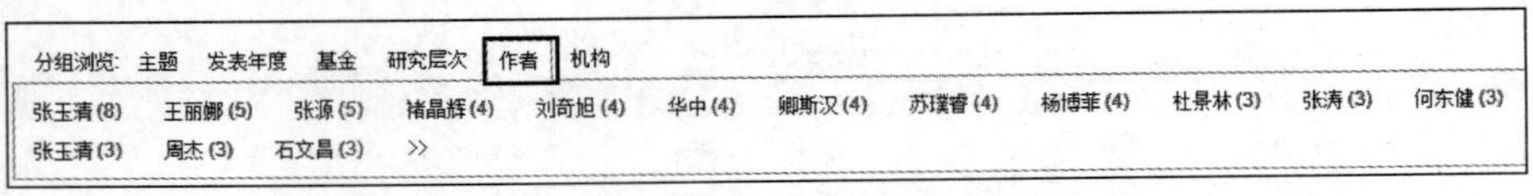

图 6-8　按作者分组浏览

步骤 6:**比较不同字段检索的检索效果**。

根据检索式 5、检索式 6 进行检索,均只找到 1 条文献,如图 6-9 所示。这说明使用"摘要"字段和"关键词"字段的检出结果太少,更换检索字段为"全文"字段,根据检索式 7 检索,找到 26 条结果,单击"被引",按引用量从高到低排序。此次检索词与课题主题概念的契合程度很高,因此可增加导出参考文献数量至 20 篇,并保存。

检索式 5:主题=(Android 智能手机 or Android 平台) and 摘要=(通信管理 or 隐私管理)
　　　　　发表时间:不限
　　　　　来源类型:不限

检索式 6:主题=(Android 智能手机 or Android 平台)and 关键词=(通信管理 or 隐私管理)

发表时间：不限

来源类型：不限

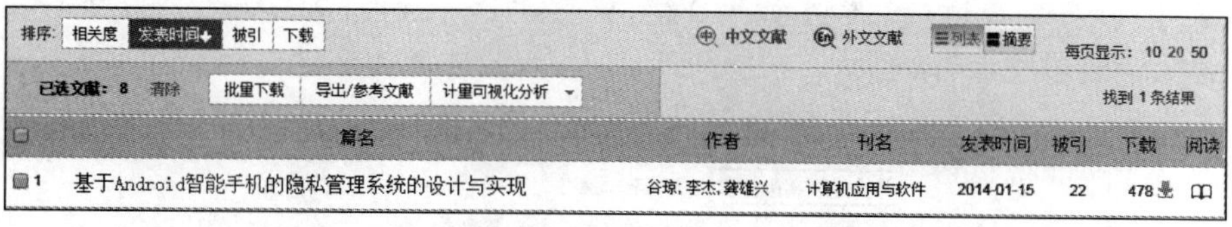

图 6-9　检索式 5、检索式 6 的检索结果

检索式 7：主题＝（Android 智能手机 or Android 平台）and 全文＝（通信管理 or 隐私管理）

发表时间：不限

来源类型：不限

步骤 7：检索与开发技术相关的文献。

本设计项目的主题是 Android 智能手机隐私管理软件，涉及软件开发技术，有必要检索一些文献用于 Android 软件开发技术参考。使用检索式 8 找到了 25 条文献。

检索式 8：主题＝（Android 软件 and 开发技术）

发表时间：不限

来源类型：不限

步骤 8：英文期刊文献检索。

（1）进入"读秀"学术搜索首页，网址为 http://www.duxiu.com/，单击"期刊"进入期刊检索页面，单击检索框右侧的"高级搜索"按钮，进入期刊高级搜索页面，单击"中文期刊高级搜索"右侧的向下箭头，如图 6-10 所示，在弹出的下拉列表中选择"外文期刊高级搜索"，链接到百链外文期刊高级搜索页面，或直接进入网址 http://fjour.blyun.com/advsearchenmag.jsp。

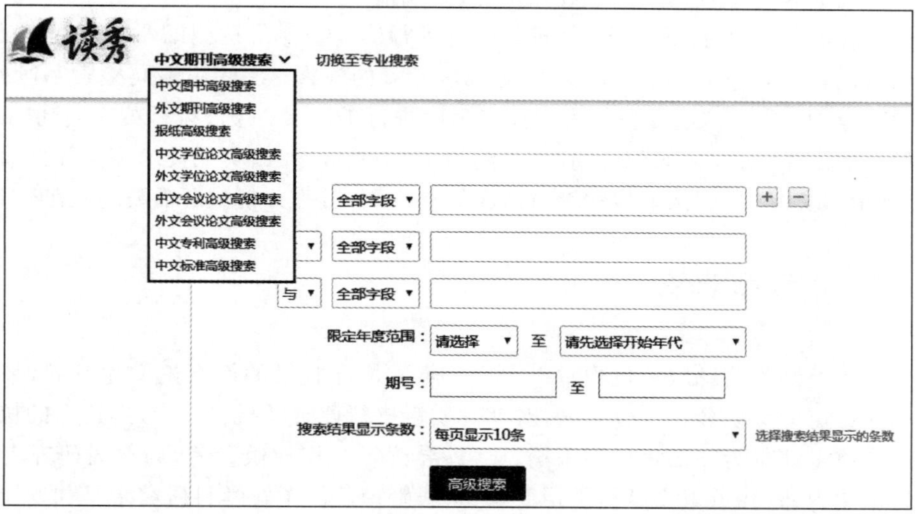

图 6-10　在"读秀"中选择外文期刊高级检索

（2）在第一个文本框中输入"Android platform"，在第二个文本框中输入"Privacy and security"，如图6-11所示，选择不同的检索字段进行检索。其中，检索式9找到412篇文献，检索式10找到0篇，检索式11找到2篇，检索式12找到29篇，如图6-11所示。检索式12找到的文献数量较为合适。

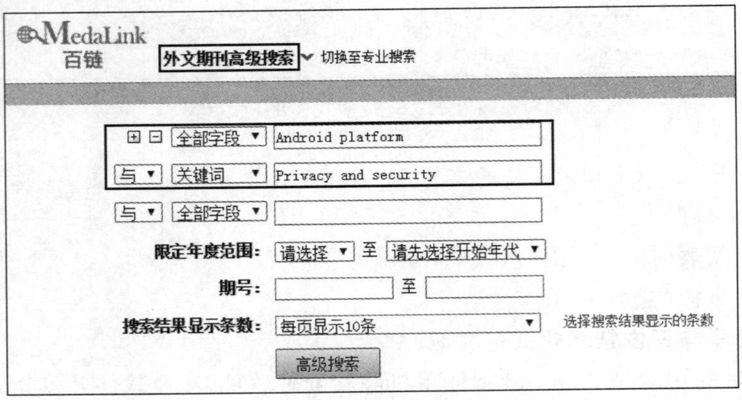

图 6-11 外文期刊高级搜索

检索式9：全部字段＝（（Android platform）and（Privacy and security））
检索式10：标题＝（（Android platform）and（Privacy and security））
检索式11：关键词＝（（Android platform）and（Privacy and security））
检索式12：全部字段＝（Android platform）and 关键词＝（Privacy and security）

（3）以检索式12找到的结果为准，单击前5篇英文文献左侧的方框，然后单击"导出所选记录"按钮，即可导出英文文献并保存，以供查阅。

总结：

此次检索选用中文文献67篇，英文文献5篇，重点选择了国内2位对Android智能手机有突出研究成果的学者，并选用他们的文献13篇。

检索过程如下：①对课题中隐含问题进行了检索；②为了达到缩小检索范围、锁定重点文献的目的，进行了限定期刊类型、限定领域专家的检索；③使用不同检索字段检索，用于扩大检索范围；④对课题涉及的实现技术手段进行了检索；⑤进行了英文期刊检索。

通过以上工作，对课题的隐含问题、课题的主题、领域专家、实现技术手段等方面进行检索，收集到重点文献，从而保证检索者对课题能有全面认识，并得到所需要的文献信息。

6.2 期刊质量评价

国内外各类文献信息服务机构常以大型文献数据库收录的期刊论文为基础，采用诸多评价指标和特定的文献分析评价方法，对期刊质量进行评价并报告，公布遴选出的核心期刊目录。期刊质量评价为图书馆期刊采购、典藏、导读等工作提供参考，为普通研究者了解期刊的学科影响力、查找重点文献提供帮助，为科研管理部门了解学科研究水平和发展状况提供参考。

6.2.1 期刊质量评价指标与工具

质量评价一般有定性和定量的方法,定量方法由于其客观性、易操作性,而得到广泛的认可和应用。当待评价对象不易用数量度量时,定性方法仍然发挥重要作用。

1. 期刊主要定量评价指标

(1) 影响因子:是一个国际上通行的期刊评价指标,是尤金·加菲尔德于 1972 年提出的。它是一个相对统计量,可公平地评价各类期刊。通常,期刊影响因子越大,它的学术影响力也越大。其计算公式为:

$$影响因子 = \frac{该刊前两年发表论文在统计当年被引用的总次数}{该刊前两年发表论文总数}$$

(2) 即年指标:是一个表征期刊即时反应速率的指标,主要描述期刊当年发表的论文在当年被引用的情况。其计算公式为:

$$即年指标 = \frac{该刊当年发表论文的被引用次数}{该刊当年发表论文总数}$$

(3) 总被引频次:指该期刊自创刊以来,所登载的全部论文在统计当年被引用的总次数。这一指标可以显示该期刊被使用和受重视的程度,以及在科学交流中的作用和地位。

(4) 他引率:指被其他刊引用次数与该期刊全部被引次数之比。

(5) 引用刊数:指引用被评价期刊的期刊数量,反映被评价期刊被使用的范围。

(6) 学科扩散指标:指在统计源期刊范围内,引用该刊的期刊数量与其所在学科全部期刊数量之比。

(7) 学科影响指标:指期刊所在学科内,引用该刊的期刊数占其所在学科全部期刊数量的比例。

(8) 参考文献量:指来源期刊论文所引用的全部参考文献数,是衡量该期刊科学交流程度和吸收外部信息能力的一个指标。

(9) 平均引文数:指来源期刊每一篇论文平均引用的参考文献数。

(10) 基金论文比:指来源期刊中,各类基金资助的论文占全部论文的比例。这是衡量期刊论文学术质量的重要指标。

2.《期刊引证报告》

《期刊引证报告》(*Journal Citation Reports*,*JCR*)是由美国科学信息研究所(Institute for Scientific Information,ISI)编辑出版的期刊分析与评价工具。它以 ISI 引文索引数据库近两年的数据为统计周期,对期刊的引用和被引用情况进行统计归类、整理和分析,对每种期刊定义了影响因子(Impact Factor)等指数加以报道。JCR 用于期刊评价的定量指标主要有期刊总载文量、期刊总被引频次、期刊影响因子、期刊即年指标、被引半衰期、引用半衰期、期刊自引率等。JCR 分为科学版和社会科学版两部分。JCR 通过 ISI 的 Web of Knowledge 信息服务平台提供服务。

通过 JCR 可以了解其收录期刊当年的论文总数、影响因子、影响因子在近几年的变化趋势、被引用期刊列表、引用期刊列表等信息。研究人员可以利用 JCR 查找与自己研究方向相关的期刊,了解这些期刊在所属学科中的排名、学科影响力等信息。

3. 《中国科技期刊引证报告》

《中国科技期刊引证报告》(CJCR)是中国科学技术信息研究所利用中国科技论文与引文数据库(CSTPCD)积累的数据，根据总被引频次、影响因子等十几种期刊评价指标，编写出版的用于期刊分析与评价的工具。

各学科的研究人员利用 CJCR 可以清楚地了解期刊引用和被引用的情况，可以方便地定量评价期刊的相互影响和相互作用，评估某种期刊在科学交流体系中的作用和地位，确定高被引作者群。CJCR 在我国的科研管理和科技期刊评价方面发挥了巨大的作用。

6.2.2 国内主要的核心期刊（或来源期刊）遴选体系

目前，国内主要的核心期刊（或来源期刊）遴选体系有《中文社会科学引文索引》(CSSCI)、《中国科学引文数据库》(CSCD)、《中文核心期刊要目总览》、《中国科技论文与引文数据库》(CSTPCD)等，它们都有评价指标多样性、遴选周期稳定性、来源期刊动态更新等特点，并在各领域发挥着评价作用。

1. 《中文社会科学引文索引》

《中文社会科学引文索引》(Chinese Social Science Citation Index，CSSCI)是由南京大学中国社会科学研究评价中心开发研制的文摘数据库。由于 CSSCI 收录的刊物是由南京大学中国社会科学研究评价中心组织评定的，通常也称其为南大核心期刊。

CSSCI 来源期刊遴选工作，目前为每两年进行一次，收录期刊是动态变化的。南京大学中国社会科学研究评价中心遵循文献计量学规律，采取定量与定性评价相结合的方法从全国 2700 余种中文社会科学学术性期刊中精选出学术性强、编辑规范的期刊作为来源期刊。

CSSCI 收录的刊物目录分为 3 部分：来源期刊目录、扩展版来源期刊目录、集刊目录。CSSCI 的来源期刊（也称为核心版）和扩展版来源期刊一起组成了 CSSCI 的来源期刊。由于核心版期刊数量的限制，一些质量不错的期刊只能划为扩展版来源期刊。CSSCI 来源期刊及集刊（2017—2018）目录中，来源期刊 553 种，扩展版来源期刊 200 种，集刊 189 种。利用 CSSCI 可以检索到所有 CSSCI 来源期刊文献的收录和被引情况，该库采用 IP 地址控制访问权限。

CSSCI 数据库已被北京大学、中国人民大学、国家图书馆、中科院等 100 多个单位包库使用，并被作为地区、机构、学术、学科、项目及成果评价与评审的重要依据。

相关网址如下。

南京大学中国社会科学研究评价中心	http://cssrac.nju.edu.cn
中国集刊网	http://www.jikan.com.cn/
中文社会科学引文索引	http://cssci.nju.edu.cn
CSSCI 来源期刊名录	http://cssrac.nju.edu.cn/a/cpzx/

2. 《中国科学引文数据库》

《中国科学引文数据库》(Chinese Science Citation Database，CSCD)是由中国科学院文献情报中心创建的数据库，创建于 1989 年，是我国第一个引文数据库，除具备一般的检索功能外，还提供新型的索引关系——引文索引，提供了数据链接机制，支持用户获取全文。

CSCD 来源期刊每两年遴选一次，来源期刊是动态变化的。每次遴选均采用定量与定性相结合的方法,定量数据来自于CSCD,定性评价则通过聘请国内专家对期刊进行定性评估。定量与定性综合评估结果构成了CSCD来源期刊。

2017—2018年度CSCD收录来源期刊1229种,其中中国出版的英文期刊201种,中文期刊1028种。CSCD来源期刊分为核心库和扩展库两部分,其中核心库收录期刊887种(以备注栏中C为标记);扩展库收录期刊342种(以备注栏中E为标记)。

CSCD来源期刊涵盖数学、物理学、化学、地球科学、生物科学、农业科学、医药卫生、工程技术、环境科学等学科领域。2017—2018年度CSCD遴选采用分类处理,学科类目的确定方式是以《中国图书馆分类法》(第五版)一、二级类目为基础,该次遴选设有56个类目。

CSCD已在我国科研院所、高等学校的课题查新、基金资助、项目评估、成果申报、人才选拔以及文献计量与评价研究等多方面作为权威文献检索工具获得广泛应用。

相关网址如下。

中国科学院文献情报中心　　　　　　　http://sciencechina.cn/index.jsp

中国科学引文数据库(CSCD)来源期刊遴选报告　　http://sciencechina.cn/cscd_source.jsp

中国科学引文数据库来源期刊列表　　http://sciencechina.cn/cscd_source.jsp

中国科学引文数据库介绍　　　　　　http://sciencechina.cn/scichina2/index.jsp

3.《中文核心期刊要目总览》

《中文核心期刊要目总览》是北京大学图书馆、北京十几所高校图书馆及相关单位专家的课题研究成果,其编撰的主要目的是为图书情报部门期刊采购、典藏、导读等工作提供参考,该成果只以印刷型图书形式出版。学术界也常称其为"中文核心期刊目录",被收录的期刊也称为"中文核心期刊"或"北大核心期刊"。

《中文核心期刊要目总览》根据期刊的动态发展变化特点定期更新,自从1992年推出第一版后,每四年出版一次,直到2011年,改为每三年出版一次。每个版本收录的期刊都是动态变化的。

由于《中文核心期刊要目总览》是我国知名大学图书馆及相关单位众多专家采用诸多评价因素,从众多期刊中遴选出来的优秀期刊目录,因而,国内很多单位将其用于评价论文质量水平。

相关网址如下。

北京大学图书馆　　http://www.lib.pku.edu.cn/portal/

4.《中国科技论文与引文数据库》

《中国科技论文与引文数据库》(Chinese Science and Technology Paper and Citation Database,CSTPCD)是中国科学技术信息研究所开发建设的数据库。中国科学技术信息研究所每年公布中国科技论文统计源期刊目录来反映数据库收录的期刊,中国科技论文统计源期刊又称中国科技核心期刊。

1987年,中国科学技术信息研究所受国家科技部委托,承担了中国科技论文统计与分析项目,开发创建了CSTPCD,每年向社会公布中国科技论文统计结果,在公布的《中国科技期刊引证报告》中包含中国科技论文统计源期刊目录。中国科技论文统计源期刊每年进行遴选和调整,中国科学技术信息研究所采取以定量评估数据为主、专家定性评价为辅的原则,开展中国科技核心期刊的遴选工作。遴选结果通过网上发布,并以正式出版《中国科技期刊引证报告》(核心版)的方式向社会公布。入选的核心期刊获得证书,其当年的全部论文将收入 CSTPCD。

早期中国科技论文统计源期刊仅包括国内出版的科技类期刊和国内出版的英文期刊,但不包含社会科学期刊。自 2005 年起,CSTPCD 开展了自然科学与社会科学交叉领域期刊论文数据的统计工作。在 2012 年,CSTPCD 扩展收录了 390 种交叉学科和社会科学期刊,2015 年后的中国科技论文统计源期刊目录都分为自然科学卷和社会科学卷,学科范畴包括自然科学领域和社会科学领域,仍要求期刊刊载内容以科学发现和技术创新成果为主。

CSTPCD 不仅为用户提供国内外科技论文一站式的检索和聚类服务,还为科研绩效评价管理和科研决策提供权威依据。

相关网址如下。

中国科学技术信息研究所(国家工程技术数字图书馆)　http://www.istic.ac.cn/
科技论文统计与分析网　　　　　　　　　　　　　　http://www.cstpcd.org/default.jsp#

6.2.3　国外主要的引文检索工具

国外知名的检索工具如 SCI、EI 等,不仅是重要的检索工具,而且也是科学研究成果评价的重要依据,它们已成为评价一个国家、一个科学研究机构、一所高等学校、一本期刊乃至一个研究人员学术水平的重要指标之一。

1. SCI

《科学引文索引》(Science Citation Index,SCI)是美国科学信息研究所(ISI)于 1963 年开始编制出版的一部世界著名的期刊文献检索工具。目前,SCI 选用刊物来源于 40 多个国家,50 多种文字,它收录全世界出版的数、理、化、农、林、医、生命科学、天文、地理、环境、材料、工程技术等自然科学各学科的优质期刊 3700 多种。我国出版的已被 SCI 系统收录 10 年以上的期刊有 60 多种,这些期刊是我国具有较高国际影响的科技期刊。

ISI 还将引文索引方法用于社会科学及人文艺术领域,分别于 1973 年、1978 年先后出版了《社会科学引文索引》(Social Sciences Citation Index,SSCI)和《艺术人文引文索引》(Arts & Humanities Citation Index,A&HCI)。

SSCI 是 ISI 建立的社会科学类文献数据库,是检索和文献统计分析的大型检索工具,涵盖人类学、法律、经济、历史、地理、心理学等 55 个领域。SSCI 收录文献类型包括研究论文、书评、专题讨论、社论、人物自传、书信等。SSCI 选择收录世界上不同国家和地区优质期刊 1300 多种。

A&HCI 是 ISI 建立的综合性艺术与人文类文献数据库,涵盖语言、文学、哲学、亚洲研究、历史、艺术等领域,收录 1400 多种国际权威的期刊。

ISI 的核心产品 Web of Science 数据库就包含这 3 个引文索引。ISI 的 Web of Knowledge 信息服务平台为 ISI 各大数据库提供了统一检索界面。

2. EI

《工程索引》(The Engineering Index,EI)创刊于 1884 年,由美国工程信息公司(Engineering Information Co.)出版发行。EI 是工程技术领域内的一部综合性检索工具,涵盖自动控制、动力、机械、仪表、材料科学、农业、生物工程、数理、医学、化工、食品、计算机、能源、地质、环境等学科领域,其数据来自5100多种工程期刊、会议、文集和技术报告。EI通过信息服务平台Engineering Village(EV)提供检索服务。

6.3 引文网络应用

英国学者吉曼(J. M. ziman)曾说:"没有一篇科学论文是孤立存在的,它是被深嵌在整个学科文献的系列之中。"一方面,论文作者在撰写过程中会参考、引用已经公开发表了的信息资源;另一方面,当论文被公开发表后,也将被其他作者阅读和参考。文献的引用和被引用使浩瀚的文献资源发生了复杂关系并联结在一起,形成了引文网络,促进了学科知识体系构建与发展。

6.3.1 文献引证关系

1. 文献引证关系的概念

文献引证关系是文献的引用与被引用关系。论文作者在撰写过程中会参考、引用已经公开发表了的文献资源,此时在文中引用的位置作标记(通常以数字上标的形式标记),同时再以脚注或尾注的方式列出所引用的文献资源。其中被引用的文献称为参考文献,也称引文。做出引用的文献称为施引文献,也称来源文献。这样存在引证关系的两篇文献称为引证对。

引用参考文献是遵循学术道德规范的要求,引用参考文献的主要作用有以下4个方面:①归誉与起源,作者在利用前人在某个领域的成果时,引用其文献是将荣誉归于前人,也表明了学术来源;②引用的文献对作者的观点或结论提供证据和说明;③为读者提供更多背景阅读材料;④评价或更正以前的著作。

关于引用参考文献有以下几个问题需要注意:①作者引用参考文献可能是为了支撑自己的观点或结论,也可能是为了批评指正错误观点或结论,因而不能一概认为参考文献都起正面支持作用;②作者引用参考文献可能是对课题发展背景的综述,也可能是为实验、设计等关键问题作为支撑,因而在同一篇文献中引用的不同参考文献,其价值是不同的;③关于同一个主题有多篇相似的文献,作者引用哪一篇,与作者是否能发现该文献是有一定关系的,由于时间、语言、获得途径的限制,在一批相似文献中,作者引用哪一篇具有一定偶然性。

因此,虽然施引文献和引文文献存在相关关系,但是不能简单地认为被引用一定代表论文质量很高。但当一篇文献被引用量很高时,往往是具有很高利用价值的高质量论文。

2. 文献引证关系的作用

引证对在内容上存在着相关性,文献被引用说明了相关知识和情报的利用,标志着科学的发展。通过文献之间的引证关系,研究者可以搜集所需文献,找到相似文献、相关机构、相关作者、作者推荐文献等,从而使研究者拓宽视野,为研究工作提供帮助。另外,文献引证关系反映了文献在学科上的有机联系,构成学科发展的脉络,通过引文分析可以追根溯源,建立论文或期刊的学科联系,从而进行文献与科学结构的研究。

6.3.2 文献引证关系的表示

1. 引文网络

文献的引证关系可以用图来表示,将具有引证关系的文献组成一个文献集合,每篇文献视为一个结点,若两篇文献之间存在引证关系,用带箭头的有向线段表明"引用",箭头由施引文献指向被引文献,这样得到的引文文献结点图被称为引文网络图(Citation Network)。以中国知识基础设施工程(中国知网)的知网结为例,文献引证关系如图6-12所示。

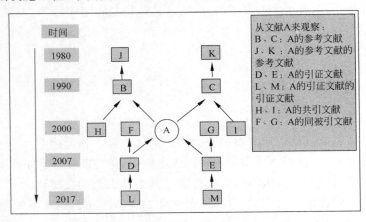

图6-12 文献引证关系示意图

站在某一篇文献的角度来看,对该文献与其他文献之间的各种关系有以下定义。

(1) 参考文献:指本文引用的文献,反映本文研究工作的背景和依据。

(2) 二级参考文献:指本文参考文献的参考文献,进一步反映本研究工作的背景和依据。更多级参考文献以此类推。

(3) 引证文献:指引用本文的文献,是本文研究工作的继续、应用、发展或评价。

(4) 二级引证文献:指本文引证文献的引证文献,更进一步反映本研究工作的继续、发展或评价。更多级引证文献以此类推。

(5) 共引文献:也称同引文献、引文耦合,一篇文献被其他两篇或多篇文献引用,引用该文献的其他文献之间形成引文耦合关系,称为共引文献。由此可以推断共引文献的内容也许有相关性,可能有共同研究背景或依据。

(6) 同被引文献:两篇文献同时被其他文献引用,即与本文同时被作为参考文献引用的文献,同被引文献与本文共同作为了其他研究的研究基础。由此也可以推断它们的内容也许有相关性。

参考文献与引证文献是直接与本文发生关系的文献,二级参考文献、二级引证文献与本文的关系远了一层,是直接关系的延伸。共引文献、同被引文献与本文之间是间接关系,两篇文献共引文献频次越多,或同被引频次越多,它们的内容相关性越大。

2. 引文网络应用案例

案例6-2:使用引文网络查找相关文献

题目:在案例6-1中,某学生准备设计一款Android智能手机隐私管理软件,在搜集期刊文献后,找到一篇与检索目标契合度较高的文献"谷琼,李杰,龚雄兴.基于Android智能手机的隐私管理系统的设计与实现[J].计算机应用与软件,2014"。请通过该文献的引文网络进一步搜集相关文献。

分析:①中国知网的"知识网络"提供了引文网络、关联作者等功能,可以用于查找某一文献的相关文献。②与检索目标契合度较高的文献,是应重点阅读的文献,这些重点文献的某些参考文献和引证文献也能提供很有价值的线索,另外,中国知网还提供了相似文献、读者推荐、相关基金文献等文献查找功能,用户可以利用这些工具,把与该文献相关的一系列文献找出来,从而得到更多丰富的文献资料。

步骤1:在中国知网首页,通过"篇名"字段,直接搜索"基于Android智能手机的隐私管理系统的设计与实现",找到该文献,单击文献标题,进入该文献的摘要查看页面,如图6-13所示。

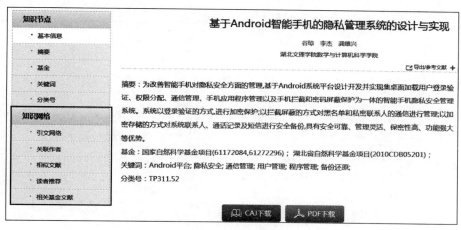

图6-13　中国知网的知识网络

步骤2:单击左侧的"引文网络",则呈现出该文献的引文网络图,如图6-14所示。单击引文网络图中的"参考文献"图标,则在下方显示出该文献的参考文献,查看后出现两篇文献具有参考价值,将它们下载以供仔细阅读。同理,查看引证文献,找到4篇,将它们下载以供仔细阅读。单击左侧的"相似文献""读者推荐""相关基金文献",并分别查看,找到具有参考价值的文献7篇。整理检索结果,如表6-1所示。

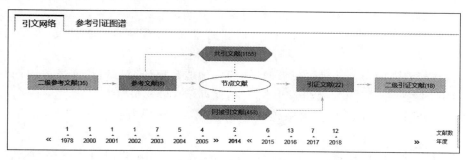

图6-14　引文网络图

表 6-1　通过中国知网知识网络找到的相关文献汇集

参考文献	基于 Android 的手机隐私保护技术及实现[J]. 信息网络安全. 2012(04)
	Android 安全机制分析与解决方案探析[J]. 硅谷. 2011(24)
引证文献	基于 Android 系统的手机隐私安全的设计与实现[J]. 通讯世界. 2017(24)
	面向用户隐私信息保护的交互设计研究[D]. 华中科技大学, 2017
	基于 Android 系统的短信隐私保护技术研究与实现[D]. 北京邮电大学, 2017
	Android 手机平台入侵检测系统研究与实现[D]. 电子科技大学, 2016
相似文献	基于 Android 系统的手机隐私安全的设计与实现[J]. 通讯世界. 2017(24)
	Android 平台下软件开发的关键技术探微[J]. 通讯世界. 2016(04)
	试论 Android 平台下软件开发的关键技术[J]. 电子技术与软件工程. 2015(21)
读者推荐	一种 Android 应用程序恶意行为的静态检测方法[J]. 计算机系统应用. 2013
	Android 智能手机中删除短信的提取[J]. 刑事技术. 2015(04)
相关基金文献	Android 的架构与应用开发研究[J]. 计算机系统应用. 2008(11)
	基于 Android 的手机隐私保护技术及实现[J]. 信息网络安全. 2012(04)

习题 6

1. 从以下课题研究中选择一项，分析课题、查找相关的期刊文献，分别用 Excel 文档、Word 文档保存参考文献信息。自选两种文献信息服务平台，比较检索结果。
    (1) 乡村旅游影响因素及发展路径研究
    (2) 音乐疗法的应用及发展历程
    (3) 恐龙灭绝的原因分析
    (4) 饮食文化的旅游价值与开发研究
    (5) 饮食与健康教育资源开发与研究
    (6) 中国传统文化在新时代的传承与发展研究
    (7) 中国传统文化对于培育社会主义核心价值观的作用
    (8) 中国传统文化核心价值观的内涵与特征
    (9) 大学生信息素养培养路径研究

2. 完成上题中某一个课题的期刊文献检索后，从检索到的期刊文献中选择一篇重点文献，查看其引文网络，查看该文献的参考文献、引证文献、相似文献、读者推荐、相关基金文献等，筛选接近检索目的的文献，并将文献信息保存于 Word 文档。

3. 了解开放获取(Open Access, OA)期刊的含义，整理所获取的信息，保存于 Word 文档。

4. 选择您熟悉的一个学科研究方向，筛选 5 种适合该研究方向论文发表的期刊，列出这几种期刊的主办单位、出版周期等基本信息，保存于 Word 文档中。

5. 了解中国知网新型数字出版模式"网络首发"，整理所获取的信息，保存于 Word 文档。

6. 选择一种文献信息服务平台，了解您的学科方向或研究领域有哪些期刊被收录于最近一版的《中文核心期刊要目总览》，整理所获取的信息，保存于 Word 文档。

7. 查找以下期刊是否为 CSSCI、CSCD 来源期刊。

(1)《思想政治教育研究》,哈尔滨理工大学主办
(2)《学校党建与思想教育》,湖北长江报刊传媒集团主办
(3)《管理案例研究与评论》,大连理工大学主办
(4)《宏观经济管理》,国家发展和改革委员会宏观经济管理编辑部主办
(5)《外国文学动态研究》,中国社会科学院外国文学研究所等主办
(6)《当代文坛》,四川省作家协会主办
(7)《美术观察》,中国艺术研究院主办
(8)《会计与经济研究》,上海立信会计金融学院主办
(9)《数字图书馆论坛》,中国科学技术信息研究所主办
(10)《大学教育科学》,湖南大学等主办

8. 了解我国及世界知名期刊《中国科学》《中国社会科学》《自然》($Nature$)《科学》($Science$)《细胞》($Cell$),说一说它们的影响力及主办单位。

9. 交流发表论文选择期刊时需要了解哪些事项。

第 7 章 专利和标准文献检索

学习导引

本章介绍了特种文献中专利和标准两类文献的相关知识。按照文献的出版形式和内容，除了图书、期刊、报纸，其余文献称为特种文献。在特种文献中，专利和标准是两类尤其重要的文献。

专利权是知识产权中的一种。我国的专利有 3 种类型：发明专利、实用新型专利和外观设计专利。专利的保护有时间和地域的限制，专利申请权和专利权均可以转让，专利权人能够以最获利的方式出售专利。专利的设计人或作者，不一定就是专利权人。同族专利文献具有独特的利用价值。我国国家知识产权局主管全国专利工作，国家知识产权局专利检索及分析网站提供了分类导航检索、常规检索、高级检索，是了解我国专利的权威网站。

标准包括国家标准、行业标准等 5 种。除了强制性标准外，其他标准都属于非强制性标准。强制性标准必须执行，国家鼓励采用推荐性标准。标准的复审周期一般不超过 5 年，复审的结果有 3 种：确认继续有效、修订、废止。标准号由 3 部分组织，最后一部分为年号，年号是不能省略的重要信息。国家标准化管理委员会是我国统一管理全国标准化工作的主管机构。国家标准全文公开系统提供了标准检索功能，公开了我国强制性国家标准、推荐性国家标准（非采标）。

专利和标准文献检索还可以通过万方数据、中国知网等平台检索，这些平台提供了多种检索方式，丰富的分类查看、导出参考文献等功能方便用户使用。用户检索时可以将多种检索渠道结合使用，互为补充。

学习目标

了解

专利的内涵：时间和地域限制；

专利文献利用意义；专利国际合作组织与有关条约；国际知名专利数据库；

专利的相关概念：基本专利、相同专利、同族专利等，专利文献中常见概念；

标准的内涵与分类；标准文献的特点；标准的编号规则；我国标准化相关机构；

国际标准化组织；标准检索工具或网站。

掌握

专利分类及授予条件；专利保护范围；专利权人的权益；专利文献；

专利检索渠道及检索方法；

采标；中国标准的检索渠道及检索方法。

应用

使用我国国家知识产权局专利检索及分析网站，进行专利常规检索、高级检索；

下载国际专利分类表，了解 IPC 分类号对应的类型；

使用国家标准全文公开系统等国家标准化权威机构提供的检索平台检索我国标准；

使用万方数据、中国知网等文献服务平台进行专利、标准检索。

7.1 专利

随着知识经济的到来和全球化进程的不断加快，专利日益成为国家核心竞争力的战略性资源，也成为国际产业布局的重要工具，受到全世界各国的重视。

7.1.1 专利的相关知识

专利（Patent）是一个复合概念，通常人们认为专利是专利权的简称。专利工作的开展和专利的保护都是以专利法为根本依据的。1984 年 3 月 12 日第六届全国人民代表大会常务委员会第四次会议通过《中华人民共和国专利法》，于 1985 年 4 月 1 日起施行。我国专利法经过 3 次修正，目前实施的是 2008 年 12 月 27 日第十一届全国人民代表大会常务委员会第六次会议通过的第三次修正版。

1. 专利内涵与特征

各国政府为了激励和保护创新，建立了由申请人提出发明申请，由专利机构进行审查，在审查通过后，专利机构为申请人颁发专利证明文件，并且提供法律保护的一套专利制度。专利申请过程中提交的文件需要描述发明的内容，专利说明书是专利申请人向专利局提交的书面文件，记载着发明创造的详细内容。它不仅是记述一项发明创造内容的技术文件，而且产生法律约束，使用此专利（包括制造、使用、销售和进口等）需要获得专利所有人的许可。因而，专利包括 3 方面的含义：①从法律角度看，专利是专利权。专利权人对专利具有独占权，未经专利权人许可，其他人不得使用。②从应用角度看，专利是具有实用性的、可以用于生产等环节的专利技术，申请人必须将发明创造的技术内容详细记载于专利说明书中，专利说明书由各国专利局公开出版发行。③从存在方式看，专利是相关的专利文献，主要指专利说明书。

专利的主要特征是"公开"与"独占"，以"公开"换取"独占"是专利制度最基本的核心。美国前总统林肯曾是专利制度的倡导者，他本人一生就获得 3 项发明专利，他的名言"专利制度为天才之火加添利益之油"是对专利制度作用的形象表述。"独占"是指法律授予专利权人在一段时间内享有排他性的独占权利；"公开"是指专利权人作为对法律授予其独占权的回报而将其发明或设计公之于众，使社会公众可以通过一定的渠道获得有关专利的信息。因而，专利技术是不保密的。

2. 专利分类及授予条件

我国专利法把专利分为发明专利、实用新型专利和外观设计专利 3 类。在 3 种类型的专利中,发明专利的创新水平最高,实用新型专利是建立在原有产品基础上的发明创造,外观设计专利强调功能与外形的结合。

发明创造在专利法中是指发明、实用新型和外观设计。

(1) 发明:是指对产品、方法或者其改进所提出的新的技术方案。

(2) 实用新型:是指对产品的形状、构造或者其结合所提出的适于实用的新的技术方案。

(3) 外观设计:是指对产品的形状、图案或者其结合以及色彩与形状、图案的结合所做出的富有美感并适于工业应用的新设计。

我国专利法要求授予专利权的发明和实用新型,应当具备新颖性、创造性和实用性这3个必备条件。

(1) 新颖性:是指该发明或者实用新型不属于现有技术;在申请日以前,也没有任何单位或者个人就同样的发明或者实用新型,向国家专利行政部门提出过申请,并记载在申请日以后公布的专利申请文件或者公告的专利文件中。

(2) 创造性:是指与现有技术相比,该发明具有突出的实质性特点和显著的进步,该实用新型具有实质性特点和进步。

(3) 实用性:是指该发明或者实用新型能够制造或者使用,并且能够产生积极效果。

我国专利法要求授予专利权的外观设计,应满足以下3个方面要求。

(1) 应当不属于现有设计;也没有任何单位或者个人就同样的外观设计在申请日以前向国务院专利行政部门提出过申请,并记载在申请日以后公告的专利文件中。

(2) 授予专利权的外观设计与现有设计或者现有设计特征的组合相比,应当具有明显区别。

(3) 授予专利权的外观设计不得与他人在申请日以前已经取得的合法权利相冲突。

3. 专利的有效范围

专利的保护范围、专利的有效时间、专利的适用地域都是有限的。

我国专利法规定,发明或者实用新型专利权的保护范围,以其在专利申请时提交的权利要求书的内容为准,说明书及附图可以用于解释权利要求书的内容。

外观设计专利权的保护范围以表示在图片或者照片中的该产品的外观设计为准,简要说明可以用于解释图片或者照片所表示的该产品的外观设计。

专利的保护有时间和地域的限制。一个国家依照其专利法授予的专利权,仅在该国法律的管辖范围内有效,对其他国家没有任何约束力,外国对其专利权不承担保护的义务,如果一项发明创造只在我国取得专利权,那么专利权人只在我国享有独占权或专有权。

我国专利法规定,发明专利权的期限为20年,实用新型专利权和外观设计专利权的期限为10年,均自申请日起计算。

4. 专利申请审批程序

根据专利法和专利审查要求,发明专利申请的审批程序包括受理、初审、公布、实质审查以及授权5个阶段;实用新型或者外观设计专利申请的审批程序只有受理、初审和授权3个阶段,不进行早期公布和实质审查。

在这些阶段中,发明专利的初审、实用新型和外观的审查,都是在申请费缴纳完成后就进行的。而发明专利的实质审查,则需要在发明专利初审合格基础上,并缴纳了实质审查费用,才能启动。

目前,3种专利审查时间也有差异,外观设计专利需4~6个月,实用新型专利需6~12个月,发明初审需1~3个月,实质审查需2~3年。具体审查所需时间根据实际情况差异较大。

5. 专利状态

专利按持有人所有权分为有效专利和失效专利。

有效专利是在专利申请被授权后,处于有效保护状态的专利。专利处于有效状态的两个条件:一是该专利权还处在法定保护期限内;二是专利权人按规定缴纳了年费。

失效专利是在专利申请被授权后,满足下列3个条件之一都会成为失效专利。一是专利存续的时长超过法定保护期限;二是专利权人未及时缴纳专利年费;三是被任意个人或者单位请求宣布专利无效,并经专利复审委员会认定并宣布无效的专利。失效专利对所涉及技术的使用不再有约束力。

6. 专利的转让

我国专利法规定专利申请权和专利权均可以转让。转让需要履行一定的程序:①转让专利申请权或者专利权的,当事人应当订立书面合同,并向国务院专利行政部门登记,由国务院专利行政部门予以公告。专利申请权或者专利权的转让自登记之日起生效。②转让涉及中国单位或者个人向外国人、外国企业或外国其他组织转让专利申请权或者专利权时,因涉及国家保密或利益,应当依照有关法律、行政法规的规定办理手续。

7. 专利权人与设计人

专利的设计人或作者,不一定就是专利权人。专利的设计人在执行本单位的任务,或者主要是利用本单位的物质技术条件所完成的发明创造为职务发明创造。申请职务发明创造专利的权利属于该单位,专利申请被批准后,该单位为专利权人。

申请非职务发明创造专利的权利属于发明人或者设计人;申请被批准后,该发明人或者设计人为专利权人。

对于利用本单位的物质技术条件所完成的发明创造,如果单位与发明人或者设计人订有合同,对申请专利的权利和专利权的归属做出约定的,则权利从其约定。

8. 专利权人的权益

专利权的关键就在于专利权人能够在国内或全球市场上以最获利的方式出售专利。我国专利法规定,任何单位或者个人实施他人专利的,应当与专利权人订立实施许可合同,向专利权人支付专利使用费。被许可人无权允许合同规定以外的任何单位或者个人实施该专利。

我国专利法规定,发明和实用新型专利权被授予后,除专利法另有规定的以外,任何单位或者个人未经专利权人许可,都不得为生产经营目的实施其专利。实施专利行为有:①制造、使用、许诺销售、销售、进口其专利产品;②使用其专利方法;③使用、许诺销售、销售、进口依照该专利方法直接获得的产品。

外观设计专利权被授予后,任何单位或者个人未经专利权人许可,都不得为生产经营目的而实施其专利。实施专利行为有:制造、许诺销售、销售、进口其外观设计专利产品。

9. 专利的其他概念

（1）基本专利：指由同一申请人将同一内容的技术发明在不同国家申请专利，最先公布的那一件专利。

（2）相同专利：指基本专利申请后，申请人就同一个发明，在第一个国家以外的其他国家申请，并获得批准公布的专利。

（3）优先权：指巴黎联盟内某国的专利申请人，当其已在某成员国就一项发明创造申请了专利，该申请人在规定的时间内，再对此项发明创造向联盟内其他国家申请专利时，申请人有权享有第一次申请的申请日期。即申请人就相同主题向联盟内其他国家提出专利申请，只要多次申请的时间间隔不超过一定期限，则申请日期按最早的那次算。

发明和实用新型的优先权期限为 12 个月，外观设计的优先权期限为 6 个月。优先权是巴黎联盟各成员国之间给予联盟内专利申请人的一种优惠权。

（4）非法定相同专利：指在基本专利申请日期后，超过法定的优先权有效期，再申请的相同专利。

（5）同族专利：指某一发明的基本专利和它的相同专利，它们拥有共同的优先权，是由不同国家公布，内容上相同或基本相同，它们构成一个专利族（Patent Family），属于同一个族的专利称为同族专利（Patent Family Members）。

同族专利的利用价值如下。

① 由于同族专利为一组相同技术主题的发明，在不同国家或组织中多次申请、公开并批准，其内容上相同或基本相同，所以同族专利文献具有独特的利用价值。

② 通过同族专利文献及其数量和申请国家分布，来调查某项发明专利垄断国际市场的范围等情况，有利于分析该族专利的经济价值，从专利的角度了解到企业的经济势力范围。

③ 通过同族专利可以了解相同发明技术主题的最新技术进展、法律状态和经济价值。当一项专利的价值巨大时，人们为了扩大独占权，往往会向更多的国家申请专利，以寻求保护。

④ 同族专利有助于了解一项发明技术从萌芽阶段到不断改进、发展，以致逐步完善的发展过程。

⑤ 同族专利有助于解决语言不通而导致的阅读障碍。在不同国家申请的专利，使用的语言不同，人们通过选择适合自己阅读的语种来解决阅读障碍。

⑥ 同族专利可以扩大检索渠道。受到专利文献服务机构收藏的限制，检索人员可能无法获得某种专利文献，可以借助于同族专利查寻，找到该专利族的其他专利文献。

所以，对于从事技术创新的企业和科研机构来说，当遇到一篇有价值的专利文献时，还要查其同族专利，对同族专利文献要给予特别关注。

7.1.2 专利文献及其利用意义

专利文献是专利制度的产物，是一种法律权力、技术资料、情报数据的载体。专利文献主要是指各国专利局的正式出版物，如专利说明书、专利公报、专利文摘、专利索引、专利分类表等。

专利文献一般反映了该文献出现时最新技术信息，而且 70%～80% 发明创造只通过专利文献公开,并不见诸于其他科技文献,即使有类似的文献出现,专利文献也比一般技术刊物所提供的信息早 5~6 年。专利文献是世界上最大的技术信息源,另据实证统计分析,专利文献包含了世界科技技术信息的 90%~95%。因而,相对于其他文献形式,专利文献具有独特的、不可替代的应用价值。专利是人类智慧的结晶,专利文献是一种集工业产权情报、技术情报、商业与经济情报于一体的情报源。

据不完全统计,各国每年因未查阅专利文献使研究课题失去价值而造成的损失以数十亿计,间接损失就更多了。对企业和研究者而言,通过专利检索能了解世界专利的动态,避免重复研发与资金浪费,对于各国资金的节省和生产力的提高有举足轻重的作用。

合理利用专利文献能为企业生产经营带来巨大的作用。专利是保护企业关键技术信息的方式,同时也向公众透露了关键信息。竞争企业的情报分析者通过细致分析,可以从专利文献中得到大量有用信息,并利用公开的专利资料研究竞争对策。企业专利信息应用面很广泛,例如:①通过专利对竞争对手进行技术监视,从而调整经营战略;②跟踪相关的现有专利的法律状态,进行无效证据搜集,或用于侵权分析;③通过专利对高端技术进行风险分析,指导专利引进和专利保护;④通过现有专利分析,了解技术发展现状,预测趋势,寻找技术空白,寻求商机,从而开展市场拓展。用好专利信息,有助于企业增强防范风险的能力,提高市场竞争力。

对科研工作者而言,在科研工作中经常查阅专利文献,不仅可以提高科研项目的研究起点和水平,而且有助于缩短研发时间并节约研究经费。

7.1.3 我国专利的行政管理机构

中华人民共和国国家知识产权局(National Intellectual Property Administration),曾用英文名称缩写 SIPO,自 2018 年 8 月 28 日起,英文名称缩写变更为 CNIPA。我国国家知识产权局主管全国专利工作,统筹协调涉外知识产权事宜,负责保护知识产权工作,推动知识产权保护体系建设,负责商标、专利、原产地地理标志的注册登记和行政裁决,指导商标、专利执法工作等。各省、自治区、直辖市人民政府一般均设有知识产权局,负责本行政区域内的专利管理工作。国家知识产权局网上平台提供多种服务,如中国专利电子申请、PCT申请、专利检索、专利审查信息查询、专利事务服务等。

以下是国家知识产权局以及相关专利服务的网址。

国家知识产权局　　　　　　http://www.cnipa.gov.cn/（新域名）
　　　　　　　　　　　　　　http://www.sipo.gov.cn/（旧域名）
中国专利电子申请网　　　　http://cponline.sipo.gov.cn/
国家知识产权局综合服务平台
　　　　　　　　http://www.sipo.gov.cn/zhfwpt/zlsqzn_pt/zlfssxzjsczn/index.htm
PCT 电子申请网　　　　　　http://www.pctonline.sipo.gov.cn/
国家知识产权局专利检索及分析
　　　　　　　　http://pss-system.cnipa.gov.cn/sipopublicsearch/portal/uiIndex.shtml
中国及多国专利审查信息查询　http://cpquery.cnipa.gov.cn/（新域名）
　　　　　　　　　　　　　　http://cpquery.sipo.gov.cn/（旧域名）
专利数据服务试验系统　　　http://patdata1.cnipa.gov.cn/

国家知识产权局专利事务服务系统　http://cpservice.sipo.gov.cn/index.jsp

7.1.4　专利国际合作组织及有关条约

专利权是知识产权中的一种。知识产权是一种无形产权，是智力劳动者对其成果依法享有的一种权利。知识产权可分为两类：一类是工业产权，包括专利、商标、禁止不正当竞争、商业秘密、地理标志等；另一类是版权（也称"著作权"），涉及文学、艺术、科学作品、计算机软件等，如小说、诗歌、戏剧、电影、音乐、歌曲、美术、摄影、雕塑以及建筑设计等。随着知识经济的不断发展，知识产权体系也在逐步扩充。

1．世界知识产权组织

世界知识产权组织（World Intellectual Property Organization，WIPO）是一个政府间组织，是联合国组织系统的16个专门机构之一。WIPO起源于1967年成立的保护知识产权联合国际局，经历了机构和行政改革，1970年正式成立。WIPO在1974年成为联合国的一个专门机构，负责管理知识产权事务。该组织总部设在日内瓦，设立4个机构：①大会，即该组织的最高权力机构，由成员国中参加巴黎联盟和伯尔尼联盟的国家组成；②成员国会议，由WIPO公约全体成员国组成；③协调委员会，是为协调各联盟之间的合作而设立的机构；④国际局，即该组织的常设办事机构，设总干事1人，副总干事若干人。我国于1980年6月3日正式成为WIPO的第90个成员国。

2．《巴黎公约》

《保护工业产权巴黎公约》（Paris Convention on the Protection of Industrial Property）简称《巴黎公约》，于1883年3月20日在巴黎签订，《巴黎公约》的基本目的是保证成员国的工业产权在所有其他成员国都得到保护。1985年3月19日我国成为该公约成员国。

3．《专利合作条约》

《专利合作条约》（Patent Cooperation Treaty，PCT）是在《巴黎公约》原则的基础上缔结的专利领域最重要的、专门性的国际条约，PCT对《巴黎公约》起补充作用，是《巴黎公约》下属的一个专门性国际条约，该条约于1970年6月19日由35个国家在华盛顿签订，1978年6月1日开始实施，截至2018年10月PCT成员国增至152个，由WIPO国际局管辖。1994年1月1日我国正式成为PCT成员国，PCT成员国信息查询网址为http://www.wipo.int/pct/en/pct_contracting_states.html。

PCT方便申请人在国际上寻求对其发明的国际专利保护，帮助成员国家的专利局做出专利授予决定，便于公众查阅国际发明中涉及的丰富技术信息。通过PCT提交一件国际专利申请，申请人就可以同时在一百多个PCT成员国家寻求对其发明的保护。

PCT是涉及专利申请的提交、检索、审查，以及其中包括的技术信息传播的合作性和合理性等事务的一个条约。PCT并不对申请人授权专利，授予专利的任务和保护责任是由各个国家的专利局或行使其职权的机构来实现。

通过PCT提交国际专利申请，分为国际阶段和国家阶段两个阶段。国际阶段主要解决国际专利申请的受理、公布、检索和初步审查的问题，检索和初步审查的效力仅限于给国家阶段的审查以及申请人提供参考，不具有最终决定是否被授权专利的效力；国际阶段完成后，进入国家阶段，国家阶段由受理申请的该国专利机构根据本国的专利审批办法进行审核,并决定是否授予专利权利。

PCT 国际专利申请的优势在于,可以在一个地方、使用一种货币来支付费用,采用指定的语言、格式,提交一份申请,就可以在 PCT 成员国或地区的专利组织内取得相当于国家或地区专利申请的效力,为国际专利申请带来便利。

7.1.5 国际知名专利数据库

1. Orbit

Orbit 是由法国的 QUESTEL(科思特尔)公司开发的专利检索及在线知识产权服务平台,它的主要特色是将全球专利数据集成在一个平台上,提供独特的 Fampat 专利家族供用户进行检索和分析,并对分析结果提供可视化的呈现方式。Orbit 提供 106 个国家、地区及组织的专利数据,50 个国家、地区及组织的外观设计专利数据,84 个国家商标数据,同时提供 40 个国家和地区的专利副本,20 多个国家和地区的法律状态信息,20 多个国家和地区的专利引用信息,以及美国专利诉讼信息和美国专利转让信息。数据信息每周更新。该系统为账号控制,收费服务。其网址为 https://www.orbit.com/。

2. 德温特专利索引数据库

德温特专利索引数据库(Derwent Innovation Index,DII)是英国德温特出版公司 1951 年创建的专利文献检索系统。德温特专利索引数据库结合了来自德温特世界专利索引(Derwent World Patents Index,WPI)和德温特专利引文索引(Derwent Patents Citation Index,PCI)的专利信息资源,支持快速而精确的专利和引文检索,内容涵盖化学、电气、电子和机械工程等领域。借助附加的描述信息和编码以及可追溯到 1963 年的专利收录内容,使用者能够快速了解某一专利的重要性及其与其他专利的关系。数据信息每周更新,每周有 40 多个国家、地区和专利组织发布的 25 000 条专利文献和来自于 6 个重要专利版权组织的 45 000 条专利引用信息收录到数据库中。

3. 欧洲专利检索系统

欧洲专利局(EPO)是根据欧洲专利公约,于 1977 年正式成立的一个政府间组织,其主要职能是负责欧洲地区的专利受理和审批工作。欧洲专利局是世界上实力最强、最现代化的专利局之一。从 1988 年开始,欧洲专利局在因特网上建立了免费专利检索系统,用户可以便捷、有效地获取免费专利信息。

欧洲专利检索系统主要包含 3 个数据库。

(1) WIPO-esp@cenet 数据库:收录最近 24 个月公布的 PCT 专利申请的著录数据。

(2) EP-esp@cenet 数据库:收录最近 24 个月公布的欧洲专利申请的著录数据。

(3) Worldwide 数据库:目前收录 85 个国家的 6000 多万件专利的著录项目,其中 3500 万件有发明名称,2950 万件有 ECLA 分类号,1950 万件有英文摘要。它以 PCT 最低文献量为基础。

欧洲专利检索系统首页 https://www.epo.org/index.html

Worldwide 高级检索页面 https://worldwide.espacenet.com/advancedSearch?locale=en_EP(旧域名),https://worldwide.espacenet.com/(新域名)

4. 美国专利局检索系统

美国专利商标局（USPTO）成立于1802年，隶属于美国商务部，USPTO全面管理美国的专利、商标申请注册。USPTO网站是政府性官方网站，向全世界免费提供专利信息服务，专利数据库每周更新，具有丰富的检索入口，经过详尽标引的专利题录信息和其他相关信息。USPTO网站免费提供美国专利全文数据库和公开专利检索，另外还提供专利权转移检索、专利基因序列表检索、撤回专利检索、延长专利保护期检索、专利公报检索及专利分类检索等。

美国专利局检索系统　　http://patft.uspto.gov/

5. 世界知识产权组织专利检索系统

世界知识产权组织（WIPO）的PATENTSCOPE数据库为全球用户提供依专利合作条约（PCT）提交的国际专利申请，在申请日之后的全文格式数据均可查询。PATENTSCOPE检索系统现在已经支持中文。用户使用PATENTSCOPE数据库可以检索千万篇专利文献，其中包括几百万件已公开的国际专利申请（PCT）。

WIPO首页　　　　　　　　　　https://www.wipo.int
PATENTSCOPE检索系统　　　https://patentscope.wipo.int/search/zh/search.jsf

6. 欧亚专利组织

欧亚专利组织（EAPO）成立于1996年1月1日，总部设在莫斯科，包括行政理事会和欧亚专利局。欧亚专利组织提供的资源包括该组织的发展历史、新闻、年度报告、专利检索等内容，提供欧亚专利系统服务。

欧亚专利系统服务　　　　　　https://www.eapo.org

另外一些发达的国家都设有国家知识产权局，提供本国的专利检索。下面为几个国家的专利检索网址。

英国知识产权局　　https://www.gov.uk/government/organisations/intellectual-property-office
　　　　　　　　　　https://www.gov.uk/topic/intellectual-property/patents
日本专利局　　　　https://www.jpo.go.jp/
加拿大知识产权局（CIPO）　　http://www.cipo.ic.gc.ca/
俄罗斯联邦知识产权专利服务主页
https://rospatent.gov.ru/ru（俄文版）　　https://rospatent.gov.ru/en（英文版）
韩国知识产权局（KIPO）　　http://eng.kipris.or.kr/

7.1.6 专利文献中常用概念

专利涉及法律权益，其信息描述与表示均非常严谨，而且，专利数量逐年增多，专利文献逐步形成了一套庞大的体系。专利文献中涉及的概念多且容易混淆，分辨这些概念对专利申请、专利文献检索和阅读都是非常必要的。

1. 专利文献中的主体

申请人：是提交专利申请的单位或个人。

发明人（设计人）：是实际开展专利设计工作的人。

专利权人：是对专利具有独占、使用、处置权的人，发明人不一定就是专利权人。

代理人（代理机构）：是代替申请人或专利权人来办理专利权申请的专业人员（专业机构）。

2. 专利文献中的编号

为了便于专利的管理和检索，在专利申请不同阶段，相关的各类文档都被编号。一件发明专利从申请到授权涉及 4 个编号：申请号、申请公布号、授权公告号、专利号。一件实用新型专利或外观设计专利从申请到授权涉及 3 个编号：申请号、授权公告号、专利号，与发明专利相比少了申请公布号。它们含义和形式如下。

申请号：是提交专利申请时，专利局给的编号。世界知识产权组织关于专利申请号的标准是：采用 12 位阿拉伯数字表示，包括申请年号（第 1～4 位）、申请种类号（第 5 位）和申请流水号（第 6～12 位）三部分，小数点后的数字为校验码。例如，

发明专利：201710083729.3。

实用新型专利：201820153367.0。

外观设计专利：201830269489.1。

申请公布号：是发明专利申请经形式审查合格后，公布其申请说明书时给的号码，只有发明专利有此号码。例如，CN106844748A。

授权公告号：是对发明创造授予专利权时，公告其授权说明书时给的号码。例如，

发明专利：CN104954101B。

实用新型专利：CN207825461U。

外观设计专利：CN304849832S。

专利号：发明创造被授予专利权后，申请号即变为专利号，并在专利号前冠以 ZL 两个汉语拼音字母。

3. 专利国别代码

专利号前面的两个英文字母代表专利国别。例如，CA（加拿大）、CN（中国）、DE（德国）、GB（英国）、JP（日本）、WO（世界知识产权组织）等。

4. 国际专利分类号（IPC）

《国际专利分类表》（IPC 分类表）是根据 1971 年签订的《国际专利分类斯特拉斯堡协定》编制的，是国际上公认的、按专利文献的技术内容或主题进行分类的代码表，也是目前国际通用的专利文献分类和检索工具。国际专利分类号（IPC）由部、分部、类、大组、小组 5 部分组成。例如，C08K 3/34 代表含硅化合物。

《国际专利分类表》的 8 个部如下。

A 部：人类生活必需。

B 部：作业；运输。

C 部：化学；冶金。

D 部：纺织；造纸。

E 部：固定建筑物。

F 部：机械工程；照明；加热；武器；爆破。

G 部：物理。

H部：电学。

我国国家知识产权局专利检索及分析网站的首页提供了按此8部类的分类导航检索。需要查看详细的分类含义，可以在我国知识产权局网站下载目前较新的《国际专利分类表》，网址为 http://www.sipo.gov.cn/wxfw/zlwxxggfw/zsyd/bzyfl/gjzlfl/。

5．涉及的几种日期

申请日：专利机关收到申请说明书之日。

公开日：发明专利申请公布之日。

公告日：3种专利授权公告之日。

优先权日：专利申请人就同一项发明在一个缔约国提出申请之后，在规定的期限内又向其他缔约国提出申请，申请人有权要求以第一次申请日期作为后来提出申请的日期，这一申请日就是优先权日。

6．专利文献著录项目代码

专利文献著录项目代码（Internationally agreed Numbers for the Identification of (bibliographic) Data，INID）是专利文献著录时使用的数据代码，按规定分别代表各种专利信息特征。图7-1中(19)、(12)、(10)、(43)、(21)、(22)等都是INID。它们的含义见表7-1。

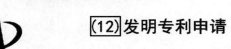

图7-1　某项发明专利申请首页

表7-1　INID及其含义

序号	INID	含义
1	(10)	文献标识
2	(11)	文献号
3	(12)	文献种类文字释义
4	(22)	申请日期
5	(30)	《巴黎公约》优先权数据
6	(31)	优先权号
7	(32)	优先权日期
8	(33)	优先权国家、地区或组织

续表

序号	INID	含义
9	(40)	使公众获悉的日期
10	(43)	未经实质审查尚未授权的专利文件的公布日期
11	(44)	经过实质审查但尚未授权的专利文件的公布日期
12	(45)	授权的专利文件的公告日期
13	(50)	技术信息
14	(51)	国际专利分类号
15	(52)	国家专利分类号
16	(54)	发明名称
17	(56)	单独列出的现有技术文献清单
18	(57)	文摘或权利要求
19	(60)	国内相关专利申请数据
20	(61)	增补专利
21	(62)	分案申请
22	(63)	继续或部分继续申请
23	(64)	再版专利
24	(65)	与同一申请有关的在先公布的专利文献
25	(70)	与专利或补充保护证书有关的当事人标识
26	(71)	申请人名称或姓名
27	(72)	发明人姓名
28	(73)	权利人、受让人名称或姓名
29	(74)	代理人
30	(75)	发明人兼申请人姓名
31	(76)	发明人兼申请人和权利人姓名
32	(80)	国际组织数据
33	(81)	专利合作条约指定国
34	(84)	依据地区专利条约的缔约国

7.1.7 专利检索案例

1. 我国国家知识产权局专利检索及分析网站检索

我国国家知识产权局专利检索及分析网站提供的常规检索入口有自动识别、检索要素、申请号、公开(公告)号、申请(专利权)人、发明人、发明名称等。

案例 7-1：专利常规检索

题目：检索发明人为"谷琼"、申请(专利权)人为"湖北文理学院"的一条发明专利，并查看相关信息。

步骤 1：在浏览器中输入网址(http://pss-system.cnipa.gov.cn/sipopublicsearch/portal/uiIndex.shtml)，进入国家知识产权局专利检索及分析网站。在常规检索框中输入"谷琼"，鼠标指针移动到检索框左边的向下箭头，在弹出的下拉列表中，选择"发明人"，然后单击检索按钮，如图 7-2 所示。

步骤 2：检索后找到 122 条数据，在其中选择申请(专利权)人为"湖北文理学院"的一条，如图 7-3 所示。

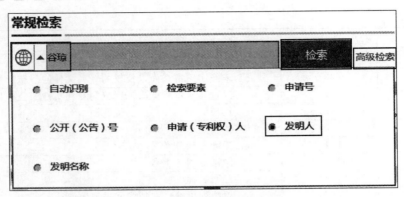

图 7-2　常规检索

图 7-3　检索结果中的一条

步骤 3：单击"详览"按钮，如图 7-3 所示，查看其著录项目。另外，单击"全文文本"，如图 7-4 所示，可以查看此专利的权利要求书、说明书等内容，在全文文本页面还可下载浏览文本内容。

步骤 4：单击图 7-3 中"法律状态"按钮，查看其法律状态生效日，如图 7-5 所示。

步骤 5：单击图 7-3 中"同族"按钮，查看该专利的同族专利信息。在同族文献信息页面右侧还提供了"详览""下载""法律状态"按钮，鼠标单击这些按钮可以查看或下载此同族专利信息，如图 7-6 所示。

案例 7-2：通过专利了解产品新材料

题目：某手机外壳设计研发组欲改进手机外壳材料，增强其耐用程度。他们的一项工作是要查找 2017 年以来关于手机外壳材料设计的专利。

步骤 1：进入国家知识产权局专利检索及分析网站，单击检索按钮右边的"高级检索"按钮，进入高级检索页面。在高级检索中的"发明名称"字段处输入"手机外壳"，在申请日处选择">"，输入"2016"，如图 7-7 所示，单击"生成检索式"，在检索式编辑区生成"申请日＞2016 AND 发明名称=（手机外壳）"，如图 7-8 所示，然后单击"检索"按钮，找到 339 条结果，涉及生产手机外壳的模具、手机外壳材料、手机外壳外观设计等。

第7章 专利和标准文献检索

| 著录项目 | 全文文本 | 全文图像 |

CN106844748A[中文] CN106844748A[英文]

发明名称 --- 文本聚类方法、装置及电子设备

申请号	CN201710083729.3
申请日	2017.02.16
公开（公告）号	CN106844748A
公开（公告）日	2017.06.13
IPC分类号	G06F17/30; G06K9/62
申请（专利权）人	湖北文理学院;
发明人	谷琼;王贤明;宁彬;王毅;丁函;曹文平;吴钊;华丽;胡春阳;屈俊峰;
优先权号	
优先权日	
申请人地址	湖北省襄阳市襄城区隆中路296号;
申请人邮编	441000;
CPC分类号	G06K9/6215;G06F17/3071

图 7-4　专利著录项目

法律状态

申请号	法律状态生效日	法律状态含义
CN201710083729	20170613	发明专利申请公布
CN201710083729	20170707	实质审查的生效

1~2共2条

图 7-5　专利的法律状态

同族文献信息

族号：59129026

公开（公告）号：CN106844748A　公开（公告）日：2017.06.13　申请号：CN201710083729
优先权号：CN201710083729
发明名称：Method and device for text clustering and electronic device

1~1共1条

图 7-6　此专利的同族文献信息

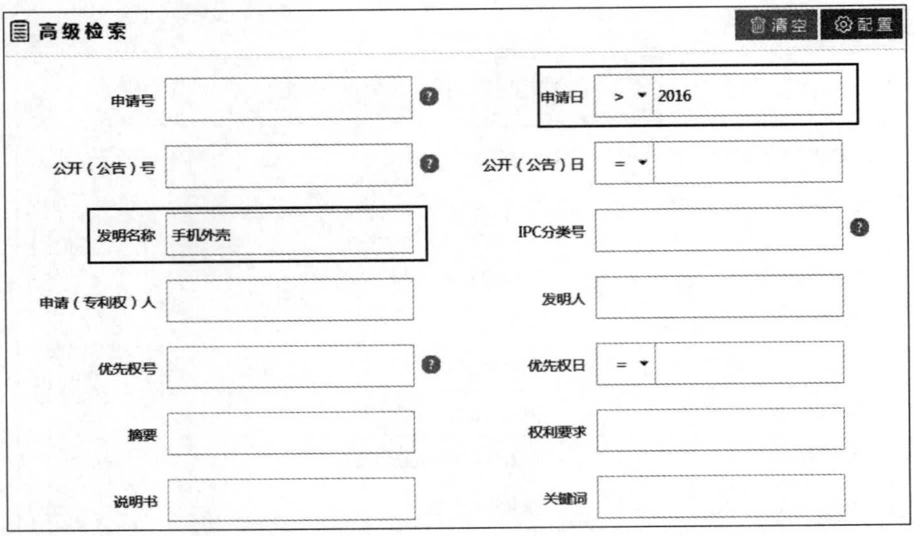

图 7-7 高级检索

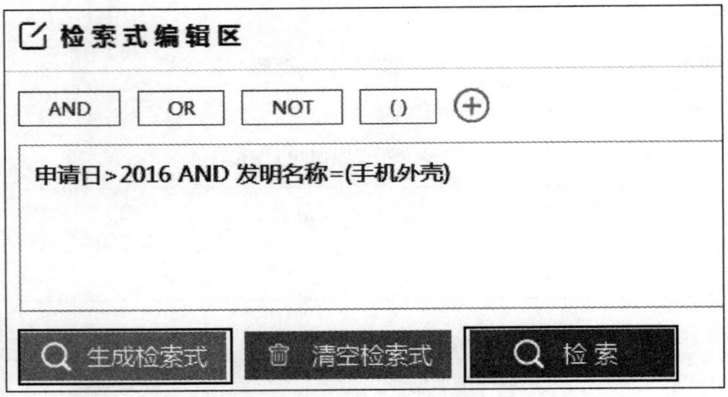

图 7-8 生成检索式

步骤 2：由于检索得到的结果较多，有些与本检索主题关系不大，继续缩小检索范围。

在高级检索中的"发明名称"字段处输入"手机外壳"，在"申请日"字段处选择"＞"，输入"2016"，在"关键词"字段处输入"材料"，如图 7-9 所示。单击"生成检索式"，生成检索式"申请日＞2016 AND 发明名称＝（手机外壳）AND 关键词＝（材料）"。单击"检索"按钮，找到 70 条结果，如图 7-10 所示。

步骤 3：根据技术领域统计分类，了解手机外壳专利所用材料。

单击检索结果统计框中的"技术领域统计"左侧的"＋"，展开技术领域统计，列出了专利主要涉及的 IPC 分类号，如图 7-11 所示。

步骤 4：在国家知识产权局网站下载《国际专利分类表》，在《国际专利分类表》中查找分类号对应的类。图 7-11 中 IPC 分类号对应的主题如下，通过查分类表了解所涉及的材料。

国际专利分类表下载网址为 http://www.sipo.gov.cn/wxfw/zlwxxxggfw/zsyd/bzyfl/gjzlfl/。

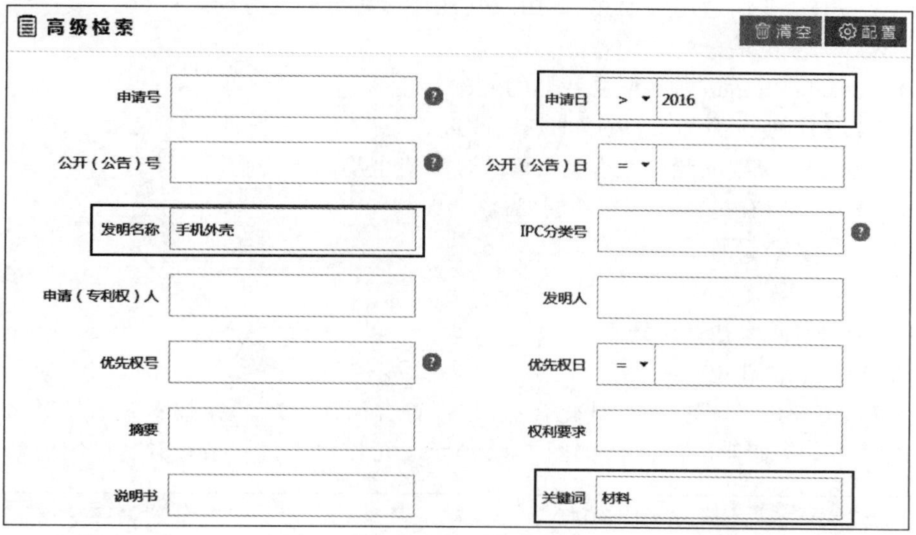

图 7-9　高级检索

申请号	申请日	公开(公告)号	公开(公告)日	发明名称	申请(专利权)人	操作
CN201810649070	2018.06.22	CN108425045A	2018.08.21	一种手机外壳用耐磨耐..	安徽酷米智能科技有..	
CN201810648891	2018.06.22	CN108486444A	2018.09.04	一种手机外壳用高强高..	安徽酷米智能科技有..	
CN201810613023	2018.06.14	CN108624028A	2018.10.09	一种高散热手机外壳材料	安徽酷米智能科技有..	
CN201810509556	2018.05.24	CN108624026A	2018.10.09	一种耐磨抗菌手机外壳..	合肥展游软件开发有..	
CN201810377358	2018.04.25	CN108540607A	2018.09.14	一种可防护指纹识别装..	天津庆盛精密电子有..	
CN201810298082	2018.04.04	CN108410114A	2018.08.17	一种手机外壳用高硬度..	合肥展游软件开发有..	
CN201810271817	2018.03.29	CN108395690A	2018.08.14	一种抗压耐磨手机外壳..	合肥博之泰电子科技..	

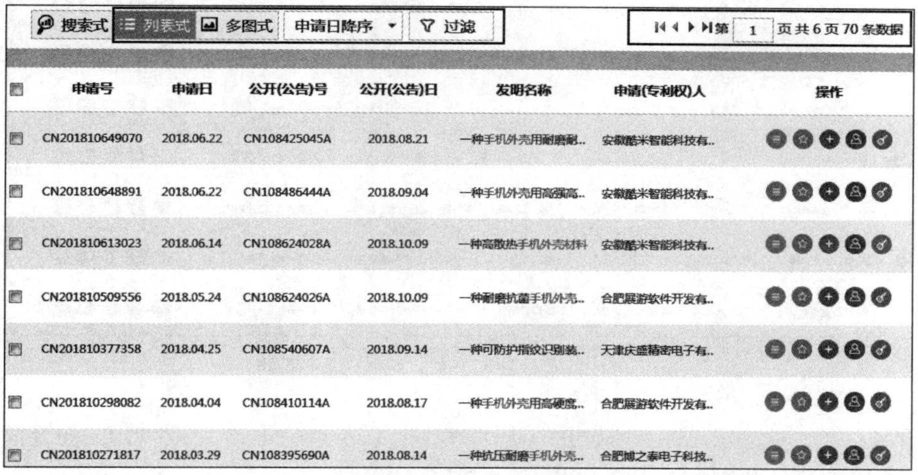

图 7-10　高级检索结果按列表方式呈现

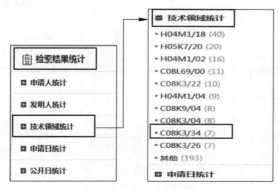

图 7-11　技术领域统计

H04M 1/18：专门适用于船舶、矿山或其他环境恶劣的地方的电话机。

H04M 1/02：电话机的结构特点。

H04M 1/04：电话送话器或受话器的支架。

H05K 7/20：便于冷却、通风或加热的改进。

C08L 69/00：聚碳酸酯的组合物；聚碳酸酯衍生物的组合物。

C08K 9/04：用有机物质处理的配料。

C08K 3/22：金属的。

C08K 3/04：碳。

C08K 3/26：碳酸盐；碳酸氢盐。

C08K 3/34：含硅化合物。

步骤 5："C08K3/34"类为含硅化合物，初步符合耐用要求。在技术领域统计分类中单击"C08K3/34"，检索到 7 条专利，如图 7-12 所示。可以单击每一条查看其详细信息。

申请号	申请日	公开(公告)号	公开(公告)日	发明名称	申请(专利权)人	操作
CN201810271817	2018.03.29	CN108395690A	2018.08.14	一种抗压耐磨手机外壳...	合肥博之泰电子科技...	
CN201810162639	2018.02.26	CN108250707A	2018.07.06	一种手机外壳用环保易...	合肥思博特软件开发...	
CN201710879521	2017.09.26	CN107383838A	2017.11.24	一种手机外壳用抗菌耐...	安徽酷米智能科技有...	
CN201710879563	2017.09.26	CN107501893A	2017.12.22	一种手机外壳用抗菌抗...	安徽酷米智能科技有...	
CN201710879562	2017.09.26	CN107501892A	2017.12.22	一种手机外壳用耐老化...	安徽酷米智能科技有...	
CN201710879485	2017.09.26	CN107652649A	2018.02.02	一种手机外壳用聚碳酸...	安徽酷米智能科技有...	
CN201710580051	2017.07.17	CN107189242A	2017.09.22	一种高耐磨性能的手机...	安徽酷米智能科技有...	

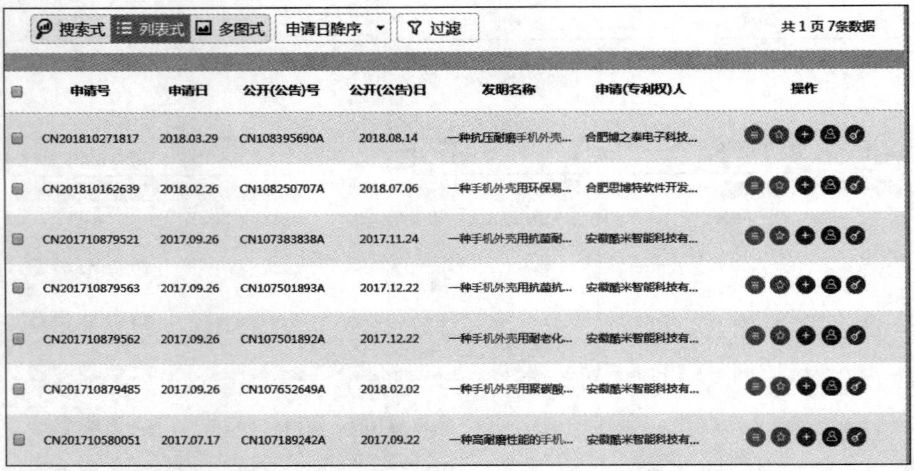

图 7-12　列表式呈现 C08K3/34 分类号下的专利

步骤 6：通过对检索结果统计，进一步了解这 7 条专利的申请人、发明人、涉及的其他技术领域、专利申请日和专利公开日等信息，如图 7-13 至图 7-17 所示。

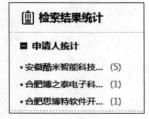

图 7-13　申请人统计

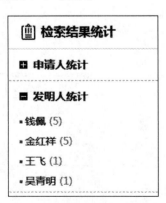

图 7-14　发明人统计

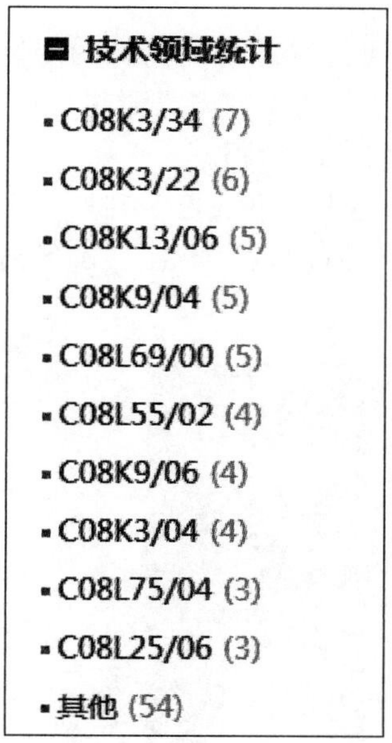

■ 技术领域统计
- C08K3/34 (7)
- C08K3/22 (6)
- C08K13/06 (5)
- C08K9/04 (5)
- C08L69/00 (5)
- C08L55/02 (4)
- C08K9/06 (4)
- C08K3/04 (4)
- C08L75/04 (3)
- C08L25/06 (3)
- 其他 (54)

图 7-15　技术领域统计

■ 申请日统计
- 2018 (2)
- 2017 (5)

⊞ 公开日统计

图 7-16　申请日统计

⊞ 申请日统计

■ 公开日统计
- 2018 (3)
- 2017 (4)

图 7-17　公开日统计

总结：通过检索，找到近两年有关手机外壳材料专利 70 条，通过《国际专利分类表》查找专利分类号对应的材料，对最新专利使用的材料有了较全面的认识，针对检索目的，重点了解了关于耐用性材料的 7 条专利，进一步查看了申请人统计、发明人统计、技术领域统计、申请日统计、公开日统计，从而了解到这 7 条专利来自哪些企业、主要设计人、涉及的其他技术领域等信息，为进一步利用这些发明专利提供了基础信息和方向。

2．万方数据专利文献检索

我国国家知识产权局拥有我国全面、权威的专利数据，数据更新及时，提供了常用的专利检索平台。此外，还有其他专利检索平台，如万方数据，用户可以根据自己的习惯选择使用。不同专利检索平台各有特点，在使用时可以互相补充。万方数据作为专业的文献服务提供商，提供了友好便利的专利检索功能：

（1）可以用分类检索，也可以通过检索字段检索，满足不同检索需求。

（2）对检出结果提供分类查看，分类有专利类型、国家/组织、年份、法律状态、专利权人、发明人等。

（3）提供在线阅读和下载的功能，可以下载专利申请书。提供文献导出功能，方便检索者使用参考文献，查新格式导出功能可以使检索者批量下载专利摘要并阅读。

万方数据提供的我国专利数据来源于我国国家知识产权局，检索时可以结合我国国家知识产权局专利检索及分析网站进行综合应用。

案例 7-3：通过专利了解技术新动态

题目：某安全帽（头盔）生产厂家的技术员，经常关注市场上安全帽的技术发展动态，为设计新式安全帽寻找灵感，同时寻找具有引进价值的专利。他通过万方数据了解相关专利。

分析：该技术员检索目标的分类很明确，是安全帽或头盔，但对专利申请人、专利申请号、专利设计人等没有要求，其检索目的是关注安全帽或头盔的技术发展动态。因此，他选择使用万方专利检索的分类检索比较合适。

根据检索目的,他可以重点了解近一年的发明专利,查看法律状态为"有权"的专利,便于通过专利数据了解最新的安全帽生产材料、款式的进展。同时,他也可浏览那些"无权"的专利,进一步了解其无权的原因,以期能加以利用或避免发生同样的问题。

步骤 1:在万方数据的首页,选择"专利",如图 7-18 所示,进入万方数据专利检索页面。在分类检索的"人类生活必需"中选择"帽类制品",如图 7-19 所示,找到 31 320 条结果。3 万多条数据很庞大,必须有所选择。

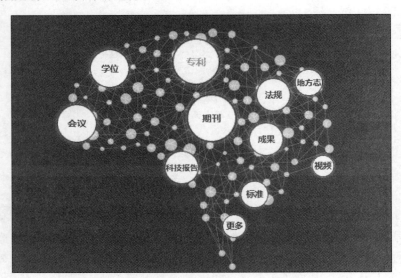

图 7-18　万方数据首页选择"专利"按钮

图 7-19　万方数据专利分类检索页面

步骤 2:利用万方数据提供的不同分类方式,对这 3 万多条专利进行分类浏览。万方数据对找到的专利按"专利类型""国家/组织""年份""法律状态""专利权人""发明人"等进行分类,每种具体类型后面括号里的数字是此次检索找到的专利数量,如图 7-20 所示。单击每条具体分类,筛选出该类的专利,呈现给用户查看。

步骤 3:查看近一年的专利。单击"近一年"图标,如图 7-20 所示,找到 2069 条结果。选择"相关度"排序后,选择前 7 项导出,按参考文献格式呈现,如图 7-21 所示,以备重点查看利用。

图 7-20　万方数据提供的专利分类方式

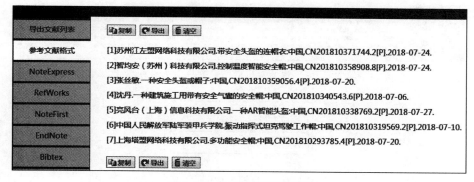

图 7-21　导出专利参考文献

步骤 4：查看时间为"近一年"、专利类型为"发明专利"、法律状态为"有权"的专利，找到 3 条结果，如图 7-22 所示。单击这 3 条专利左边的复选框，单击"导出"按钮，选择导出为"查新格式"，如图 7-23 所示，查新格式给出了每条专利的摘要，可以先阅读摘要，以确定是否重点了解此专利。

步骤 5：查看"无权"专利。在找到的 31 320 条结果中，法律状态有"无权""有权""在审""待定"4 类。单击法律状态分类下的"无权"，如图 7-24 所示，则筛选出所有无权专利，查看其中一条，其申请号为 CN201410089218.9，其申请年为 2014，如图 7-25 所示，该专利显然不是因为超过保护期而失效，那么为什么无权？这是一个值得留意的问题。

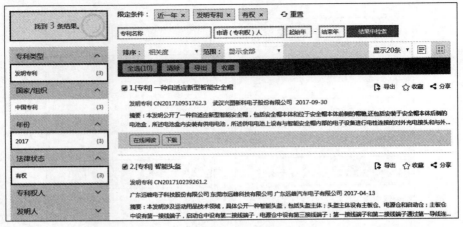

图 7-22　近一年的有权发明专利

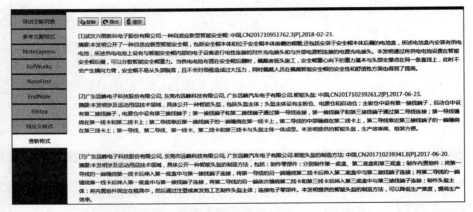

图 7-23　近一年的有权发明专利导出为查新格式

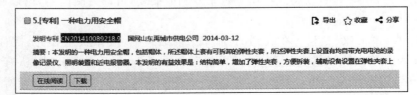

图 7-24　法律状态

图 7-25　失效专利中的一条

步骤6：查找"无权"原因。

（1）此专利为什么是"无权"状态，万方数据并没有提供详细数据，进入我国国家知识产权局专利检索及分析网站，输入申请号"CN201410089218.9"查找此专利。

（2）找到此专利后，单击"法律状态"按钮，如图7-26所示，法律状态含义显示"发明专利申请公布后的驳回"，如图7-27所示。发现其还有同族专利，单击"同族：1"按钮，可查看其同族专利，如图7-26所示，其同族专利也具有同样的无权原因。

图7-26　国家知识产权局检索结果

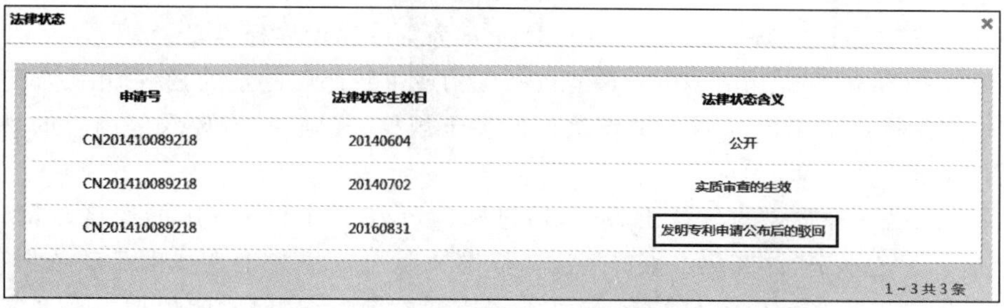

图7-27　国家知识产权局检索显示的法律状态

（3）同时，从图7-26看出，此项检索结果还有6条引证文献，通过引证文献也可以了解相关的专利。单击"引证：6"可以看到此条信息的引证文献。

步骤7：在法律状态为"无权"的专利中，查看另外一条，其申请号为CN201410731833.5，其申请年为2014，显然也不是因为超过保护期而失效。

步骤8：进入我国国家知识产权局专利检索及分析网站，输入申请号"CN201410731833.5"查找此专利，发现其还有同族专利，单击"法律状态"查看此专利和其同族专利的法律状态，均显示"发明专利申请公布后的撤回"，如图7-28所示。因而，法律状态为"无权"时，其原因可能有多种。

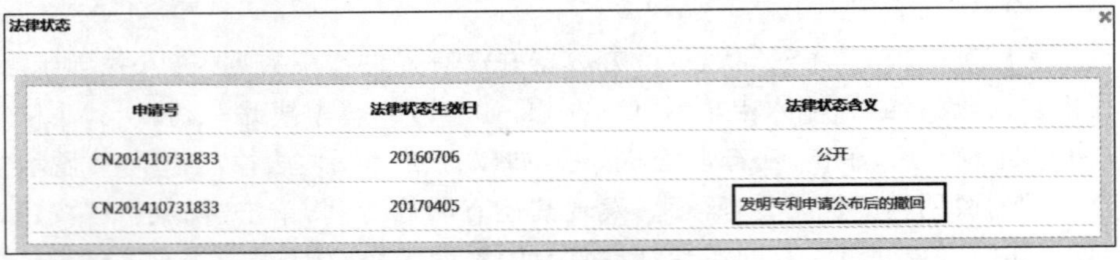

法律状态			
申请号	法律状态生效日	法律状态含义	
CN201410731833	20160706	公开	
CN201410731833	20170405	发明专利申请公布后的撤回	

图 7-28　无效专利的法律状态含义

步骤 9：对检索结果的分析和利用。

通过检索，找到了最近一年有权的关于安全帽的专利，同时也筛选了最近一年关于安全帽的处于有权状态的专利申请，并导出了参考文献，可以详细阅读它们的摘要，并通过分析，锁定最新动态。查看了法律状态为无权的两例专利，它们无权的原因是不相同的。可以进一步了解其无权的原因，以避免发生同样的问题。

7.2　标准

越南铁路轨道是 1 米宽，而我国是 1.435 米宽的国际标轨，由于两国的铁轨标准不一样，我国跟越南的铁路运输便无法直接接轨，在过境的时候就要卸货、换车，既耽误时间，又容易出错。采用不同的标准往往造成互通困难，企业必须按标准要求来生产并规范产品规格，从而使产品具有互换性。

标准化工作是经济发展的制高点，具有基础性和引领性作用。为了提高对国际标准化工作在世界经济活动中重要性的认识，促进国际标准化工作适应世界范围内的商业、工业、政府和消费者的需要，1969 年 9 月国际标准化组织理事会把每年的 10 月 14 日定为世界标准日（World Standards Day），1970 年 10 月 14 日为第一届世界标准日。

标准文献（Standard Literature）是经权威机构或主管部门制定的，经过相关部门审批并发布的一套在特定范围内强制或推荐执行的关于规格、规则、技术要求等内容的规范性文献，简称"标准"。

标准文献是一种重要的科技出版物，通过标准可以了解世界各国的经济政策、技术政策、生产加工工艺水平、标准化水平等情况。标准文献可以作为生产技术活动依据，有助于改进产品、提高工艺水平和技术水平，也是工程质量鉴定、产品检验的依据。标准文献对于防止贸易壁垒有重要作用。在经济全球化的时代，国家之间经常上演贸易战，许多国家利用技术标准来加大市场的准入难度，防止其他国家的商品进入，企业在从事出口贸易时，熟悉进口国的技术标准，在出口产品的生产、包装、运输时遵照国标标准或进口国的标准，将有利于突破技术标准壁垒。

随着经济全球化发展，世界各国如果要参与国际竞争，把产品打入国际市场，就必须向国际标准看齐。因此，各国都在纷纷制定与国际标准兼容的国家标准。标准文献国际化是一个必然趋势。

为了指导开展标准化工作，对标准的制定、实施、监督进行管理，我国于 1988 年 12 月 29 日第七届全国人民代表大会常务委员会第五次会议通过了《中华人民共和国标准化法》，2017

年11月4日第十二届全国人民代表大会常务委员会第三十次会议对《中华人民共和国标准化法》进行了修订,新修订的《中华人民共和国标准化法》于2018年1月1日正式实施。

与《中华人民共和国标准化法》相关的两个重要文件是1990年4月6日由国务院第53号令发布的《中华人民共和国标准化法实施条例》和1990年8月24日国家技术监督局第10号令发布的《国家标准管理办法》。这两个文件为更好地实施《中华人民共和国标准化法》起到重要作用,是我国标准制定、实施、监督管理过程中两个重要依据。

7.2.1 标准的相关知识

1. 标准的内涵与分类

《中华人民共和国标准化法》指出,标准(含标准样品)是指农业、工业、服务业以及社会事业等领域需要统一的技术要求。

标准包括国家标准、行业标准、地方标准、团体标准、企业标准。国家标准分为强制性标准、推荐性标准,行业标准、地方标准是推荐性标准。强制性标准必须执行。国家鼓励采用推荐性标准。表7-2给出了我国标准分类。

强制性标准具有法律约束力,对保障国民人身健康和生命财产安全、国家安全、生态环境安全和国民经济健康发展起到重要作用。

推荐性标准也称非强制性标准,除强制性标准之外,其他的标准均属非强制性标准。对于非强制性标准,国家鼓励企业自愿采用。非强制性标准并非固定不变,在一定条件下,它可以转化为强制性标准。同样,根据需要,强制性标准也可转化为非强制性标准。

表 7-2 我国标准分类

标准类型	适用的技术要求	要求程度	公开
强制性国家标准	保障人身健康和生命财产安全、国家安全、生态环境安全以及满足经济社会管理基本需要的技术要求	强制执行	标准文本应当免费向社会公开
推荐性国家标准	对满足基础通用、与强制性国家标准配套、对各有关行业起引领作用等需要的技术要求	不得低于强制性国家标准的相关技术要求	
行业标准	对没有推荐性国家标准、需要在全国某个行业范围内统一的技术要求	不得低于强制性国家标准的相关技术要求	
地方标准	为满足地方自然条件、风俗习惯等特殊技术要求	不得低于强制性国家标准的相关技术要求	
团体标准	学会、协会、商会、联合会、产业技术联盟等社会团体协调相关市场主体共同制定满足市场和创新需要的团体标准	不得低于强制性国家标准的相关技术要求;鼓励高于推荐性标准相关技术要求	鼓励通过标准信息公共服务平台向社会公开
企业标准	企业可以根据需要自行制定企业标准,或者与其他企业联合制定企业标准	不得低于强制性国家标准的相关技术要求;鼓励高于推荐性标准相关技术要求	鼓励通过标准信息公共服务平台向社会公开

《中华人民共和国标准化法》第二十五条指出,不符合强制性标准的产品、服务,不得生产、销售、进口或者提供。第二十七条指出,国家实行团体标准、企业标准自我声明公开和监督制度。企业应当公开其执行的强制性标准、推荐性标准、团体标准或者企业标准的编号和名称;企业应当按照标准组织生产经营活动,其生产的产品、提供的服务应当符合企业公开标准的技术要求。因而,标准文献具有一定的法律属性,使产品生产、工程建设、组织管理、监督管理等都有据可依。

2. 标准复审制度

《中华人民共和国标准化法》要求建立标准实施信息反馈和评估机制,标准的行政主管部门应根据反馈和评估情况对其制定的标准进行复审。标准的复审周期一般不超过 5 年。经过复审,对不适应经济社会发展需要和技术进步的应当及时修订或者废止。

复审处理有以下 3 种情况。

(1) 不需要修改的标准确认继续有效。这种标准不改顺序号和年号,当标准重版时,在标准封面的编号下注明"****年确认有效"字样;

(2) 须做修改的标准列入修订计划,修订的标准顺序号不变,只是把年号改为修订的年号;

(3) 对已无存在必要的标准,予以废止。

3. 标准基本组织部分

标准一般应包含以下标识:标准编号、中文标准名称、英文标准名称、发布日期、实施日期、发布单位、代替标准、中国标准分类号(CCS)、国际标准分类号(ICS)、标准类别、主管部门、归口单位、发布单位等,标准查询系统中一般还会有标准状态(现行、作废、即将实施等)。

标准内容一般包括:目录、前言、引言、具体内容项目(范围、引用文件、术语和定义、原则、规则、规定、图、表、附录、参考文献等)。

4. 标准的特点

标准的制定、实施、监督等必须依据法律来进行,同时,起草人应为行业专家,要经过专家论证、征求意见等阶段。与其他类型文献相比,标准有很明显的特点。

(1) 标准有明确的用途和适用范围。

(2) 标准具有时效性。标准是在某时间阶段特定条件下制定的,当时间条件变化了,标准会被修订、补充、替代或废止。我国建立了标准复审制度,规定了标准的复审周期一般不超过 5 年。各国或国际组织标准都会有复审。ISO 标准每 5 年复审一次。

(3) 标准具有可靠性、可行性。标准是从事生产、设计、管理、产品检验、商品流通、科学研究、监督管理的依据。

(4) 强制性标准具有法律效力。法律明确规定不符合强制性标准的产品、服务,不得生产、销售、进口或者提供。

(5) 一件标准只解决一个问题,一件标准对应一个标准号。

(6) 世界各国或各大标准组织,对标准制定、审批、管理都有统一的程序和办法,有编制格式和叙述方法要求。

(7) 标准存在相互引用。标准在内容上存在相互引用的情况,有重复交叉的现象。

(8) 强制性标准与非强制性标准可以双向转化。在一定条件下,非强制性标准可以转化为强制性标准,同样,根据需要,强制性标准也可转化为非强制性标准。企业标准、行业标准、国际标准之间并不是级别依次升高,许多国家的国家标准是由有代表性的行业标准或企业标准转化而来的。

标准有法定的审批程序、管理办法,有明确的使用范围,有相对统一的格式要求,如标准的标识要求、描述形式要求等,标准有自己的检索系统,因而,标准文献自成体系。

7.2.2 标准的编号规则

《中华人民共和国标准化法》要求标准应当按照编号规则进行编号。标准的编号规则由国务院标准化行政主管部门制定并公布。

1. 国家标准编号

国家标准编号的构成为:国家标准代号+顺序号+发布年。

国家标准代号由大写汉语拼音字母构成,强制性国家标准的代号为"GB",推荐性国家标准的代号为"GB/T",指导性国家标准代号为"GB/Z",国家标准示例见表7-3。

形式如下:

强制性国家标准	GB××××—××××	如 GB 4943.1—2011
推荐性国家标准	GB/T××××—××××	如 GB/T 22450.1—2008
指导性国家标准	GB/Z××××—××××	如 GB/Z 35042—2018

表 7-3 我国国家标准示例表

标准编号	标准类型	发布年份	标准名称	归口单位
GB 4943.1—2011	强制性国家标准	2011	信息技术设备 安全 第1部分:通用要求	工业和信息化部
GB/T 22450.1—2008	推荐性国家标准	2008	900/1800MHz TDMA 数字蜂窝移动通信系统电磁兼容性限值和测量方法第1部分:移动台及其辅助设备	工业和信息化部(通信)
GB/Z 35042—2018	指导性国家标准	2018	蛋鸡产业项目运营管理规范	国家标准化管理委员会

2. 行业标准编号

行业标准编号构成为:行业代码+标准顺序号+发布年。

形式如下:

通信行业标准	YD ××××—××××	如 YD 734—1994
通信行业的推荐标准	YD/T××××—××××	如 YD/T 2575—2016

通信行业标准示例见表7-4。以下为部分行业代码:NY 农业;LY 林业;LB 旅游;JY 教育;LD 劳动和劳动安全;ZY 中医药;TY 体育;LS 粮食;YD 通信;QC 汽车;HG 化工;HJ 环境保护;JT 交通等。

表 7-4　通信行业标准示例表

标准编号	标准类型	发布年份	标准名称	主管部门
YD 734—1994	通信行业标准	1994	光缆数字传输监控系统技术规范	邮电部
YD/T 1818—2018	通信行业的推荐标准	2018	电信数据中心电源系统	工业和信息化部

3．地方标准的编号

地方标准编号构成为：地方标准代号＋标准顺序号＋发布年。
DB 为地方标准代号，形式如下：
DB××/××××—××××　　　地方强制性标准
DB××/T××××—××××　　地方指导性标准
DB××/Z××××—××××　　地方推荐性标准
地方标准（北京）示例见表 7-5，地方标准（福建）示例见表 7-6。

表 7-5　地方标准（北京）示例表

标准编号	标准类型	发布年份	标准名称	归口单位
DB11/ 513—2015	地方强制性标准（北京）	2015	绿色施工管理规程	北京市住房和城乡建设委员会
DB11/Z 610—2008	地方指导性标准（北京）	2008	电子政务总体技术框架	北京市经济和信息化委员会
DB11/T 1547—2018	地方推荐性标准（北京）	2018	主要林木害虫监测调查技术规程	北京市园林绿化局

表 7-6　地方标准（福建）示例表

标准编号	标准类型	发布年份	标准名称	主管部门
DB35/ 724—2007	地方强制性标准（福建）	2007	黄田马蹄笋	福建省质量技术监督局
DB35/T 977—2010	地方推荐性标准（福建）	2010	抑菌型纸尿裤（含纸尿片/垫）	福建省质量技术监督局

4．企业标准的编号

企业标准编号构成为：企业标准代号/企业代码＋标准序号＋发布年。
企业标准代号为 Q，企业代码可以用汉语拼音字母，如"Q/GZBJ 2—2017"为广州宝洁有限公司企业标准，其中"GZBJ"是由"广州宝洁"汉语拼音首字母构成的。

5．团体标准的编号

团体标准编号构成为：团体标准代号/团体代码＋标准序号＋发布年。
团体标准代号为 T，团体代码可以用汉语拼音字母。
例如，"T/JX 005—2018"为团体标准"普通高等学校学生毕业实习管理规范"，其中

"JX"是团体"嘉兴市标准质量建设促进会"的代码,"2018"表示该标准于2018年发布。

"T/CAAS 004—2018"为团体标准"社会艺术教育古筝教学从业人员能力规范",其中"CAAS"是团体"中国社会艺术协会"的代码,"2018"表示该标准于2018年发布。

7.2.3 我国标准化相关机构

标准的制定、发布、实施、监督管理涉及众多行业、众多机构部门,了解这些行业、部门,有助于加强对标准的认识,读懂标准文献,进行标准文献检索。

1. 国家市场监督管理总局

国家市场监督管理总局(State Administration for Market Regulation)是我国当前的标准化行政主管部门。国家质量监督检验检疫总局是我国2018年3月之前的标准化行政主管部门,2018年3月后已不再保留。

国家技术监督局是我国最初的标准化行政主管部门,先是更名为"国家质量技术监督局",然后国家质量技术监督局与国家出入境检验检疫局合并组建中华人民共和国国家质量监督检验检疫总局。中华人民共和国国家质量监督检验检疫总局(General Administration of Quality Supervision, Inspection and Quarantine of the People's Republic of China)简称"国家质检总局",是我国主管全国质量、计量、出入境商品检验、出入境卫生检疫、出入境动植物检疫、进出口食品安全和认证认可、标准化等工作,并行使行政执法职能的正部级国务院直属机构。按照国务院授权,将标准化行政管理职能,交给国家质检总局管理的中国国家标准化管理委员会承担。

2018年3月,根据第十三届全国人民代表大会第一次会议批准的国务院机构改革方案,将国家质量监督检验检疫总局的职责整合,组建中华人民共和国国家市场监督管理总局;将国家质量监督检验检疫总局的出入境检验检疫管理职责和队伍划入海关总署;将国家质量监督检验检疫总局的原产地地理标志管理职责整合,重新组建中华人民共和国国家知识产权局;不再保留中华人民共和国国家质量监督检验检疫总局。

因此,我国2018年之前的国家标准,其首页的发布单位是中华人民共和国国家质量监督检验检疫总局、中国国家标准化管理委员会。2018年之后的国家标准,其发布单位是国家市场监督管理总局、中国国家标准化管理委员会。

2. 国家标准化管理委员会

国家标准化管理委员会(Standardization Administration of the People's Republic of China, SAC)是国务院授权履行行政管理职能,统一管理全国标准化工作的主管机构。中国是ISO的正式成员,中国国家标准化管理委员会代表中国参与国际事务。

我国标准化管理机构分为多条线:各省(自治区、直辖市)、市、县政府部门均设有标准化管理机构。国务院有关行政主管部门和有关行业协会也设有标准化管理机构,分别管理本部门、本行业的标准化工作。

国家标准化管理委员会对省(自治区、直辖市)质量技术监督局的标准化工作实行业务领导。各省(自治区、直辖市)、市、县质量技术监督局统一管理本行政区域的标准化工作。

中国国家标准化管理委员会的网站(http://www.sac.gov.cn/)设有国标目录查询、国标计划查询、国标公告查询和技术委员会查询4种检索功能,其主管的全国标准信息公共服务平台(http://std.samr.gov.cn/),提供功能完备的标准检索服务。

3. 中国标准化研究院

中国标准化研究院(China National Institute of Standardization)(原名"国家科委标准化综合研究所")始建于1963年,是从事标准化研究的国家级社会公益类科研机构,主要针对我国国民经济和社会发展中全局性、战略性和综合性的标准化问题进行研究。

4. 中国国家标准馆

中国国家标准馆成立于1963年,是我国唯一的国家级标准文献、图书、情报的馆藏、研究和服务机构,隶属于中国标准化研究院,是国家标准化管理委员会的基础信息支撑机构,是我国历史最久、资源最全、服务最广、影响最大的权威性标准文献服务机构。

馆藏资源有一个世纪以来国内外各类标准文献110万余件,包括齐全的中国国家标准和66个行业标准,60多个国家、70多个国际和区域性标准化组织、450多个专业协(学)会的成套标准,160多种国内外标准化期刊及标准化专著。

中国国家标准馆通过门户网站中国标准服务网(http://www.cssn.net.cn/),提供各类在线服务,为社会各界提供标准文献查询(查阅)、查新、有效性确认、咨询研究、信息加工、文献翻译、销售代理、专业培训以及其他专题性服务。

5. 中国标准化协会

中国标准化协会(China Association for Standardization,CAS)是1978年经国家民政主管部门批准成立,是由全国从事标准化工作的组织和个人自愿参与构成的全国性法人社会团体。中国标准化协会接受国家标准化管理委员会的领导和业务指导。

中国标准化协会是联系政府部门、科技工作者、企业和广大消费者之间的桥梁和纽带,是多方位从事标准化学术研究、标准制定、修订、标准化培训、科学宣传、技术交流、编辑出版、在线网站、咨询服务、国际交流与合作等业务的综合性社会团体。

中国标准化协会官网是http://www.china-cas.org/,中国标准化协会提供标准检索服务,其网址为http://china-cas.bz100.cn/。

7.2.4 国际标准化组织

1. 国际标准化组织(ISO)

国际标准化组织(International Organization for Standardization,ISO)是一个全球性的非政府组织,是制定国际标准的国际性机构。"ISO"是从"相等"与"标准"在内涵上的联系得来的。"ISO"来源于希腊语"isos",意为"相等",用它作前缀的词也含有"相等"之意,如"isometric"意为"等容积的","isonomy"意为"法律平等"。

1946年10月,25个国家标准化机构的代表在伦敦召开大会,决定成立新的国际标准化机构,定名为ISO。大会起草了ISO的第一个章程和议事规则,并认可通过了该章程草案。1947年2月23日,国际标准化组织正式成立。ISO的工作语言是英语、法语和俄语,总部设在瑞士日内瓦。

国际标准化组织的主要活动是制定国际标准,协调世界范围的标准化工作,组织各成员国和技术委员会进行情报交流,与其他国际组织进行合作,共同研究有关标准化问题。ISO

标准每5年修订一次,使用时应注意该标准是否有效。

2. 国际电工委员会(IEC)

国际电工委员会(International Electrotechnical Commission,IEC)成立于1906年,是非政府性国际电工标准化机构。1947年ISO成立后,IEC曾作为电工部门并入ISO,但在技术上、财务上仍保持其独立性。根据1976年ISO与IEC的新协议,两组织都是法律上独立的组织,IEC负责有关电工、电子领域的国际标准化工作,其他领域则由ISO负责。

IEC的宗旨是通过其成员,促进电气化、电子工程领域的标准化和有关事务的国际合作,增进国际间的相互了解。目前,IEC的工作领域已由单纯研究电气设备、电机的名词术语和功率等问题扩展到电子、电力、微电子及其应用、通信等电工技术的各个方面。IEC标准已涉及世界市场中35%的产品。IEC每年要在世界各地召开一百多次国际标准会议,世界各国的近10万名专家参与IEC的标准制定、修订工作。IEC标准的权威性得到世界公认。

我国于1957年成为IEC的执委会成员,也陆续将IEC标准转化为国家标准,现已将多条IEC发布的标准编入国家标准正式版本,发布为国家标准。例如,GB/T 6988.1—2008《电气技术用文件的编制 第1部分》,等同采用IEC 61082—1:2006《电气技术用文件的编制 第1部分:规则》(英文版)。这样的标准还有一系列,这些标准统一了电气制图的规则,为提高电气技术信息交流的速度和质量发挥了重要作用。

3. 国际电信联盟(ITU)

国际电信联盟(International Telecommunication Union,ITU)是由法国、德国、俄国等20个国家在巴黎会议上为了顺利实现国际电报通信而成立的国际组织,主管信息通信技术事务,成立于1865年5月17日,是联合国专门机构之一,其总部设在日内瓦,包括191个成员国和700多个部门成员及部门准成员。

ITU的主要职责是完成国际电信联盟有关电信标准化的目标,使全世界的电信标准化。ITU的实质性工作由3大部门承担:国际电信联盟标准化部门、国际电信联盟无线电通信部门和国际电信联盟电信发展部门。其中电信标准化部门由原来的国际电报电话咨询委员会(CCIR)和标准化工作部门合并而成。ITU目前已制定了2000多项国际标准。

ISO、IEC及ITU是目前世界上3个最主要的国际标准化组织,它们与WTO建立了良好的合作伙伴关系,对全球的经济和市场发展起着极其重要的技术推动作用。

7.2.5 中国标准的检索

1. 标准检索工具或网站

中国标准检索的途径大致可分为两类,一是通过标准检索工具出版物检索,二是通过互联网检索。

(1)通过标准检索工具出版物检索,中国标准检索工具出版物主要有《国家标准目录及信息总汇》《国家标准和部标准作废代替对照目录》《国家标准和专业标准》《中华人民共和国国家标准目录及信息总汇》《中国工农业产品、工程建设国家标准和部标准》《中国标准化年鉴》等。

(2) 通过互联网检索，根据提供服务的机构不同，可以分为 3 种渠道：一是通过我国国家标准化权威机构提供的检索平台检索，二是通过专业文献数据库平台检索，三是通过商业网站检索。

常用的标准互联网检索平台如下。

全国标准信息公共服务平台	http://std.samr.gov.cn/
国家标准全文公开系统	http://openstd.samr.gov.cn/
中国标准化协会标准查询	http://china-cas.bz100.cn/
中国标准服务网	http://www.cssn.net.cn/
国家科技图书文献中心 NSTL	https://www.nstl.gov.cn/
中国知网标准检索	https://kns.cnki.net/kns/brief/result.aspx?dbprefix=CISD
万方数据标准检索	http://www.wanfangdata.com.cn/navigations/standards.do

2. 国家标准全文公开系统

对普通用户特别有价值的一个标准网络检索平台是国家标准全文公开系统。国家标准全文公开系统对质检总局、国家标准委自 2017 年 1 月 1 日后新发布的国家标准，将在《国家标准批准发布公告》发布后 20 个工作日内公开标准文本，其中涉及采标的推荐性国家标准的公开，将在遵守国际版权政策前提下进行，并且公开了质检总局、国家标准委 2017 年 1 月 1 日前已批准发布的所有强制性国家标准、推荐性国家标准（非采标）。

采标是采用国际标准的简称，是指将国际标准的内容，在分析研究和试验验证之后，等同或修改转化为我国标准（国家标准、行业标准、地方标准和企业标准），依据我国标准审批、发布程序，进行审批和发布。

由于采标标准不同程度使用了国外标准，如 ISO、IEC、ITU 等国际组织的标准，涉及版权保护问题，因而不会提供在线阅读服务，不能免费提供全文，如果需要正式标准出版物，则需要购买。

国家标准全文公开系统特别要求：所提供的电子文本仅供个人学习、研究之用，未经授权，禁止复制、发行、汇编、翻译或网络传播等，侵权必究。因此，普通用户在遵守规章的前提下，可以免费使用公开的国家标准全文。

3. 检索案例

案例 7-4：查找纸巾纸的国家标准

题目：某造纸企业打算生产纸巾纸，需要查找相关国家标准，从而指导生产，并配备生产、检测设备，准备生产所需条件，请帮助该企业查找相关标准。

分析：造纸企业生产的纸巾纸是成熟产品，在市场中就可以找到同类商品，从同类商品的包装上即可查看其执行标准。通过几份同类产品，发现其执行标准有两个，分别为 GB/T 20808 和 GB 15979。从标准编号可以看出，这两个标准为国家标准，一个为推荐性标准，一个为强制性标准。这两个标准都可以在国家标准全文公开系统中检索，强制标准可以获取全文。

步骤 1：登录国家标准全文公开系统网站（http://openstd.samr.gov.cn/bzgk/gb/），在检索框中输入"GB/T 20808"，如图 7-29 所示，单击"检索"按钮。

步骤 2：找到检索结果后，如图 7-30 所示，鼠标单击"查看详细"按钮

步骤 3：打开标准详细查看页面后，了解到其标准状态为"现行"，如图 7-31 所示，单击

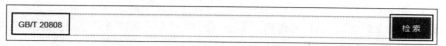

图 7-29　国家标准全文公开系统检索框

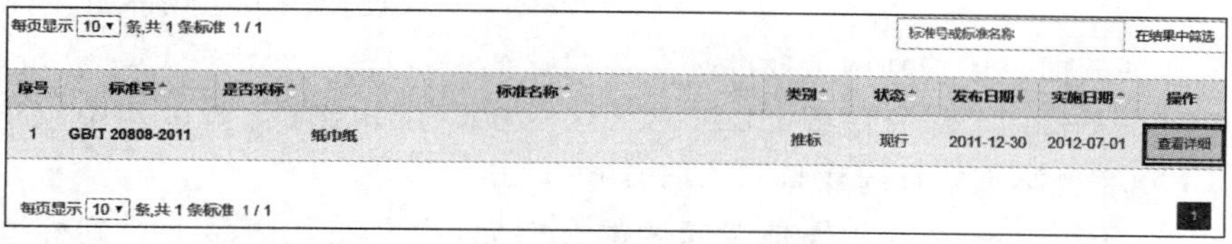

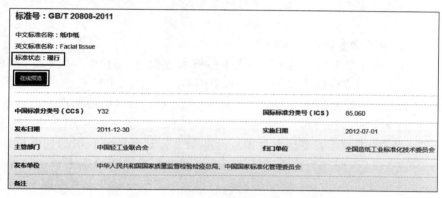

图 7-30　输入"GB/T 20808"后的检索结果

"在线预览"按钮,可以查看标准全文。由于此标准为国家推荐标准,不可以下载,只能在线查看,或单击"打印"按钮进行打印。

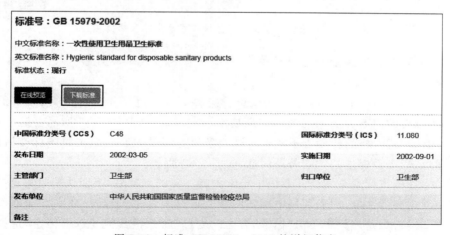

图 7-31　标准 GB/T 20808—2011 的详细信息

步骤 4:同理,可以在检索框中输入"GB 15979",找到此标准的信息,其标准状态为"现行"。此标准是国家强制标准,可以下载 PDF 格式文档,如图 7-32 所示。

图 7-32　标准 GB 15979—2002 的详细信息

步骤5：查看标准。

(1) 通过查看，了解到之前在其他产品上看到的标准写法并不完整，标准还应该有年号。这两个标准的完整信息如下。

标准号：GB/T 20808—2011　　　　标准名称：纸巾纸

标准号：GB 15979—2002　　　　　标准名称：一次性使用卫生用品卫生标准

(2) 从标准的前言了解到两个标准都有替代版本。

GB/T 20808—2011 部分代替 GB/T 20808—2006《纸巾纸（含湿巾）》中纸巾纸部分。GB 15979—2002 自实施之日起代替 GB 15979—1995。

由此可知，不写完整的标准号是有问题的。例如，我们在某商品上看到标准号为 GB 15979，完全不能知道该商品是依据 GB 15979—2002，还是依据 GB 15979—1995。如果依据的是 GB 15979—1995，则有可能没有达到国家强制性要求。

总结：通过检索找到了纸巾纸的两个标准全文，从而可以详细了解其相关要求，为企业生产提供依据。通过阅读标准，也认识到写标准号时不能省略，如果省略了年号，则有可能使用的是作废标准。

案例 7-5：标准检索多渠道互为补充

题目：国内某软件开发项目组为了规范软件开发过程，撰写软件工程报告，需要软件工程相关的标准。使用国家标准全文公开系统、中国知网、万方数据检索。

分析：此次检索的目标是软件工程类的标准，但并不知道具体的标准号或标准名称，对此类标准没有基本了解，因而检索工作从尝试检索开始。检索主题明确，考虑从主题或题名中包含"软件工程"的关键词着手检索。国家标准全文公开系统是我国的权威检索系统，并且公开国家标准全文，因而作为首选。另外还有一些专业的文献检索平台，如中国知网、万方数据等，它们检索功能强大，提供附加功能，可作为检索工作的补充和参照。

步骤1：登录国家标准全文公开系统网站（http://openstd.samr.gov.cn/bzgk/gb/），在检索框中输入"软件工程"，单击"检索"按钮，如图 7-33 所示。

图 7-33　在国家标准全文公开系统检索框中输入"软件工程"

步骤2：检索到 39 条推荐性国家标准，其中现行 34 条，即将实施 1 条，废止 4 条，近三年有 11 条，如图 7-34 所示。

步骤3：将近三年的新标准作为重点查看内容，单击"近三年(11)"，得到 11 条检索结果，这 11 条标准的 ICS 分类均为"35_信息技术、办公机械"，如图 7-35 所示。这 11 条检出结果中，共有 6 条为采标，检索者不能查看这 6 条采标标准原文。单击每条标准后的"查看详细"按钮，可以查看标准的详细著录信息，如图 7-36 所示。

步骤4：在国家标准全文公开系统中检索到近三年的标准后，不能快速收集这些标准的著录信息、导出参考文献，因而利用中国知网来完成这项任务。首先，在中国知网作尝试检索，在中国知网首页跨库栏中单击"标准"前面的复选框，并将其他复选框清空，选择检索字段"标准名称"，在检索输入框中输入"软件工程"，单击"检索"按钮，如图 7-37 所示。

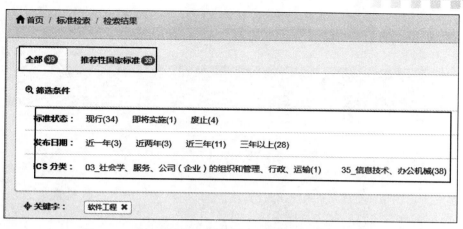

图 7-34　对检索到的 39 条软件工程标准按不同条件分类

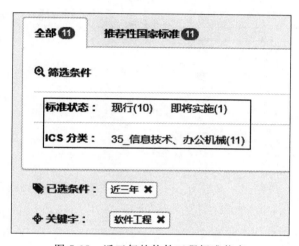

图 7-35　近三年的软件工程标准状态

图 7-36　近三年的软件工程标准截图

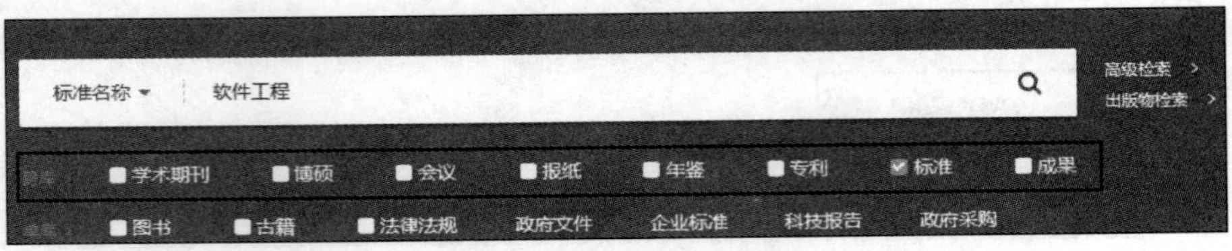

图 7-37 中国知网标准文献检索

步骤 5：检索到"246"条结果，年度跨度从 1987 年到 2018 年。检索结果较多，应该进行限定。

步骤 6：在中国知网首页的检索框右侧单击"高级检索"，进入高级检索页面，选择检索字段为"标准名称"，在其后的文本框中输入"软件工程"，选择"模糊"匹配。在发布日期的两个文本框中分别输入"2015""2018"，然后单击"检索"按钮，如图 7-38 所示。

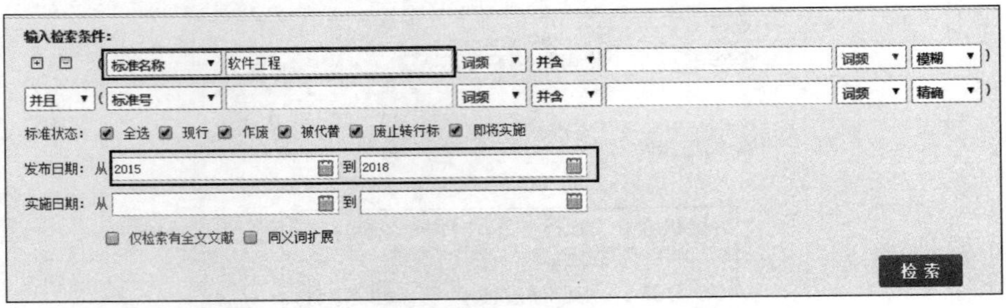

图 7-38 中国知网标准文献高级检索

步骤 7：检索到 11 条结果。单击所有检索结果左侧的复选框，或单击最上方标题栏中的方框，全部选中，然后单击"导出/参考文献"按钮，如图 7-39 所示。

图 7-39 对标准文献导出参考文献

步骤 8：按"GB/T 7714—2015 格式引文"格式导出参考文献，并制作为表 7-7 所示格式。此种参考文献格式方便撰写报告或论文时使用。

表 7-7 2015 年以来软件工程相关标准

[1] GB/T 19668.5—2018,信息技术服务　监理　第 5 部分:软件工程监理规范[S].
[2] GB/T 25000.24—2017,系统与软件工程　系统与软件质量要求和评价(SQuaRE)　第 24 部分:数据质量测量[S].
[3] GB/T 25000.12—2017,系统与软件工程　系统与软件质量要求和评价(SQuaRE)　第 12 部分:数据质量模型[S].
[4] GB/T 25000.10—2016,系统与软件工程系统与软件质量要求和评价(SQuaRE)　第 10 部分:系统与软件质量模型[S].
[5] GB/T 25000.51—2016,系统与软件工程　系统与软件质量要求和评价(SQuaRE)　第 51 部分:就绪可用软件产品(RUSP)的质量要求和测试细则[S].
[6] GB/T 32422—2015,软件工程　软件异常分类指南[S].
[7] GB/T 32424—2015,系统与软件工程　用户文档的设计者和开发者要求[S].
[8] GB/T 32423—2015,系统与软件工程　验证与确认[S].
[9] GB/T 16680—2015,系统与软件工程　用户文档的管理者要求[S].
[10] GB/T 32421—2015,软件工程　软件评审与审核[S].
[11] GB/T 32409—2015,信息技术　传统蒙古文软件工程术语[S].

步骤 9:按"查新(自定义引文格式)"格式导出参考文献,选择所需的导出字段如图 7-40 所示。然后单击"doc"图标,并制作为表 7-8 所示格式。此种参考文献格式方便对关注的标准作全面了解。

图 7-40 为导出查新格式参考文献选择导出字段

表 7-8 导出"查新(自定义引文格式)"格式参考文献内容

标准号	标准名称	标准状态	发布日期	发布单位	关键词
GB/T 19668.5—2018	信息技术服务　监理　第 5 部分:软件工程监理规范	即将实施	2018-06-07	国家市场监督管理总局;中国国家标准化管理委员会	工程监理规范;技术服务
GB/T 25000.24—2017	系统与软件工程　系统与软件质量要求和评价(SQuaRE)　第 24 部分:数据质量测量	现行	2017-11-01	中华人民共和国国家质量监督检验检疫总局;中国国家标准化管理委员会	软件;SQuaRE
GB/T 25000.12—2017	系统与软件工程　系统与软件质量要求和评价(SQuaRE)　第 12 部分:数据质量模型	现行	2017-11-01	中华人民共和国国家质量监督检验检疫总局;中国国家标准化管理委员会	软件;SQuaRE

续表

标准号	标准名称	标准状态	发布日期	发布单位	关键词
GB/T 25000.10—2016	系统与软件工程系统与软件质量要求和评价（SQuaRE）第10部分：系统与软件质量模型	现行	2016-10-13	中华人民共和国国家质量监督检验检疫总局；中国国家标准化管理委员会	SQuaRE
GB/T 25000.51—2016	系统与软件工程 系统与软件质量要求和评价（SQuaRE）第51部分：就绪可用软件产品（RUSP）的质量要求和测试细则	现行	2016-10-13	中华人民共和国国家质量监督检验检疫总局；中国国家标准化管理委员会	软件产品；SQuaRE；质量要求
GB/T 32422—2015	软件工程 软件异常分类指南	现行	2015-12-31	中华人民共和国国家质量监督检验检疫总局；中国国家标准化管理委员会	
GB/T 32424—2015	系统与软件工程 用户文档的设计者和开发者要求	现行	2015-12-31	中华人民共和国国家质量监督检验检疫总局；中国国家标准化管理委员会	用户文档；开发者；设计者
GB/T 32423—2015	系统与软件工程 验证与确认	现行	2015-12-31	中华人民共和国国家质量监督检验检疫总局；中国国家标准化管理委员会	
GB/T 16680—2015	系统与软件工程 用户文档的管理者要求	现行	2015-12-31	中华人民共和国国家质量监督检验检疫总局；中国国家标准化管理委员会	用户文档；管理者
GB/T 32421—2015	软件工程 软件评审与审核	现行	2015-12-31	中华人民共和国国家质量监督检验检疫总局；中国国家标准化管理委员会	软件评审
GB/T 32409—2015	信息技术 传统蒙古文软件工程术语	现行	2015-12-31	中华人民共和国国家质量监督检验检疫总局；中国国家标准化管理委员会	

步骤 10：在导出文献页面，单击"生成检索报告"图标，如图 7-41 所示，可以生成本次检索的报告，完整记载本次检索。

图 7-41　生成检索报告

步骤 11：在万方数据知识服务平台下，检索与"软件工程"相关的 2015 年以来的标准。检索表达式为"题名或关键词：（软件工程）* Date：2015—2018"，检索到 289 条标准。可以看出，使用同样检索式，万方数据检出标准的数量多一些，原因是万方数据来源数据库更多，检出了较多的国外标准，其中"质检出版社"标准为 11 条，如图 7-42 所示，这与以上两种方式检出结果是相同的。

图 7-42　万方数据检出标准的来源及数量

总结：此次检索找到了 2015 年以来关于软件工程的我国国家标准 11 项，其中部分标准文献可以网上查看全文，还有部分采标标准不能通过检索平台查看全文。使用中国知网检索相关标准，可以方便地进行文献导出，使用了"GB/T 7714—2015 格式引文"和查新格式导出参考文献，并将信息整理为表格形式，以方便阅读、撰写报告时使用。使用万方数据检索同样的标准，可以检出更多信息，包含国外的相关标准文献。通过此次检索，用户对软件工程方面的标准有了较全面的认识，同时也获取了部分资料，如果需要进一步获取原文，可购买获得。

习题 7

1. 什么是专利权？专利有哪些种类？
2. 知识产权的内涵是什么？知识产权包括哪些种类？专利属于哪一类知识产权？
3. 专利权的保护期限有多长？专利权何时终止？
4. 什么是专利优先权？
5. 解释以下概念：基本专利、相同专利、非法定相同专利、同族专利。
6. 专利在被授权后，满足哪些条件后会成为失效专利？
7. 在哪些网站上可以检索国际专利申请？
8. 发明创造被授予专利权需具备哪些条件？
9. 同一申请人能够就同一发明创造申请实用新型和发明专利吗？
10. 专利申请审查程序主要有哪些？
11. 负责专利申请和管理工作的部门有哪些？
12. 使用 PCT 成员国信息查询网站（http://www.wipo.int/pct/en/pct_contracting_states.html），查询我国是否为 PCT 成员国。
13. 登录国家知识产权局专利检索及分析网站，完成以下任务：①通过分类导航，查找专利分类号为"A42B7/00"的专利。②说明此分类号的部、类含义。③在检索结果统计栏中，依次查看申请人统计、发明人统计、技术领域统计、申请日统计、公开日统计，并浏览申请日为 2018 年的专利。
14. 任选两种专利检索网站，对您所关注的某一种产品（如帽子、卷发器、扩音器、手机、电视机等）查找相关的专利，比较不同网站检索结果。整理您的检索结果，保存于 Word 文档中。
15. 某同学正在做一项家用吸尘器创新设计，请完成以下任务：①分析需求，选择检索渠道，查找相关专利文献，导出专利文献信息，总结。②将此过程记录于 Word 文档，并交流学习。
16. 简述标准文献的价值和作用、我国标准的分类。
17. 简述标准文献一般应包含哪些标识项。
18. 简述采标的含义。
19. 根据标准号查找以下标准，并收集标准的基本信息：标准的中文名称、英文名称、发布单位、主管部门、归口单位、发布日期、实施日期、标准状态、中国标准分类号（CCS）、国际标准分类号（ICS），并将信息保存于 Word 文档中。

  （1）GB/T 13745—2009　（2）GB/T 3792.1—1983　（3）GB 7713—1987
  （4）GB/T 2900.85—2009　（5）WH/T 73—2016

20. 查询国际标准。在全国标准信息服务平台上查找标准 ISO/TS 19657：2017，了解此标准的英文名称、发布日期、标准发布组织、国际组织机构、标准语言、版本、标准状态。
21. 请了解公文撰写中编号的使用规范，查找标准，了解相关内容，并编制一个 Word 文档简要介绍编号使用规范。
22. 请为以下任务查找相关的技术标准，将找到的信息保存于 Word 文档中，并交流所用的检索方法。

(1) 开发图像识别类软件产品　　(2) 开发无损检测类技术系统

(3) 安全帽生产应遵循的国家标准　　(4) 大米加工和检测类的国家标准

23．自选标准文献检索平台，查找图像识别类的技术标准。①选中10条标准，按"GB/T 7714—2015格式引文"格式导出参考文献，保存为Word文档。②按"查新（自定义引文格式）"格式，收集这些标准的标准号、标准名称、标准状态、发布日期、发布单位、关键词等信息，并制作成Word文档。

24．请了解如何申请专利，整理所了解信息，并制作PPT文档进行展示报告。

25．通过互联网查找专利权相关案例，说明专利权保护及合法使用的意义。

26．通过互联网查找标准在生产、流通、监督管理领域相关案例，说明标准制定、实施、监督管理等方面的现实意义。

第8章 学术论文写作基础

学习导引

本章介绍了学术论文的概念和基本组成部分、学位论文的基本结构、文献综述对研究工作的价值、综述类期刊论文的一般结构、学术论文写作环节等内容,并提供了 8 个案例。

学术论文按其出版形式分为期刊论文、会议论文、学位论文等。学术论文应具备科学性、创新性、逻辑性等特点。学术论文有比较固定的构成部分:学术论文的题名一般不超过 20 个字;关键词应能反映论文中最重要的内容;摘要应包含与全文等量的信息;正文是学术论文的核心部分,占论文的主要篇幅;参考文献有阅读型参考文献和引文参考文献两种。

学位论文也具有学术论文的基本组成部分,主体部分应划分章、节,并进行编号。学位论文撰写应严格遵循学位授予单位的规范要求。

文献综述属于三次文献,撰写文献综述需要阅读大量文献。研究者在做某一领域的研究时,文献综述是必做的工作。综述类文献能使读者快速了解某一领域的发展历史、现状、趋势等,读一篇综述即可获得大量的信息。

学术课题研究活动为撰写学术论文提供基础,撰写学术论文能促进学术课题研究深化。学术论文写作不是一蹴而就的,论文初稿完成后,还要反复修改。优秀的学术论文都是经过反复修改后的结果。加强实践训练是提升学术论文写作能力的基本途径。

学习目标

了解

学术论文的类型、特点;学位论文的类型;学位论文的基本结构;

与学术论文、学位论文、参考文献相关的几个标准;文献综述的内涵、价值、特点;

综述类期刊论文的一般结构;撰写学术论文的基本环节。

掌握

学术论文的组成部分;论文题名、摘要、关键词等部分的基本要求;

学位论文的章节编号;文献综述写作应注意的问题。

应用

认识综述类论文的基本结构、写作方法;

正确书写论文的参考文献;

为学位论文生成目录;

使用文档的大纲视图浏览文档内容；

查找并学习与学术论文、学位论文、参考文献相关的几个标准。

8.1 学术论文

在学术研究活动中，研究者对研究活动中形成的观点、成果进行提炼并撰写论文，是整个研究的核心环节，是研究的升华阶段。学术论文是整个研究活动的描述与总结，是智力劳动的结晶。

8.1.1 学术论文概述

1．学术论文的定义

学术论文是学者在推动学术发展的过程中撰写的论文。国家标准《科学技术报告、学位论文和学术论文的编写格式》(GB/T 7713—1987)给出的定义是："学术论文是某一学术课题在实验性、理论性或观测性上，具有新的科学研究成果或创新见解和知识的科学记录；或是某种已知原理应用于实际中取得新进展的科学总结，用以提供学术会议上宣读、交流或讨论；或在学术刊物上发表；或作其他用途的书面文件。"

学术论文的定义给出了判断一篇论文是否为学术论文的原则。

(1) 所研究问题是学术课题。

(2) 所用手段是实验、理论推导、观测记录、调研等。

(3) 研究有新有得。研究得到新成果、新见解、新知识，或是将理论、技术应用到某一领域得到新进展。

(4) 学术论文应遵循一定的规范。学术论文用于交流、讨论、发表、申请学位，必须遵循特定的规范。

2．学术论文的类型

根据出版形式，学术论文可以分为期刊论文、会议论文、学位论文等。

根据内容和写作方式，学术论文可以分为文献综述、专题评论、理论研究型论文、设计应用型论文、可行性分析、总结报告等。

3．学术论文的特点

学术论文应提供新的学术研究信息，其内容应在现有理论和知识的基础上，有所发现、有所发明、有所创造、有所前进，不是对前人工作的简单重复，更不能抄袭前人的工作。

(1) 学术论文需要坚实的学术课题研究活动作为基础。学术论文展示的不仅是论文本身，还是研究活动。在撰写论文之前，研究人员就要进行大量的实验、观测、调研、理论分析、应用设计等活动，逐步得到有价值的结果，从而为确定学术论文的题目、方向、内容奠定基础。因而，学术论文不是凭空想象出来的，要有相关研究活动作支撑。

(2) 学术论文应具备科学性、创新性、逻辑性等特点。科学性是指其内容、方法、手段、技术是真实的、可重复实现的，能够反复验证其正确性。创新性是论文的价值所在，是指论文反映的规律、理论、现象、结果是首创的或部分首创的，或是在前人工作基础上有所进步。

逻辑性有两方面,一方面指论文在内容结构上具有合理性,论文组织结构应符合事物发展的逻辑顺序,揭示研究内容具有逻辑性,符合读者认知的逻辑顺序;另一方面指论文的语言通顺流畅,内容描述上有条理,论文的可读性强,能达到很好的交流作用。

(3) 学术论文有比较固定的构成部分,一般由题名、作者、摘要、关键词、引言、正文、结论、参考文献等构成。

(4) 学术论文的编辑格式有详细的规范要求,各类论文的具体要求有所不同。例如,不同的期刊对论文的具体格式要求各不相同,不同学校的学位论文在字数要求、格式要求上都有所不同。作者应详细阅读规范要求,并严格按规范撰写论文。

8.1.2 学术论文的基本组成部分

学术论文由题名、责任者(著者)、摘要、关键词、引言、正文、结论、致谢、参考文献、附录等部分组成。

1. 题名

题名也称题目,用最恰当、最简明的语言反映论文中最重要的特定内容。一个恰当的题名往往是反复思考、提炼、总结的结果,不仅能准确地反映论文内容,而且有以下作用。

(1) 吸引读者关注。读者阅读文献是从题名开始的。如果题名没有符合读者的信息,不够吸引人,读者很可能会忽略此论文。

(2) 提高检索利用率。关键词一般从题名及正文中选取,从题名中选取的比例很高。如果题目准确反映内容,那么关键词就有代表性,这样有助于编制题录、索引等二次文献。编制的题录和索引等在作者和读者之间搭起桥梁,有助于读者准确地检索到他所想得到的论文。对作者而言,恰当的题名使作者的论文被更好地关注和提高引用率。

(3) 一个恰当的题名需要作者凝练全文思想,使论文主题更鲜明。

为论文选取题名应注意以下 3 点。

(1) 所用词语有助于选定关键词和编制题录、索引等二次文献,可以提供检索所需的特定实用信息;

(2) 题名应该避免使用不常见的缩略词、首字母缩写词、字符、代号和公式等;

(3) 题名一般不宜超过 20 个字。外文题名一般不宜超过 10 个实词。

有些论文还会在题名的下一行用破折号引出副题名,相对而言,题名就称为主题名。副题名常用于以下情况:

(1) 题名语意未尽,用副题名补充说明论文中的特定内容;

(2) 论文分册出版,或者一系列工作分几篇报道,或是分阶段的研究结果,各用不同副题名区别其特定内容。

但对副题名的使用有两种不同观点。第一种观点认为,采用"主题名+副题名"的方式能反映更多主题内容,并且使主题名更简洁。第二种观点认为,"主题名+副题名"的方式有两种弊端。其一,使用"主题名+副题名"时,编写出的关键词索引过长,造成无法理解或混乱,影响检索工具质量。其二,"主题名+副题名"多用于系列文章,而系列文章在内容上往往有关联,对读者而言,系列文章不容易全部获取,会影响读者阅读和理解。所以,应该提倡一篇论文有独立而完整的研究结果,而不提倡有篇序的系列论文。基于这两种原因,应尽量减少或不使用副题名。第二种观点得到了更广泛的支持。因此,目前期刊论文中较少出现"主题名+副题名"的情况,而早期论文中使用相对较多。

2. 责任者(著者)

学术论文责任者也称著者,是指对论文做出了主要贡献,并对论文负主要责任的人,包括论文的作者、学位论文的导师、评阅人、答辩委员会主席以及学位授予单位等。必要时可注明个人责任者的职务、职称、学位、所在单位名称及地址。如果责任者是单位、团体或小组,应写明全称和地址。

一篇论文有多个责任者时,署名按其在选定研究课题、制订研究方案、直接参加全部或主要部分研究工作等方面的贡献大小排序。

对于参加部分工作的合作者、具体小项的工作者、某一项测试的承担者以及接受委托进行分析检验和观察的辅助人员等,可以作为参加工作的人员列入致谢部分,或排于脚注。

3. 摘要

摘要是对论文的内容不加注释和评论的简短陈述,且能反映论文的全部工作。

摘要的作用是供读者快速了解论文的主要内容以确定有无必要阅读全文,也供文摘等二次文献采用。

摘要用简洁的语言说明研究工作的目的、方法、结果和最终结论等,其重点是结果和结论。摘要的内容应包含与全文等量的信息,即不阅读全文就能获得必要的完整信息。摘要可以被看作一篇完整的短文,可以独立使用。

摘要的要求如下。

(1) 字数有限制。GB/T 7713—1987 中规定,中文摘要一般不宜超过 200~300 字;外文摘要不宜超过 250 个实词。如遇特殊需要,字数可以略多。学位论文的摘要字数一般按学位授予单位的规定执行。

(2) 学术论文的摘要一般放置于题名和作者之后,正文之前。

(3) 除了实在无变通办法可用以外,摘要中不用图、表、化学结构式、非公知公用的符号和术语。

4. 关键词

关键词是为了文献标引工作从论文中选取出来的单词或术语,用来表示全文主题内容信息。每篇论文选取 3~8 个词作为关键词,排在摘要的下方。

由于题名是用简明的语言准确地反映论文的主题,因此常从题名中选取关键词。使用关键词检索是一种常用的检索方法,选取合适的关键词关系到一篇论文的检索利用率。关键词要能代表论文最主要的内容,如有可能,还应尽量用《汉语主题词表》等词表提供的规范词。

5. 引言(绪论)

论文一般由引言(绪论)开始,以结论或讨论结束。引言是以简要的语言描述以下项目:论文研究工作的目的、范围,前人在相关领域的工作成果,该领域有待研究的问题,理论基础,研究设想,研究方法和实验设计,预期结果和意义等。

引言要告诉读者论文研究的背景和意义,即该领域的发展历程、国内外的研究状况、前人工作取得了哪些成果,还存在哪些没有解决的问题,解决这些问题的价值等。引言要引出正文研究存在的价值，即为什么研究此问题。引言一般还对研究方法和实验设计等做简单介绍。一般教科书中有的知识在引言中不必赘述。

篇幅比较短的论文，其引言可以只用小段文字表述，一般期刊论文中的引言相对较短。而学位论文的引言可以单独成章，文字叙述较多。学位论文的引言部分应综述该研究领域的历史、现状、亟待解决的问题、主要的理论成果等，从而反映作者确已掌握了坚实的基础理论和系统的专门知识，具有开阔的科学视野，对研究方案作了充分论证。

6. 正文

正文是学术论文的核心部分，占论文的主要篇幅。其主要作用是告诉读者怎么研究解决问题，可以包括调查对象、原理方法、理论推导、计算方法或算法设计、算法的对比与评价、实验和观测的方法与结果、实验结果分析、仪器设备、材料原料、数据资料、经过加工整理的图表、形成的论点和导出的结论等内容。

不同学科领域的学术论文，其类型、内容、陈述方式均有很大的不同。例如，期刊论文的正文可以分几个段落来写，学位论文的正文可以分几章来写。

总的来说，论文正文必须符合实事求是、客观真切、准确完备、层次分明、合乎逻辑、简练可读的要求。

7. 结论（结束语）

结论是从正文的研究出发，通过判断、推理、归纳，结合研究目的、研究背景对论文的整个研究作进一步的深入认识。论文的结论是最终的、总体的结论，不是正文中各段的小结的简单重复，所用语言应该准确、完整、精练。

如果不能得出应有的结论，也可以对没有结论进行讨论。可以在结论或讨论中提出建议、研究设想、改进意见、尚待解决的问题等。

8. 致谢

致谢是作者在课题研究和论文写作过程中对得到帮助和支持的单位、组织、个人表示感谢的文字，通常列在正文之后。

9. 参考文献

参考文献是对一个信息资源或其中一部分进行准确和详细著录的数据，被集中放于文末或文中脚注的位置。参考文献著录依据标准《信息与文献 参考文献著录规则》(GB/T 7714—2015)进行。

参考文献有阅读型参考文献和引文参考文献两种，阅读型参考文献是作者为了撰写论文阅读过的文献，或者是提供给读者进一步阅读的文献；引文参考文献是论文中引用的文献。论文写作过程中引用了他人的成果，需要在引用的地方加以标注，并在论文末尾或脚注的位置列出所引用的参考文献。

引用参考文献可以起到以下作用：①引用了前人的成果，对前人致以荣誉；②为阅读论文的读者提供进一步阅读的资料线索；③方便读者分清哪些是前人的成果，哪些是该论文作者的成果；④用于引文文献分析。通过论文之间的引用和被引关系，可以建立一个时期内相关论文之间的关系体系，文献研究专家通过一定的统计学方法进行文献分析，得出有价值的信息，如揭示学科的发展历程。

在学术论文中引用参考文献不仅是论文写作时将事物发展过程描述清楚的需要，也是遵循学术道德规范的要求,引用参考文献的数量、类型和重要程度,可以一定程度上反映出论文作者对研究领域的认知范围和程度,参考文献是学术论文中一个重要的、不可忽视的部分。

10. 附录

附录是对论文主体部分的补充。出于对整篇论文的完整性考虑,在论文中需要写出关于某一内容的详尽信息,但是将这些详尽信息编入正文会使正文编排的条理性和逻辑性受到影响,因而常将这些详尽信息放入附录中,作为对主体部分的补充。

放入附录中的内容可以是重要的原始数据、数学推导、结构图、统计表、程序代码、调查数据、计算机打印输出件、对研究方法和技术更深入的叙述、对了解正文内容有用的补充信息等。

附录与正文连续编页码。附录作为主体部分的补充,并不是必需的。

8.1.3 题名修改案例

学术论文的题名虽然只有20个字左右,但对论文却是很重要的。一个好的题名既有利于突出论文主题,又有利于吸引读者阅读。案例8-1展示一个学术论文的题名修改过程,为读者了解题名的拟定过程提供参考。

案例8-1:学术论文题名修改

题目:以期刊论文《高校学业评价在人才培养过程中的作用》为例,介绍题名的修改背景和过程。

1. 题名修改背景

该论文先后4次拟定题名,最终以第4次的题名为准。4次拟定的题名如下。

第1次拟定题名《高校学生学业评价在人才培养过程中的地位和使用研究》,24个字。

第2次拟定题名《从人才培养的全局来认识高校学生学业评价信息的使用》,24个字。

第3次拟定题名《发挥学业评价信息作用促进人才培养目标实现》,20个字。

第4次拟定题名《高校学业评价在人才培养过程中的作用》,17个字。

2. 修改

(1) 第1次和第2次拟定的题名面面俱到,反映内容多,但都不简洁,用词不够准确。

(2) 将"使用"改为"作用"。"使用""作用"都暗含主体词,如某人使用某物,某事物的作用,它们的主体是不同的,"使用"的主体是人,"作用"的主体可以是某事物。

(3) 第3次拟定的题名精简了字数,但是"发挥""促进"是动词,缺少主体词。

(4) 第4次拟定的题名再次精简字数,内容上突出一个问题,使主题更明确。

3. 修改总结

(1) 题名修改中对用词进行了更换,使表达符合逻辑,明确了论文主要解决的问题。

(2) 题名突出一个问题,便于组织论文内容材料。当论文只解决一个问题时,内容选择就容易一些。如果涉及的问题多,一方面由于材料过多增加写作难度;另一方面容易产生主题不明确的问题。因此,最好是一篇论文解决一个问题,如果观点想法很多,可以分为几篇论文来阐述,当明确解决一个问题时,就容易确定论文的题名。

确定题名是论文撰写过程中很重要的一项工作。一个好的论文题名不仅能准确表达论文主题,还能吸引读者注意,扩大论文的传播范围。一个高质量的论文题名往往是经过反复修改后的结果。如果说一次就能定下高质量的题名,那很可能作者是在定题之前做了大量工作,或者是对研究课题有深入认识。对题名反复的修改提炼,有助于作者对论文主题的把握,让作者更明确写作的重点工作是什么,从而在撰写论文时能做到主次分明。

8.1.4 相关的几个标准

学术论文、学位论文、参考文献著录、章节编号等内容涉及 6 个标准,这 6 个标准从标准号上看,都是指导性标准。读者了解这几个标准的主要内容、适用范围、替代情况,有助于在遇到相关问题时进行查证,也可以当作标准文献应用的一项学习活动,在我国国家标准全文公开系统上进一步查询了解。下面简要介绍这 6 个现行标准以及它们所替代的标准。

1.《科学技术报告、学位论文和学术论文的编写格式》(GB/T 7713—1987)

此标准适用于报告、论文的编写格式,包括形式构成和题录著录,及其撰写、编辑、印刷、出版等。标准共分 3 部分。

第 1 部分:学位论文编写规则。
第 2 部分:学术论文编写规则。
第 3 部分:科技报告编制规则。

2.《学位论文编写规则》(GB/T 7713.1—2006)

此标准规定了学位论文的撰写格式和要求,以利于学位论文的撰写、收集、存储、处理、加工、检索、传播。此标准部分代替 GB/T 7713—1987 中学位论文编写规则的部分。

此标准适用于印刷型、电子版、网络版等形式的学位论文。当学位论文有电子版、网络版时,其内容应与印刷型完全一致。

3.《科技报告编写规则》(GB/T 7713.3—2014)

此标准规定了科技报告的编写、组织、编排等要求,用于科技报告的撰写、收集、保存、加工、组织、检索和交流利用。此标准部分代替 GB/T 7713—1987 中科技报告编制规则的部分。

此标准适用于印刷型、缩微型、电子版等形式的科技报告。不同学科或领域的科技报告可参考本规则制定本学科或领域的编写规范。

4.《信息与文献 参考文献著录规则》(GB/T 7714—2015)

此标准规定了各个学科、各种类型信息资源的参考文献的著录项目、著录顺序、著录用符号、著录用文字、各个著录项目的著录方法以及参考文献在正文中的标注法。

此标准适用于著者和编辑著录参考文献,而不是供图书馆员、文献目录编制者以及索引编辑者使用的文献著录规则。

此标准所代替的标准的历次版本为 GB/T 7714—1987 和 GB/T 7714—2005,这两个版本的标准名称均为《文后参考文献著录规则》。与所代替的标准相比,GB/T 7714—2015 的名称由《文后参考文献著录规则》变为《信息与文献 参考文献著录规则》。

GB/T 7714—2015 还有几个突出的变化：①增补了"阅读型参考文献"和"引文参考文献"，将"文后参考文献"更名为"参考文献"；②将"电子文献"更名为"电子资源"；③增加了"数字对象唯一标识符"（DIO），DIO 给出电子资源存取路径，使读者在网络环境下能快捷准确地获取电子资源；④文献类型标识代码新增了"A"（档案类型）、"CM"（舆图类型）、"DS"（数据集类型）以及"Z"（其他类型），以适应文献类型发展需要。

5.《中国人名汉语拼音字母拼写规则》(GB/T 28039—2011)

此标准规定了使用汉语拼音字母拼写中国人名的规则，包括汉语人名的拼写规则和少数民族语人名的拼写规则。为了满足应用需要，此标准同时给出了一些特殊场合的变通处理办法。

此标准适用于文化教育、编辑出版、中文信息处理及其他方面的中国人名汉语拼音字母拼写。

6.《科技文献的章节编号方法》(CY/T 35—2001)

此标准规定了科技文献中章节编号方法的体系，包括章节的编号，列项说明的编号，图、表、公式的编号，附录的编号和卷册的编号等。

此标准适用于科技文献、图书、连续出版物、手稿、非正式出版物和使用说明书等。

8.2 学位论文

高校学生学位论文答辩成绩达到规定要求，方可获得相应的学位。学位有学士学位、硕士学位、博士学位 3 种。高校学生获得某种学位标志着学生具有相应的知识理论水平和学术研究能力。

8.2.1 学位论文概述

学位论文是学术论文的一种类型，是高校学生为了获得学位而撰写并提交的文献。根据要获取的学位不同，学位论文有学士论文、硕士论文、博士论文 3 种。学位论文是学生在指导老师的指导下，开展选题、设计、实验、调研、理论推导分析等研究工作，为完成课题任务撰写的能够反映研究工作所取得的创造性结果或见解的论文。

学位论文需要经过审核与答辩，学生通过论文答辩则表明该学生掌握了相关领域的基本理论和知识，具有对应学位所要求的从事科学研究和专业技术工作的能力。学位论文审核与答辩规则具有详细明确的特点，一般由学位授予单位制定，学生可到学位授予单位或其网站上查阅学位论文审核与答辩规则文件。

我国标准《学位论文编写规则》(GB/T 7713.1—2006)规定了学位论文的撰写格式和要求，此标准遵循了国际通行做法，有利于资源共享和国际交流。

《学位论文编写规则》对学士论文、硕士论文、博士论文 3 种学位论文反映的能力水平进行了说明。

学士论文表明作者较好地掌握了本门学科的基础理论、专门知识和基本技能，并具有从事科学研究工作或承担专门技术工作的初步能力。

硕士论文表明作者在本门学科上掌握了坚实的基础理论和系统的专门知识，对所研究课题有新的见解,并具有从事科学研究工作或独立承担专门技术工作的能力。

博士论文表明作者在本门学科上掌握了坚实宽广的基础理论和系统深入的专门知识,在科学或专门技术上做出了创造性的成果,并具有独立从事创新科学研究工作或独立承担专门技术开发工作的能力。

可以看出,硕士论文、博士论文具有较高的学术价值,研究人员可以在我国知名文献数据库中很方便地检索博士、硕士论文。

8.2.2 学位论文的基本结构

学位论文是学术论文的一种类型,也具有学术论文的基本组成部分。学位论文通常要求装订成册,并且学位论文篇幅一般较长,相比于期刊论文,学位论文还会有封面页、题名页、摘要页、目次页、致谢、术语表、附录等。

学位论文主体部分可根据需要划分为不同数量的章、节,并进行编号。学位论文的章节编号可使各个章节的顺序、地位及其相互关系一目了然,便于撰写论文,也便于参考文献著录时书写所参考文献的章节编号。

学位论文章节的划分参照标准《科技文献的章节编号方法》(CY/T 35—2001)。图 8-1 为章节编号示意图,编号达到第 4 级,一般学位论文的章节只用到第 3 级,具体要求以授予学位的单位要求为准。

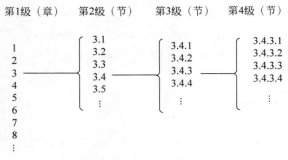

图 8-1 论文章节编号示意图

一级标题,也称为章,从 1 开始连续编号,其编号为 1、2、3……

二级标题,每一章可分成若干连续的第二级层次的节,其编号为 3.1、3.2、3.3……

三级标题,第二级层次的节还可再分成若干连续的第三级层次的节,其编号为 3.4.1、3.4.2、3.4.3……

四级标题,第三级层次的节还可再分成若干连续的第四级层次的节,其编号为 3.4.3.1、3.4.3.2、3.4.3.3……

较大型科技文献章节的层次较多,可在章节编号的基础上,向下再扩充 4 级层次的编号"条、款、项、段",称为向下扩充类型编号。在正文中书写这 4 级层次时,用带符号的阿拉伯数字方式表示,例如,条的表示为"1.",款的表示为"1)",项的表示为"(1)",段的表示为"①",在引用时可称其为"1 条""1 款""1 项""1 段"。层次名称编号如表 8-1 所示。

表 8-1 层次名称编号

类型	名称	编号
第 1 级	章	1
第 2 级	节	1.1
第 3 级	节	1.1.1
第 4 级	节	1.1.1.1
向下扩充	条	1.
	款	1)
	项	(1)
	段	①

不同学校对学位论文的基本要求有所不同。例如,昆明理工大学在《昆明理工大学学位授予工作细则》(昆理工大校字〔2011〕99 号)中分别从内容、课题来源及价值、论文工作时间、学术规范要求、正文字数、摘要字数、英文摘要等方面对学位论文作了基本的要求,《昆明理工大学研究生学位论文撰写规范》对撰写格式提出了详细的要求。不同学校学位论文的具体要求,可通过该学校的网站或相关部门进行了解。

8.2.3 学位论文相关案例

撰写学位论文是每个高校学生都要完成的学业任务。学生在撰写论文过程中经常出现各种问题。以下通过几个典型修改案例,供读者了解学位论文修改过程,认识学位论文修改工作的重要性,从而避免发生类似问题。

案例 8-2:学士学位论文摘要修改

题目:以某高校信息与计算科学专业李浩然同学的学士学位论文摘要的修改过程为例,介绍学士学位论文摘要修改背景和过程。

1. 摘要修改背景

(1) 学士学位论文题目是《基于 SSH 的 APK 应用商城的设计与实现》,此论文被评为湖北省优秀学士学位论文。

(2) 摘要的初稿如下:

> **摘要:**伴随着网络的发展,人们的生活也正日益发生着巨大的改变。因特网与企业经营活动的结合,创造了新的网络经济,使企业的经营活动由传统经营模式转向产品发布、网络营销、交易管理等电子化经营模式。企业的内部运作、组织管理也发生了深刻的变革,迎来了崭新的互联网时代。本文以基于 B/S 结构的网上商城系统为例,论证了该类型网站构建的必要性,并实现了网站的设计与构建,使网站设计及管理理论与技术真正应用于商业活动。该网上商城系统采用 Java Web 开发中常用的 MVC 模式,使系统结构层次分明,可重用性高,增加了程序的健壮性和可伸缩性。
>
> 本论文实现的是一个基于 B/S 架构的系统。其前端是一个企业型网站,主要功能是提供新用户注册、登录、下载所需要的 apk 软件等功能;后端是一个管理网站的管理系统,主要功能是对用户及商品进行管理,还可以对网站进行一些常规化的管理。

(3) 对此摘要初稿的印象。

该校学士学位论文摘要字数要求在 300 个字以内,此篇摘要共 350 个字,字数略超,内容冗杂,论文的主要内容没有被完整地描述出来,而不相关的内容也写进来了。

2. 修改

(1) 如下面文本框所示，对摘要初稿中存在较大问题的语句划了一道删除线，括号里的文字是修改建议，请该同学针对建议进行修改。

> 伴随着网络的发展，人们的生活也正日益发生着巨大的改变。因特网与企业经营活动的结合，创造了新的网络经济，使企业的经营活动由传统经营模式转向产品发布、网络营销、交易管理等电子化经营模式。企业的内部运作、组织管理也发生了深刻的变革，迎来了崭新的互联网时代。(①你写这一段的目的是介绍课题背景，讲互联网时代企业经营活动的转变，虽然这些语句本身看上去没问题，但与本课题的相关度不高，也不精练。)本文以基于B/S结构的网上商城系统为例，论证了该类型网站构建的必要性，(②这一描述超出了本论文的范围。)并实现了网站的设计与构建。使网站设计及管理理论与技术真正应用于商业活动。(③只要介绍你做了什么工作就可以了，没有必要说无关的话。)该网上商城系统采用Java Web开发中常用的MVC模式，使系统结构层次分明，可重用性高，增加了程序的健壮性和可伸缩性。(④这一部分介绍了开发特点和优势，调整该句的位置。)
>
> 本论文实现的是一个基于B/S架构的系统。其前端是一个企业型网站，主要功能是提供新用户注册、登录、下载所需要的apk软件等功能；后端是一个管理网站的管理系统，主要功能是对用户及商品进行管理，还可以对网站进行一些常规化的管理。(⑤介绍了本课题实现了哪些内容，但怎么实现的，用了什么工具手段，没有讲明。apk应改为APK。)

(2) 摘要初稿修改中的5个问题，归纳起来即为：摘要没有等量描述学位论文所做的主要工作，有些论文内容没有被摘要反映出来，又有些描述超出了论文内容，背景介绍相关度不高，不能直指主题，部分表达逻辑性不强。

(3) 经过3次修改，修改后的摘要为271个字，以下为修改后的摘要：

> **摘要：**
> 目前，在全球智能手机总销量中，Android智能手机已经成为全球智能手机市场的领跑者。基于Android手机的应用软件受到广大用户的青睐，这就滋生了APK(Android Package)应用的巨大市场。
> 本课题设计实现了一个供Android用户下载常用APK应用的商城。系统以MyEclipse 8.5为开发工具，数据库采用My SQL 5.0，采用SSH框架，设计实现了一个B/S架构的网站系统。其前端是一个企业型网站，主要提供新用户注册、登录、下载所需要的APK软件等功能；后端是一个管理网站的系统，主要是对用户及商品进行管理，还可以对网站进行一些常规管理。网上商城系统采用Java Web开发中常用的MVC模式，使系统结构层次分明，可重用性高，增加了程序的健壮性和可伸缩性。

3. 对修改后摘要的分析

(1) 括号里面的文字是对修改后的摘要进行分析，即为什么这样修改，修改后的表述为什么比初稿要好。

> 目前，在全球智能手机总销量中，Android智能手机已经成为全球智能手机市场的领跑者。基于Android手机的应用软件受到广大用户的青睐，这就滋生了APK(Android Package)应用的巨大市场。(①本课题是关于安卓手机应用商城的设计与实现，此段对课题背景的分析，与主题直接相关。)
> 本课题设计实现了一个供Android用户下载常用APK应用的商城。(②直接点明本课题做了什么工作。)系统以MyEclipse 8.5为开发工具，数据库采用My SQL 5.0，采用SSH框架，设计实现了一个B/S架构的网站系统。(③告诉读者本课题用了什么技术。)其前端是一个企业型网站，主要提供新用户注册、登录、下载所需要的APK软件等功能；后端是一个管理网站的系统，主要是对用户及商品进行管理，还可以对网站进行一些常规管理。(④表达了本课题具体实现的功能。)网上商城系统采用Java Web开发中常用的MVC模式，使系统结构层次分明，可重用性高，增加了程序的健壮性和可伸缩性。(⑤表达了本课题在技术上的优势。)

(2) 审视修改后的摘要。修改后的摘要等量地反映了本论文所做的工作,告诉了读者几个基本信息:为什么做这个课题,课题内容是什么,用什么技术工具做,具体做了什么,它的优点是什么。

4. 摘要常见问题

摘要是用简洁的语言说明研究工作的目的、方法、结果和最终结论等。摘要应使读者不用阅读全文便可获得必要的信息,摘要应包含与论文等量的主要信息。但刚开始学习论文写作的作者,在撰写摘要时常存在以下问题。

(1) 写了大量与主题相关度不高的内容,摘要篇幅长,却没有实质内容。
(2) 应重点描述的内容没有写完整,不能概括论文所做工作。
(3) 描述论文的内容层次不清晰,逻辑混乱。
(4) 用词不准确、不规范、口语化。
(5) 啰唆,不精练。

案例 8-3:学位论文关键词修改

1. 关键词修改背景

(1) 对案例 8-2 中的学位论文初稿中的关键词进行修改。
(2) 修改前的关键词如下。

关键词:apk SSH Jsp MVC

2. 修改

(1) 关键词存在的问题:①初稿所列关键词全部是首字母缩写词;②关键词之间没有用分号隔开。

由于同一个缩写词可能是不同术语的缩写,专指性可能存在问题,缩写词的含义可能不为大多数人了解。因此,摘要最好少用缩写词,如果不得不使用,也应使用一些公知的词。

(2) 修改后的关键词如下。

关键词:APK 应用商城;SSH 框架;MVC 模式

案例 8-4:学位论文参考文献修改

1. 参考文献修改背景

(1) 以某高校信息与计算科学专业学生毕业论文初稿中列出的参考文献为例,介绍书写参考文献时经常出现的问题,并修改。
(2) 修改前的参考文献如下:

【1】范怀宇.《Android 开发精要》基础的 Android 开发应用.
【2】罗莉琴. Windows 网络编程[M]. 人民邮电出版社,2011.
【3】谢希仁. 计算机网络[M]. 电子工业出版社,2013.
【4】王坤、张腾标.移动 App 安全及等级保护测评实践研究-TP309;TP311.56--江苏省电子信息产品质量监督检验研究院-2017
【5】《关于推动机动车驾驶人培训考试制度改革的意见》国家交通运输部新修订的国标.2014
【6】周齐飞.基于 Android 平台的 Hybrid App 开发.电脑编程技巧与维护.2014
【7】赵亚伟.手机 App 界面的情感化设计研究[D].山东大学 2014
【8】叶刚、刘卓.基于 IOS 的汽车租赁平台手机 App 开发-TP311--贵州师范学院学位毕业论文-2016

2. 修改

(1) 存在的主要问题如下。

① 中、英文标点符号夹杂使用。参考文献中的标点符号应使用英文(半角)标点符号，而不能使用中文(全角)标点符号。例如，"【】"应改为"[ ]"，全角的逗号应改为半角的逗号。

② 编号为1的文献，图书名不需要使用书名号，缺少图书的文献类型标识代码，缺少出版社和出版时间。

③ 编号为2和3的文献，没有标明出版社所在地。

④ 编号为4的文献，没有文献类型标识代码，还将作者单位、中图分类号等写入。

⑤ 编号为5的文献，没有文献类型标识代码，虽注明为"**国标"，但从书名号内的题名来看，它只是文件，并不是国家标准。

⑥ 编号为6的文献，没有文献类型标识代码，"电脑编程技巧与维护"应是期刊名，如果是期刊论文，则其文献类型标识代码应为"[J]"，应将页码等补全。

⑦ 编号为7的文献，"山东大学2014"这一部分缺少标点符号。

⑧ 编号为8的文献，没写文献类型标识代码，"**毕业论文"不是规范用法，如果是学位论文，则标识为"[D]"，经过查证，这篇文献不是学位论文，而是期刊论文。

(2) 使用中国知网、读秀学术搜索，对以上的参考文献使用题名字段或作者字段进行检索，修改了参考文献，修改后的参考文献如下：

> [1] 范怀宇. Android 开发精要[M]. 北京：机械工业出版社，2012.
> [2] 罗莉琴，詹祖桥. Windows 网络编程[M]. 北京：人民邮电出版社，2011.
> [3] 谢希仁. 计算机网络[M]. 北京：电子工业出版社，2013.
> [4] 王坤，张腾标. 移动 App 安全及等级保护测评实践研究[J]. 电脑编程技巧与维护，2017(1)：40-41.
> [5] 公安部，交通运输部. 关于推进机动车驾驶人培训考试制度改革的意见[N]. 人民公安报，2015-12-11(2).
> [6] 周齐飞. 基于 Android 平台的 Hybrid App 开发[J]. 电脑编程技巧与维护，2014,(15)：46-48.
> [7] 赵亚伟. 手机 App 界面的情感化设计研究[D]. 山东大学，2014.
> [8] 叶刚，刘卓. 基于 IOS 的汽车租赁平台手机 App 开发[J]. 电脑知识与技术，2016,12(16)：242-244.

3. 参考文献编写建议

如果作者按参考文献的规范逐条书写参考文献，是比较麻烦的，可以直接使用文献数据库中的导出功能，一键导出便得到格式规范的参考文献，避免出现上述问题。

案例 8-5：为学位论文生成目录

1. 应用背景

学位论文按章节的方式组织，篇幅较长。虽然学生在论文编辑上花费时间较多，但是仍然时常发生论文格式前后不一致、目录中文字、页码与正文不相符等问题，影响了论文工作进展。

论文目录虽然可以手工编辑，但是当论文章节较多时，手工编辑极为不便。通常，文档编辑软件可以自动生成目录。自动生成目录的好处是：① 在自动生成的目录中，当鼠标指针移动到目录中某一行时，使用"Ctrl+鼠标左键"，即可跳转到对应的章节，方便浏览较长的论文;②当论文被修改后,可以通过"更新目录"功能便捷地更新页码或整个目录;③还能使全文的章节格式保持一致。自动生成目录的关键是编辑各级标题,并设置各级标题的样式。通过应用样式,可便捷地使各级标题保持一致。

下面以 Word 2010 软件为例,介绍一种自动生成目录的方法供读者参考借鉴。

2. 自动生成目录过程

步骤 1:了解学位论文对正文中各级标题的格式要求。

通常,学位授予单位对学位论文都有详细的规范要求,而且不同的学位授予单位其要求不尽相同。具体要求可在学位授予单位公布的相关文件中查看。

以某高校数学与计算机科学学院学士学位论文为例,其规范化要求中,对正文标题的格式规定为:标题最多三级,不得出现四级标题。标题具体样式为:

1　一级标题式样(四号、黑体、加粗、左对齐)
1.1　二级标题式样(小四、黑体、加粗、左对齐)
1.1.1　三级标题式样(小四、宋体、加粗、左对齐)

步骤 2:创建一个 Word 文档,在此文档中录入含有三级标题的文本,如图 8-2 所示。

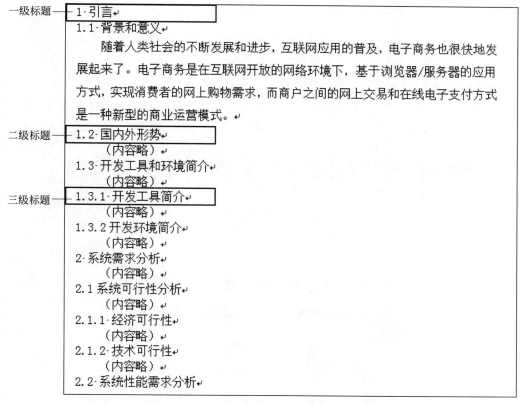

图 8-2　录入带有三级标题的文本

步骤 3：按学位论文中对标题的要求，分别设置标题的格式。

如图 8-3 所示，将"1 引言"设置为四号、黑体、加粗、左对齐，将"1.1 背景和意义"设置为小四、黑体、加粗、左对齐，将"1.3.1 开发工具简介"设置为小四、宋体、加粗、左对齐。其他标题暂不设置。

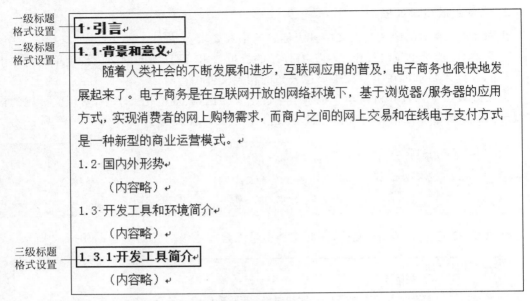

图 8-3　设置标题格式

步骤 4：设置标题的样式。

单击选中"1 引言"，然后，将鼠标指向工具栏中"样式"工具栏最右边的向下箭头，如图 8-4 所示，这时弹出一个提示"其他"，单击向下箭头，弹出"其他样式"的下拉列表，如图 8-5 所示。

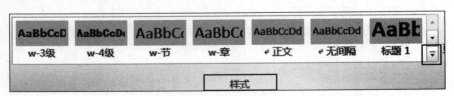

图 8-4　样式工具栏

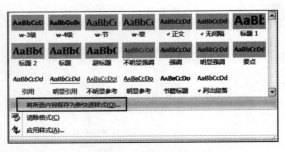

图 8-5　其他样式的下拉列表

图 8-6　根据格式设置创建新样式对话框

单击列表中的"将所选内容保存为新快速样式(Q)…"这一行后,随即弹出"根据格式设置创建新样式"的对话框,如图 8-6 所示,在"名称"下方的文本输入框中输入"1 级标题"。然后单击"确定"按钮,这样就设置好"1 级标题"样式。

同理,将"1.1 背景和意义"设置为"2 级标题"。

同理,将"1.3.1 开发工具简介"设置为"3 级标题"。

此时,在工具栏上会显示"1 级标题""2 级标题""3 级标题"的按钮,如图 8-7 所示,3 个级别的标题样式已经设置完毕。

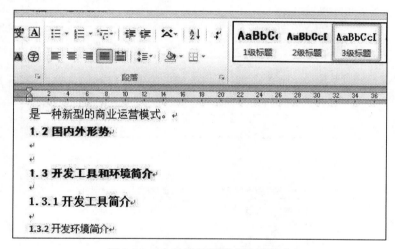

图 8-7　3 个级别标题样式设置完成

步骤 5:将所有标题设置对应级别的样式。

单击要设置样式的标题所在行,如单击"1.3.2 开发环境简介"所在行,然后单击工具栏上的"3 级标题"按钮,则此标题被设置为三级标题。

将鼠标指针放置在文字"2 系统需求分析"所在行,然后单击工具栏上的"1 级标题"按钮,则此行文字被设置为一级标题。同理,设置二级标题。

这样把所有一、二、三级标题都设置完毕,就可以生成目录了。

步骤 6:设置目录格式,生成目录。

单击"引用"菜单,可看到"目录"工具栏,如图 8-8 所示。

单击"目录"按钮弹出下拉列表,单击此列表下部的"插入目录…"命令,弹出"目录"对话框,如图 8-9 所示。单击"选项(O)…"按钮,打开"选项"对话框,如图 8-10 所示。

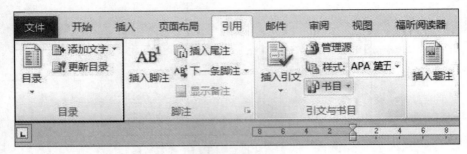

图 8-8　目录工具栏

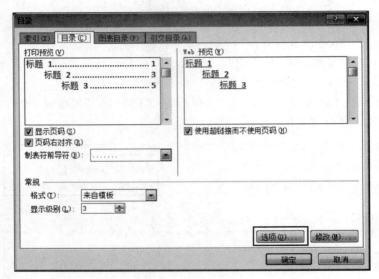

图 8-9　目录对话框

图 8-10　系统目录级别

可以看到，系统已经设置好自己的目录级别了，在标题 1、标题 2、标题 3 的左侧有 3 个勾，在右侧的目录级别文本框中分别有数字 1、2、3，如图 8-10 所示。

因为要按自定义的样式来生成目录，所以首先要将目录级别文本框中的数字 1、2、3 删除，然后拖动对话框右侧的滚动条，找到自定义的样式："1 级标题""2 级标题""3 级标题"，并在其后的文本框中分别输入数字"1""2""3",如图 8-11 所示,单击"确定"按钮,继续单击"确定"按钮,退出目录设置。

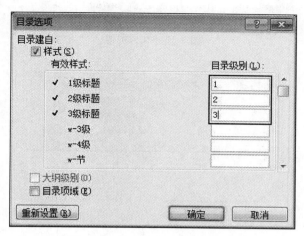

图 8-11　设置自定义的目录级别

此时,在光标所在的位置生成了目录,如图 8-12 所示。因为只有一页文本,所以目录中的页码全是"1",当文本内容增多后,页码自然就不同了。

```
1 引言 ......................................................................... 1
    1.1 背景和意义 ........................................................ 1
    1.2 国内外形势 ........................................................ 1
    1.3 开发工具和环境简介 ............................................ 1
        1.3.1 开发工具简介 .............................................. 1
        1.3.2 开发环境简介 .............................................. 1
2 系统需求分析 ............................................................ 1
    2.1 系统可行性分析 .................................................. 1
        2.1.1 经济可行性 ................................................. 1
        2.1.2 技术可行性 ................................................. 1
    2.2 系统性能需求分析 ............................................... 1
```

图 8-12　自动生成的目录

案例 8-6:使用文档的大纲视图浏览文档内容

1.大纲视图的作用

在修改一个较大的文档时,大纲视图能快速定位到目标文本,为编辑带来方便。经过以上设置的文档,还可以查看其大纲视图。

2.使用大纲视图的过程

步骤 1:在 Word 页面的右下角,有 5 个视图选择按钮,如图 8-13 所示,单击第 4 个"大纲视图"按钮,可以切换到大纲视图查看文档。

步骤 2:使用大纲工具。使用大纲视图查看文档时,菜单切换到"大纲"菜单,如图 8-14 所示,单击某一标题后,大纲菜单可显示该标题的级数,此时单击大纲工具"+"按钮,可以展开该标题下的内容,单击菜单上的"－"按钮,可以将该标题下的内容隐藏。

图 8-13　大纲按钮

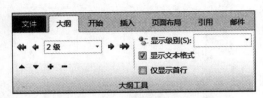

图 8-14　大纲工具栏

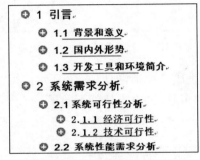

图 8-15　文档的大纲缩略图

步骤 3：使用文档标题左侧的"＋"号图标。图 8-15 为某论文的大纲视图中的一部分,鼠标双击某个标题左侧的"＋"号图标,则可以将该标题下的内容展开,以查看详细内容,再次双击则将标题下的内容隐藏。

"＋"号图标还有其他使用方法和作用,读者可尝试使用。

8.3　文献综述

文献综述是学术论文的一种,在内容和写作方式上有其独有特点,文献综述可以是开题报告、学位论文、研究报告、项目申报书等文献中的一部分内容,也可以独立成文。

8.3.1　文献综述概述

1. 文献综述的内涵

文献综述,是指对过去某个时期内已发表的某一主题相关文献进行归纳汇总,得到该主题的发展状况、研究进展、存在问题、发展趋势等方面的信息,并形成书面材料。

从文献综述名称上来看,"综"即收集百家之言,进行整理归纳,使材料体系化、结构化；"述"即对某一主题研究中存在的观点、现有结论、研究进展、发展前景等进行评述。撰写文献综述需要阅读大量的文献,一般地,综述与其使用的参考文献的数量比为 1∶30～1∶40。

由于综述是在广泛阅读和理解的基础上对某一领域的研究成果的综合思考,故也有人将其称为文献阅读报告。

文献综述是在分析、评价、总结已发表的文献资料的基础上撰写的,属于三次文献。

2．文献综述的价值

文献综述是对某一主题过去研究的述评,其内容比研究性论文的内容浅显,并对专业术语加以解释。相对于研究性论文而言,读者阅读综述类论文更容易。所以,综述类论文有更广泛的读者。其读者可能是某一领域的专业研究者,也可能是普通读者。

研究者在开展某项研究时,文献综述是必做的工作,以保证研究者能够从前人的研究中得到启迪并充分利用前人的成果。文献综述对研究者和读者都有重要的价值。

1) 撰写文献综述对研究者的价值

(1) 认识某一领域的发展状况。通过撰写文献综述,研究者能清楚地了解从事该领域研究的主要人员,已经取得的研究成果,有待研究的学术问题,以及研究中存在的困难等。

(2) 发现新的研究方向。研究者在撰写文献综述时,需要阅读大量文献,并对文献进行分析和筛选,这有助于研究者发现该领域中有待研究的课题,认识研究中的困难问题,从而找到新的研究方向。

(3) 获得重点文献。随着时间的推移,文献数量不断增长,文献质量参差不齐且分布于不同的出版物中,研究者通过撰写文献综述筛选出最有参考价值的文献,从而为研究工作提供强大的支撑。

2) 阅读文献综述对读者的价值

(1) 使读者全面了解某一研究领域的历史、现状和发展趋势。

(2) 减少了读者了解某一研究领域所需阅读的文献数量。文献综述将大量的文献汇总,浓缩成一篇文献,使读者阅读一篇文献综述即可获得大量的信息,具有参考价值。

(3) 使读者便捷地获得比较精华的文献,方便读者进一步深入阅读,扩展对该领域的认识。

(4) 为读者扩展兴趣提供了便捷途径。文献综述内容相对浅显,比研究性论文容易理解,对于想扩展兴趣的读者而言,阅读文献综述是一条便捷的途径。

3．文献综述的特点

1) 集中反映某个领域的研究状况

文献综述采用纵向描述、横向对比等方法,集中反映某一主题各发展阶段的主要研究成果,从而使读者了解课题的历史、现状、未来发展趋势等方面的信息。

2) 具有大量有价值的参考文献

文献综述在文后列出了较多的参考文献,既指明了资料的来源,也为读者进一步阅读提供了线索。文献综述列出的参考文献一般是经过筛选后的精华文献,具有较大的参考价值。

3) 时效性较长

文献综述归纳提炼了大量的文献精华,信息量大,其利用时间远大于单篇文献。据统计,学术期刊上发表的研究性论文的有效使用期为 3~5 年,而综述类文章的有效使用期可达 5~8 年。

4. 文献综述写作应注意的问题

（1）文献综述不是文献列表及注释，而是对已发表的文献加以分析评价，并得出重要结论。

（2）文献综述写课题历史的目的是为了说明现状，要有所选择，不能写成编年体。

（3）文献综述介绍发展现状时多用横向对比方式，采用小标题将综述的问题一一罗列出来，每个小标题相当于主题下的一个小议题。通过对比各种观点、方法的优劣利弊，使读者获得全面的印象和条理化的认知。

8.3.2 综述类期刊论文的一般结构

文献综述独立成文发表在期刊上时具有较为固定的结构。了解综述类期刊论文的结构是开展综述类论文写作的基础。综述类期刊论文一般具有 5 个部分：标题、引言、主体、结语、参考文献。

（1）标题。标题通常冠以综述、概述、动态、进展、鸟瞰、年度评论、现状与前景、Survey、Overview、Review 等字样，使人一看就明了文章的性质。

（2）引言。引言说明文章所涉及的问题、写作目的、有关概念定义、资料的来源等，使读者大致了解该篇综述所涉及的问题、资料及写作目的。

（3）主体。主体部分需要讲清课题研究涉及的主要方面、历史过程、已解决的问题、发展进展、主要的困难和存在的问题等。常见的综述内容有：对主要观点或学术流派进行介绍，对该课题研究历史的回顾，对研究现状、研究进展、技术路线的介绍，对各种观点的评价等。

（4）结语。结语包括值得关注的若干问题、目前该领域尚需探索的重大空白、未来研究方向或发展趋势的预测等。

（5）参考文献。作者撰写文献综述过程中阅读、引用、评述过的文献。

8.3.3 综述类期刊论文案例

读者可以下载自己熟悉或感兴趣的学科方向的综述类论文，阅读并了解综述类论文的结构及内容特点，学习综述类期刊论文的写作文法。例如，查找图像处理方向的综述类论文，可以使用中国知网的高级检索通过检索式 1 进行检索。

检索式 1：主题= 图像处理 and（篇名=综述 or 篇名=进展）

案例 8-7：了解综述类期刊论文的一般结构

题目：以两篇不同领域的综述类期刊论文为例，认识综述类期刊论文结构。

1. 准备学习材料

从中国知网下载以下两篇综述类期刊论文，作为学习材料。

［1］刘声涛，刘伟香. 我国高校学业评价研究文献分析［J］. 理工高教研究，2010，29（6）：56-60.

［2］周建，高静，周杨雯倩. 空间计量经济学模型设定理论及其新进展［J］. 经济学报，2016，3（2）：161-190.

2．划分论文结构

通过阅读这两篇综述类论文,观察它们的章节标题及内容,可以对它们的结构做如下划分。

(1)《我国高校学业评价研究文献分析》是教育研究类文献,此论文的章节标题如下所示,第一章为引言部分,第二章为主体部分,第三章为结论部分。每一章的小标题列出了小的论述主题。

```
引言 ┌ 一、高校学业评价研究概述
     │   1. 高校学业评价的现状评述
     │   2. 高校学业评价的理论探索
     └   3. 高校学业评价的实践探索
主体 ┌ 二、高校学业评价研究的突出问题
     │   1. 研究力量薄弱
     │   2. 研究的广度和深度不够
     └   3. 研究方法有待完善
结论 ┌ 三、高校学业评价进一步研究的方向
     │   1. 关注评价体系各个环节,重点研究关键问题
     │   2. 初步整理出清晰合理的学业评价框架
     └   3. 着重加强实践与行动研究
```

(2)《空间计量经济学模型设定理论及其新进展》是计量经济方向的论文,篇幅较长,占了30个版面,此论文的章节标题如下所示。此论文分为4章,从0开始编号,其引言部分对应编号为0的这一章,其主体部分对应编号为1和2的这两章,结论部分对应编号为3的这一章。

```
引言   0   引言
       1   空间计量模型基本体系及其架构
           1.1   空间邻居和空间权重矩阵
           1.2   空间计量模型基本体系及其架构
主体   2   空间基本计量模型的延伸和拓展:新进展
           2.1   拓展Ⅰ:样本形式由截面数据扩展到面板数据形成空间面板数据模型
           2.2   拓展Ⅱ:计算技术方面为了简化参数估计的复杂性形成空间矩阵指数模型
           2.3   拓展Ⅲ:因变量由连续型扩展到离散型形成空间离散模型
           2.4   拓展Ⅳ:模型形式由线性化扩展到非线性化形成空间半参数模型
       3   空间计量模型面临的挑战及展望
结论       3.1   空间理论中关于空间权重矩阵的挑战
           3.2   技术理论中关于模型技术的挑战
```

3．分析

(1)这两篇不同领域的综述类论文在学科内容上差异很大,排版格式不同,篇幅长度不同。第一篇论文的主体部分主要阐述了高校学业评价研究的突出问题,全部内容有5页,第二篇论文的主体部分主要阐述了空间基本计量模型延伸和拓展的新进展,全部内容有30页。这两篇综述类论文发表于不同的期刊,由于不同的期刊有不同的格式要求,它们的排版格式及编号等有很大的不同。

（2）这两篇论文虽然在学科内容等方面有较大差异，但都表现出了综述类论文的基本结构，都由标题、引言、主体、结语、参考文献构成。两篇论文在内容上都描述了研究主题的发展状况、研究进展、研究中存在的问题、发展趋势等方面内容。两篇论文的参考文献分别有 26 篇、91 篇，都反映出文献综述工作需要阅读大量文献的特点。

8.4 学术论文写作

学术论文写作与研究活动是息息相关的，常常是项目（课题）研究活动的一个环节，项目（课题）研究活动是学术论文写作的基础。

8.4.1 项目研究活动

项目研究，也称为科研活动，一般包括项目选题（课题拟定）、资料收集、项目研究、研究报告（论文）撰写等几个环节。

项目研究种类繁多，一般可以按项目来源（发布单位）、研究时长、研究深度、研究领域等方面来分类。项目来源可以是各类基金项目，也可以是社会应用项目、创新活动项目，还可以是某次竞赛研究项目等。由于项目来源不同，资助经费不同，项目的难易程度和大小也有所不同，项目来源的级别越高，项目越难，申报难度越大。我国国家级、省级机构主持申报的研究项目较多，表 8-2 列举了我国国家级机构部分研究项目，表 8-3 列举了湖北省相关机构的部分研究项目。

读者可根据自己的研究领域、所在地区，经常关注各级机构发布的项目申请通知，积极申报各类项目，从而获得项目支持，开展项目研究。

表 8-2 我国国家级机构部分研究项目

序号	项目名称	网　址	项目来源
1	国家自然科学基金（面上、重点、重大、专项、国际交流）项目	http://www.nsfc.gov.cn/	国家自然科学基金委员会
2	数学天元基金项目	http://www.nsfc.gov.cn/	国家自然科学基金数学天元基金
3	国家重大科研仪器研制项目	http://www.nsfc.gov.cn/	国家自然科学基金委员会
4	国家社会科学基金项目	http://www.npopss-cn.gov.cn/	全国哲学社会科学规划办公室（中央宣传部）
5	国家社会科学基金后期资助项目	http://www.npopss-cn.gov.cn/	全国哲学社会科学规划办公室（中央宣传部）
6	国家社会科学基金艺术学项目	http://www.npopss-cn.gov.cn/	全国艺术科学规划办公室

续表

序号	项目名称	网址	项目来源
7	全国教育科学规划课题（国家社会科学基金教育学项目）	http://onsgep.moe.edu.cn/	全国教育科学规划办公室（教育部办公厅）
8	教育部人文社会科学研究一般项目	http://www.sinoss.net/ http://www.moe.gov.cn/	教育部社科司
9	教育部哲学社会科学重大课题攻关项目	http://www.sinoss.net/ http://www.moe.gov.cn/	教育部社科司
10	教育部哲学社会科学研究后期资助项目	http://www.sinoss.net/ http://www.moe.gov.cn/	教育部社科司
11	教育部人文社会科学研究专项任务项目（马克思主义大众化等各专项）	http://www.sinoss.net/ http://www.moe.gov.cn/	教育部社科司
12	国家科技重大专项	http://www.most.gov.cn/	科学技术部
13	国家重点研发计划	http://www.most.gov.cn/	科学技术部
14	基地和人才专项	http://www.most.gov.cn/	科学技术部
15	国家语委科研课题	http://ywky.org	国家语委科研规划领导小组办公室
16	国家体育总局决策咨询研究项目	http://www.sport.gov.cn/	国家体育总局政策法规司
17	基层政权和社区治理课题	http://www.mca.gov.cn/	国家民政部基层政权和社区建设司
18	国家民委民族研究项目	https://www.neac.gov.cn/	国家民委办公厅
19	文化艺术和旅游研究项目信息化发展专项	https://www.mct.gov.cn/	文化和旅游部科技教育司

表 8-3　湖北省相关机构的部分研究项目

序号	项目名称	网址	项目来源
1	湖北省科技计划-公益性科技研究项目	http://kjt.hubei.gov.cn/	湖北省科学技术厅（高新处、农村处、社发处）
2	湖北省科技计划-湖北省自然科学基金项目	http://kjt.hubei.gov.cn/	湖北省科学技术厅基础处
3	湖北省科技计划-湖北省软科学计划项目	http://kjt.hubei.gov.cn/	湖北省科学技术厅
4	湖北省省技术创新专项重大项目	http://kjt.hubei.gov.cn/	湖北省科学技术厅

续表

序号	项目名称	网址	项目来源
5	中央引导地方科技发展专项	http://kjt.hubei.gov.cn/	湖北省科学技术厅
6	湖北省科技支撑计划—科技创新创业服务能力建设类项目	http://kjt.hubei.gov.cn/	湖北省科学技术厅
7	湖北省重点研发计划项目	http://kjt.hubei.gov.cn/	湖北省科学技术厅
8	湖北省高等学校优秀中青年科技创新团队计划项目	http://jyt.hubei.gov.cn/	湖北省教育厅科技处
9	湖北省教育厅科学技术研究项目（重点、青年、B类）	http://jyt.hubei.gov.cn/	湖北省教育厅科技处
10	湖北省社科基金项目	http://jyt.hubei.gov.cn/	湖北省教育厅
11	湖北省教育科学规划课题	http://jyt.hubei.gov.cn/	湖北省教育厅

8.4.2　学术论文写作环节

要写好学术论文，往往要做好前期准备与架构、研究设计、成果总结、论文撰写等一系列工作。撰写学术论文的基本环节如下。

1. 选题

学术论文选题与研究项目选题是研究活动中不同阶段的工作。各类基金项目、社会应用项目、创新活动项目等研究活动都涉及项目选题。如果是申报基金项目，项目选题一般会有范围，或在某一范围内自主选题。如果是创新活动项目，一般是自由选题。一项项目研究可能会有多个研究成果点，以各个研究成果为基础，都可以撰写论文，每篇论文会对应一个论文选题任务。

可通过文献检索、沟通交流等方法，初步确定选题方向。

确定选题的原则如下。

（1）对主题有兴趣。兴趣是最好的导师，也是最大的动力。对主题有兴趣，有一定的基础，能为研究作好支撑。

（2）选题新颖。一般要选择本学科或本专业的前沿课题，如果选择过于成熟的课题，则往往是做重复的无用功，不容易做出新的研究成果。

（3）选题大小合适。选题要与作者现有知识结构和研究条件相匹配，具有可行性。如果论文的选题太大或太难，与自己的知识储备、研究条件、研究能力不相称，则往往实现不了；如果选题太小或太容易，则会导致研究成果价值不大。

（4）选题要有充足参考材料。参考材料如果太少，缺乏研究支撑，会增加研究难度，这类选题或是太难，或不具备研究价值。判断是否具有充足参考材料的一个初步方法是：通过列出主题相关的关键词，在大型文献数据库中检索，查看有参考价值的材料的数量，这些材料的时间跨度，主要集中在哪个时间段等。

（5）选题与专业相关。当知识储备不足以支撑研究活动时，会增加项目研究和论文写作的难度。

(6) 选题有实际应用价值。课题应解决某个理论或应用方面的问题,具有理论或应用价值。

2. 构思

确定论文选题后,要考虑论文要解决的核心问题是什么,打算怎么做,选择哪种理论作为其支撑原理,使用哪种方法解决研究问题,是做应用设计,还是做理论创新等。

3. 检索并筛选文献

阅读大量的文献可以使论文作者开阔视野、获得充足的支撑材料、充分认识前人的成果、从前人的研究中找到突破点,还可以避免所做研究工作是前人已解决的问题。因而,论文写作过程中作者要检索大量的文献,并阅读筛选出有价值的文献。

4. 确定论文框架并撰写

依据不同类型论文的结构确定论文框架。论文的框架是把论文分解为一个个小主题,作者需要逐个完成每个小主题。当作者要驾驭一大堆材料时,写作难度很高。而每次只解决一个小主题,则相对容易,当各个小主题都解决好后,再做整体处理。这样做的好处是,先把行文逻辑放在一边,降低写作难度。

5. 检查论文各部分逻辑结构关系

对论文各部分的起、转、承、合做好衔接,补充或修改语言文字,使论文更流畅。

6. 修改

论文撰写完成后,需要通读论文,进行检查、修改、润色等工作。检查修改是论文写作中的重要一环,首先自己修改,然后请同行、导师或专家修改。修改论文可以发现论文中存在的不足,在反复琢磨的过程中逐步深化对课题的认识。自己看自己的论文往往存在认知盲点,不容易发现问题,而他人帮助修改则可以克服这一点。

7. 投稿

如果论文需要发表,则还要选择投稿期刊。选择投稿期刊之后,查看该期刊对论文格式的要求,按其要求修改。目前大多数期刊采用电子邮件的方式进行投稿。作者投稿后应和期刊编辑保持联系,及时查询录用情况,如果论文被录用并有修改意见,则及时按修改意见修改。

8.4.3 从一篇期刊论文的修改发表过程认识论文写作

论文初稿完成后可能会存在各种各样的问题,例如:①没写出实质内容;②论文结构不合理;③主题不明确,重点不突出,或者主题有多个但都没有详述清楚;④观点或方法不够新颖;⑤主体内容与篇名不相符,段落里小标题与内容不相符;⑥方法或实验结果不能支撑所述的观点;⑦用词不准确或错误;⑧语言表达不符合逻辑,可读性不强;⑨前后承接的逻辑没有表达清楚;等等。发现问题是修改的基础,修改这些问题才能提高论文的可读性和学术水平。

修改论文的时间不一定比写一篇论文的时间短。在修改过程中,核实数据、修改方法、验证结果、修改结构等都会花费很长的时间,修改论文的工作量往往比较大。但是,刚开始学习论文写作的人往往不知道从何改起,认为写完论文就大功告成,这与他们没有仔细通读所写论文、发现不了问题、对修改论文的重要性认识不足等是有关系的。

经常修改论文可以积累写作经验。修改论文会促使作者认识到论文中存在的问题,认清一个问题之后,以后就可以避免这类错误。有时,修改论文还会激发作者新的思路,迸发新的观点。修改论文不仅可以完善论文,也是提高论文写作水平的必经之路。

文字流畅,观点新颖并正确,逻辑严密,有使用或参考价值,流畅易懂,使读者有所收获,甚至得到精神上的愉悦和美的享受,能达到以上要求的论文,几乎都是经过反复打磨、修改后的结果。

案例 8-8:学术论文修改

题目:以某高校信息与计算科学专业学生谢庆的论文为例,介绍一篇期刊论文从撰写、修改到发表的过程。

1. 论文修改背景

(1) 论文写作、修改、发表等事务发生时间表。

论文作者在写作之前,做过创新项目设计,对课题有较充分的认识。论文写作时间约大半个月,2016 年 4 月 22 日初稿完成。主要的 3 次修改时间为:

2016 年 4 月 24 日给修改建议,5 月 4 日交修改稿;

2016 年 5 月 9 日给修改建议,5 月 13 日交修改稿;

2016 年 5 月 15 日给修改建议,5 月 25 日交修改稿。

之后,作者自己通读论文,又数次修改论文,于 2016 年 6 月 2 日通过电子邮件投稿,并根据编辑部意见修改,2016 年 9 月发表于期刊《计算机时代》。

通过这个时间表可以看出,发表一篇论文不是一蹴而就的。论文写作之前先有实验设计或项目设计,论文是对研究活动中形成的观点、成果进行提炼和报告。论文初稿完成后,还要经过多次修改。

(2) 经过了几轮修改,该学生掌握了总结课题研究成果和撰写论文的方法,较好地掌握了论文写作规范。该同学以此次研究和发表的论文为基础,撰写了学士学位论文,学位论文成绩优秀。

2. 对论文的第一次修改

图 8-16 至图 8-20 是论文初稿修改页面截图,指导教师用标注的方式指出论文存在的问题,给出了修改建议,并与作者进行了多次沟通。

(1) 论文初稿存在的主要问题分析如下。

问题 1:论文题目的重点不突出,见批注 1。

分析:论文原题目为《比较 Dijkstra 算法与 A * 算法及在室内交互式引导 App 的应用》,原题目的含义有两层,第一层含义是在室内交互式引导 App 设计中使用了 Dijkstra 算法与 A * 算法;第二层含义是比较这两个算法在该设计中的优劣性。那么比较的结果是什么?作者最终选取哪个算法设计这个 App 呢?读完全文,知道作者想表达的是 A * 算法具有优越性,最终采用 A * 算法设计 App。

作者要突出 A * 算法,建议将题目改为《A * 算法在室内交互式引导中的应用》。作者围绕这个题目写作,自然要交代为什么用 A * 算法,比较 Dijkstra 算法与 A * 算法的目的是为了作最优选择,A * 算法的应用是此文的主要部分,而 Dijkstra 算法的应用是次要部分。

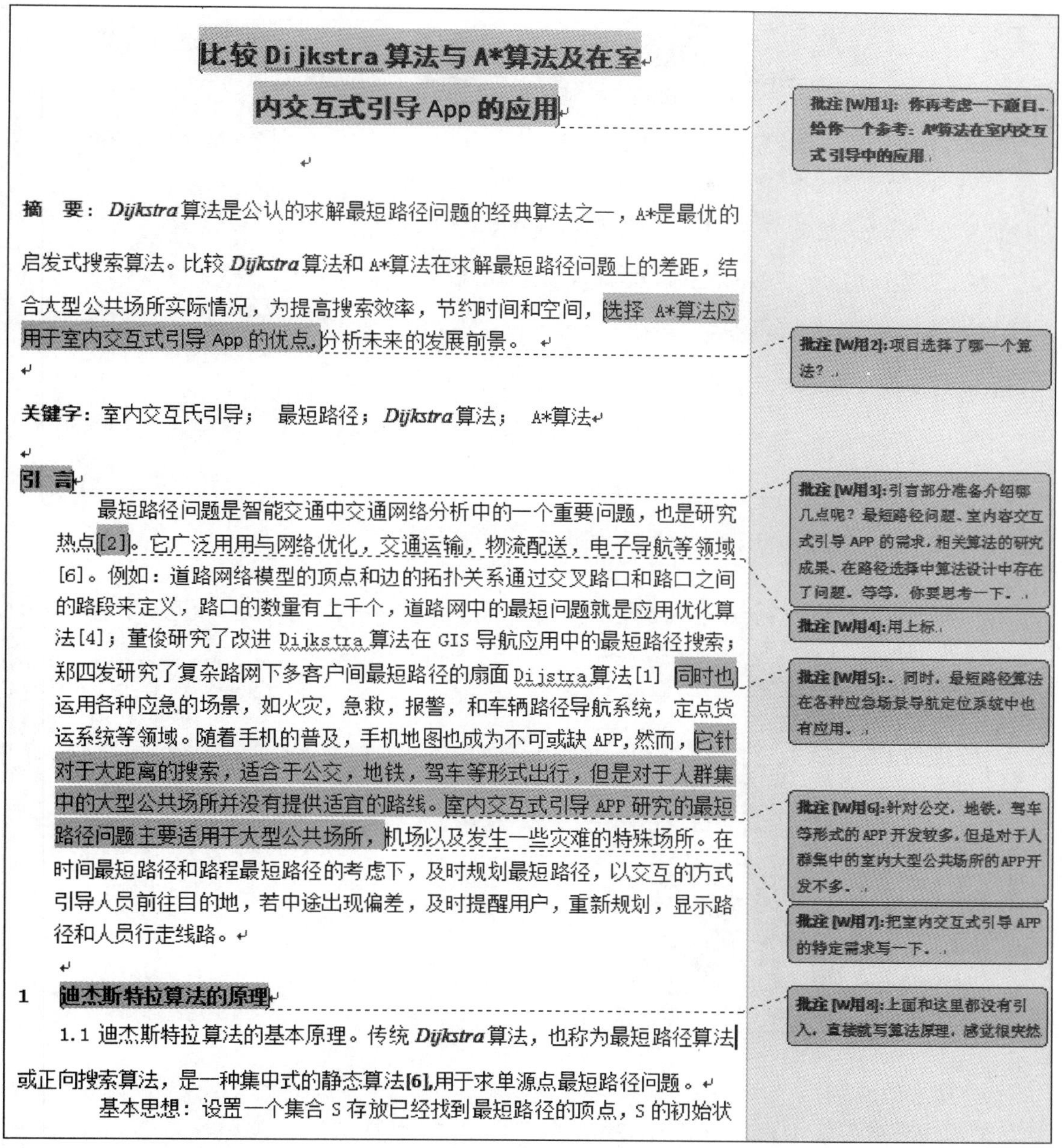

比较 Dijkstra 算法与 A*算法及在室内交互式引导 App 的应用

> 批注 [W用1]：你再考虑一下题目。给你一个参考：A*算法在室内交互式引导中的应用

摘 要：*Dijkstra* 算法是公认的求解最短路径问题的经典算法之一，A*是最优的启发式搜索算法。比较 *Dijkstra* 算法和 A*算法在求解最短路径问题上的差距，结合大型公共场所实际情况，为提高搜索效率，节约时间和空间，选择 A*算法应用于室内交互式引导 App 的优点，分析未来的发展前景。

> 批注 [W用2]：项目选择了哪一个算法？

关键字：室内交互氏引导； 最短路径；*Dijkstra* 算法； A*算法

引 言

最短路径问题是智能交通中交通网络分析中的一个重要问题，也是研究热点[[2]]。它广泛用与网络优化，交通运输，物流配送，电子导航等领域[6]。例如：道路网络模型的顶点和边的拓扑关系通过交叉路口和路口之间的路段来定义，路口的数量有上千个，道路网中的最短问题就是应用优化算法[4]；董俊研究了改进 Dijkstra 算法在 GIS 导航应用中的最短路径搜索，郑四发研究了复杂路网下多客户间最短路径的扇面 Dijstra 算法[1] 同时也运用各种应急的场景，如火灾，急救，报警，和车辆路径导航系统，定点货运系统等领域。随着手机的普及，手机地图也成为不可或缺 APP，然而，它针对于大距离的搜索，适合于公交，地铁，驾车等形式出行，但是对于人群集中的大型公共场所并没有提供适宜的路线。室内交互式引导 APP 研究的最短路径问题主要适用于大型公共场所，机场以及发生一些灾难的特殊场所。在时间最短路径和路程最短路径的考虑下，及时规划最短路径，以交互的方式引导人员前往目的地，若中途出现偏差，及时提醒用户，重新规划，显示路径和人员行走线路。

> 批注 [W用3]：引言部分准备介绍哪几点呢？最短路径问题、室内容交互式引导 APP 的需求，相关算法的研究成果、在路径选择中算法设计中存在了问题。等等，你更思考一下。
>
> 批注 [W用4]：用上标。
>
> 批注 [W用5]：。同时，最短路径算法在各种应急场景导航定位系统中也有应用。
>
> 批注 [W用6]：针对公交，地铁，驾车等形式的 APP 开发较多。但是对于人群集中的室内大型公共场所的 APP 开发不多。
>
> 批注 [W用7]：把室内交互式引导 APP 的特定需求写一下。

1 迪杰斯特拉算法的原理

1.1 迪杰斯特拉算法的基本原理。传统 *Dijkstra* 算法，也称为最短路径算法或正向搜索算法，是一种集中式的静态算法[6],用于求单源点最短路径问题。基本思想：设置一个集合 S 存放已经找到最短路径的顶点，S 的初始状

> 批注 [W用8]：上面和这里都没有引入，直接就写算法原理，感觉很突然。

图 8-16 论文修改页面截图 1

题目突出重点，便于作者在撰写时把握。

建议：给出参考题目《A * 算法在室内交互式引导中的应用》。

问题 2：引言部分内容散乱，缺乏核心关联线索，见批注 3。

分析：原文引言提到了"最短路径问题""Dijkstra 算法""室内交互系统"等几个主体，但没有点明几个主体的关联性，仿佛一盘散沙，反映不出为什么要写这几个主体。其根本原因是，没有把开发"室内交互式引导 App"系统中路径计算问题对算法的需求作为切入点来组织引言部分，这就导致引言部分的内容都是散乱的，没有被组织起来反映一个目标。

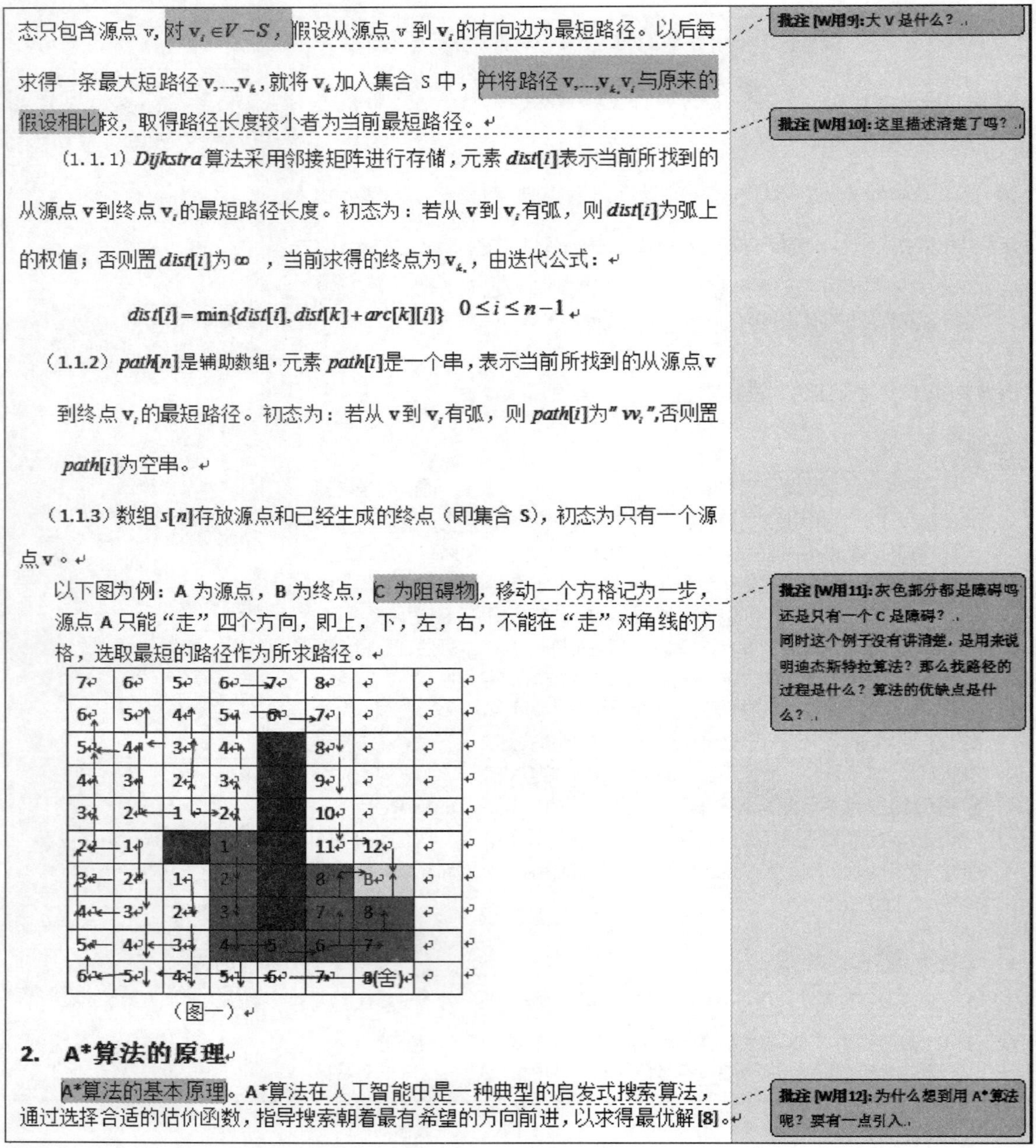

态只包含源点 v，对 $v_i \in V-S$，假设从源点 v 到 v_i 的有向边为最短路径。以后每求得一条最大短路径 $v,\ldots,v_k$，就将 v_k 加入集合 S 中，并将路径 $v,\ldots,v_k,v_i$ 与原来的假设相比较，取得路径长度较小者为当前最短路径。

（1.1.1）*Dijkstra* 算法采用邻接矩阵进行存储，元素 ***dist*[*i*]** 表示当前所找到的从源点 **v** 到终点 $\mathbf{v}_i$ 的最短路径长度。初态为：若从 **v** 到 $\mathbf{v}_i$ 有弧，则 ***dist*[*i*]** 为弧上的权值；否则置 ***dist*[*i*]** 为 ∞，当前求得的终点为 $\mathbf{v}_k$，由迭代公式：

$$dist[i]=\min\{dist[i],\ dist[k]+arc[k][i]\} \quad 0 \le i \le n-1$$

（1.1.2）***path*[*n*]** 是辅助数组，元素 ***path*[*i*]** 是一个串，表示当前所找到的从源点 **v** 到终点 $\mathbf{v}_i$ 的最短路径。初态为：若从 **v** 到 $\mathbf{v}_i$ 有弧，则 ***path*[*i*]** 为 **" vv_i "**，否则置 ***path*[*i*]** 为空串。

（1.1.3）数组 ***s*[*n*]** 存放源点和已经生成的终点（即集合 S），初态为只有一个源点 **v**。

以下图为例：A 为源点，B 为终点，C 为阻碍物，移动一个方格记为一步，源点 A 只能“走”四个方向，即上，下，左，右，不能在“走”对角线的方格，选取最短的路径作为所求路径。

7	6	5	6	7	8		
6	5	4	5	6	7		
5	4	3	4		8		
4	3	2	3		9		
3	2	1	2		10		
2	1		1		11	12	
3	2	1	2		8	B	
4	3	2	3		7	8	
5	4	3	4	5	6	7	
6	5	4	5	6	7	8(舍)	

（图一）

2. A*算法的原理

A*算法的基本原理。A*算法在人工智能中是一种典型的启发式搜索算法，通过选择合适的估价函数，指导搜索朝着最有希望的方向前进，以求得最优解[8]。

批注 [W用9]: 大 V 是什么？

批注 [W用10]: 这里描述清楚了吗？

批注 [W用11]: 灰色部分都是障碍吗还是只有一个 C 是障碍？
同时这个例子没有讲清楚，是用来说明迪杰斯特拉算法？那么找路径的过程是什么？算法的优缺点是什么？

批注 [W用12]: 为什么想到用 A*算法呢？要有一点引入。

图 8-17　论文修改页面截图 2

建议：明确引言部分准备介绍哪些内容。

问题 3：描述算法原理前，没有作引入介绍，没有表明算法原理与本文的相关性，见批注 8、批注 12。

分析：论文中介绍某一算法原理，一定是因为它与本文相关，没有讲明它们的相关性，会让读者感到突兀。

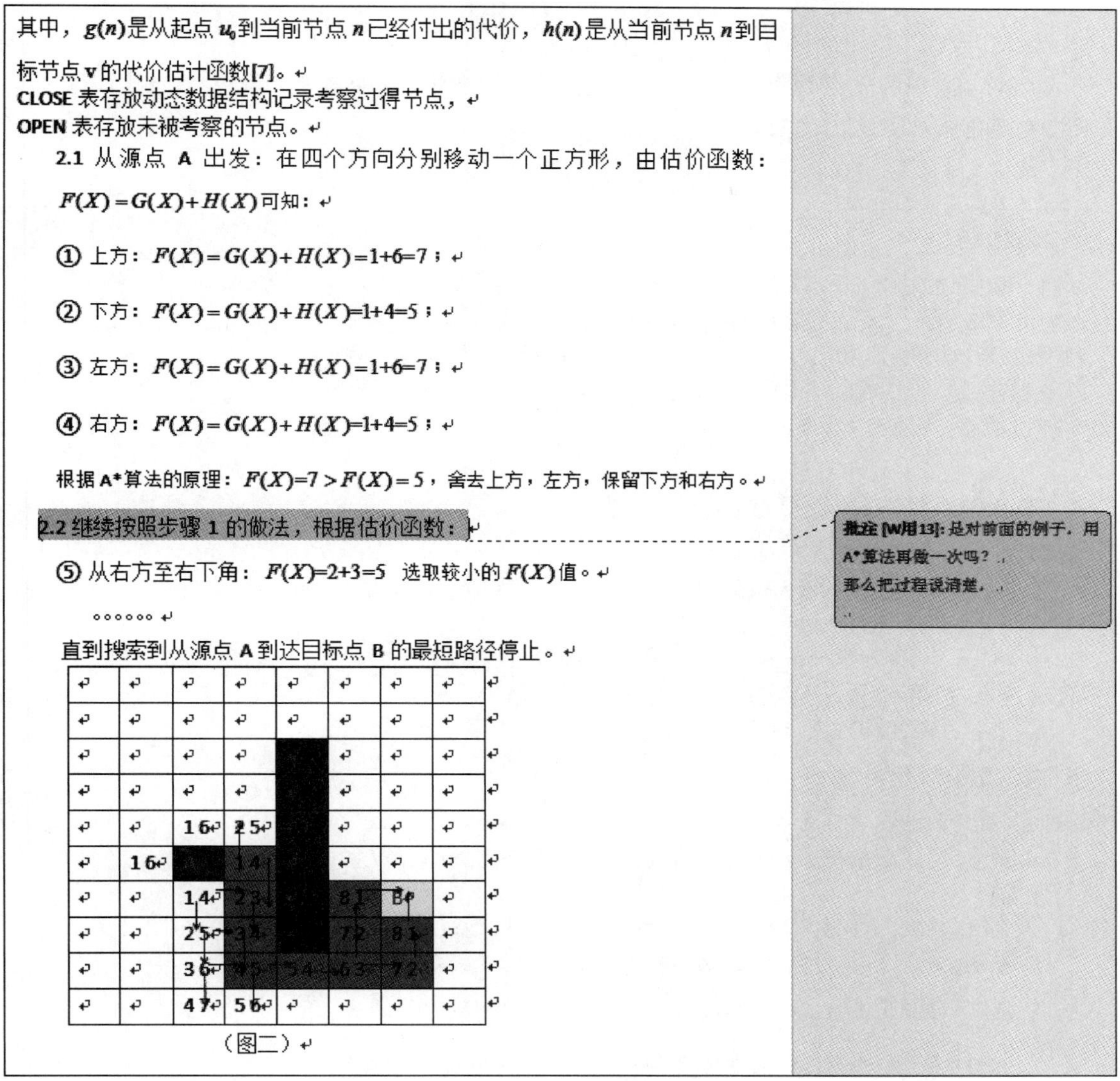

其中，$g(n)$是从起点u_0到当前节点n已经付出的代价，$h(n)$是从当前节点n到目标节点v的代价估计函数[7]。

CLOSE 表存放动态数据结构记录考察过得节点，

OPEN 表存放未被考察的节点。

2.1 从源点 A 出发：在四个方向分别移动一个正方形，由估价函数：

$F(X)=G(X)+H(X)$可知：

① 上方：$F(X)=G(X)+H(X)=1+6=7$；

② 下方：$F(X)=G(X)+H(X)=1+4=5$；

③ 左方：$F(X)=G(X)+H(X)=1+6=7$；

④ 右方：$F(X)=G(X)+H(X)=1+4=5$；

根据A*算法的原理：$F(X)=7>F(X)=5$，舍去上方，左方，保留下方和右方。

2.2 继续按照步骤 1 的做法，根据估价函数：

⑤ 从右方至右下角：$F(X)=2+3=5$ 选取较小的$F(X)$值。

。。。。。。

直到搜索到从源点 A 到达目标点 B 的最短路径停止。

		16	25				
	16	A	14				
		14	23		81	B	
		25	34		72	81	
		36	45	54	63	72	
		47	56				

（图二）

批注 [W用13]: 是对前面的例子，用A*算法再做一次吗？那么把过程说清楚。

图 8-18 论文修改页面截图 3

建议：介绍某一算法原理前要有适当的引入。

问题 4：没有描述清楚文中用到的符号和图表，见批注 9、批注 11。

分析：出现这种问题的原因，主要是论文初写者没有仔细阅读自己写的论文，认为某些内容不需要写得太详细，没有考虑到读者的理解水平。

建议：对于文中引入的符号，一定要说明其含义，对图表的描述必须是清楚的。不要认为自己明白，读者也自然会明白。当论文作者试着把这些细节描述清楚时，会加深对那些看似理解却没有真正理解的内容的认识。

问题 5：对两种算法的介绍不清晰，没有反映出两种算法与论文主题的关系，见批注 11、批注 13。

分析：文中描述了 Dijkstra 算法的含义、原理，并举例说明其算法过程。但所举例子的结果是什么，没有讲清楚，见批注 11。同样的问题存在于后面对 A * 算法的介绍，见批注 13。

对算法原理的介绍，一是要清晰，二是要有明确目的。介绍算法不是为了介绍而介绍，最终是要落脚在算法的优缺点分析上，应阐明在设计时选用一种算法的原因。

建议：要把例子讲清楚，同时要反映出例子与论文主题的关系。

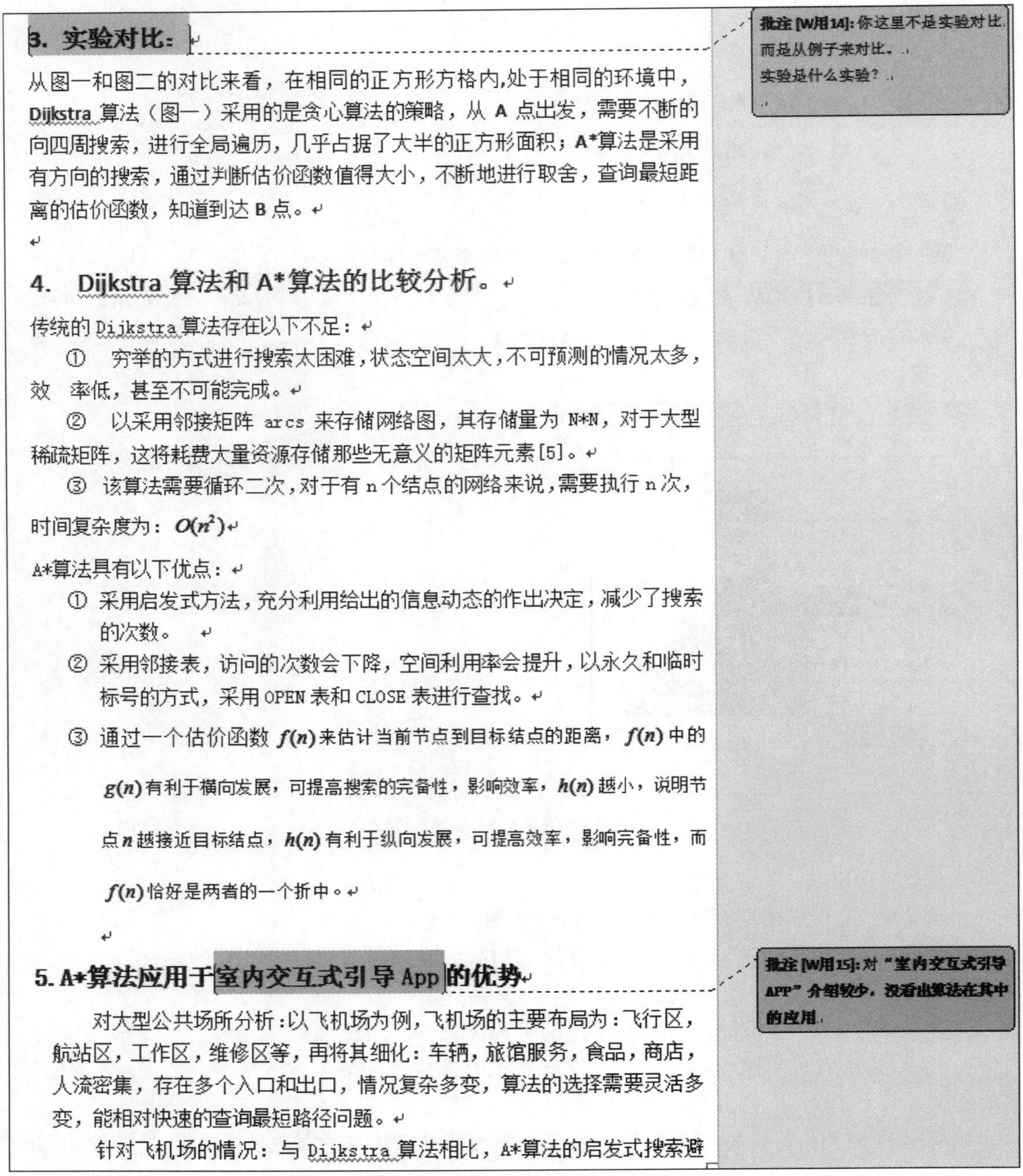

---

3. 实验对比：

从图一和图二的对比来看，在相同的正方形方格内，处于相同的环境中，Dijkstra 算法（图一）采用的是贪心算法的策略，从 A 点出发，需要不断的向四周搜索，进行全局遍历，几乎占据了大半的正方形面积；A*算法是采用有方向的搜索，通过判断估价函数值得大小，不断地进行取舍，查询最短距离的估价函数，知道到达 B 点。

> 批注 [W用14]：你这里不是实验对比，而是从例子来对比。
> 实验是什么实验？

4. Dijkstra 算法和 A*算法的比较分析。

传统的 Dijkstra 算法存在以下不足：

① 穷举的方式进行搜索太困难，状态空间太大，不可预测的情况太多，效　率低，甚至不可能完成。

② 以采用邻接矩阵 arcs 来存储网络图，其存储量为 N*N，对于大型稀疏矩阵，这将耗费大量资源存储那些无意义的矩阵元素[5]。

③ 该算法需要循环二次，对于有 n 个结点的网络来说，需要执行 n 次，时间复杂度为：$O(n^2)$

A*算法具有以下优点：

① 采用启发式方法，充分利用给出的信息动态的作出决定，减少了搜索的次数。

② 采用邻接表，访问的次数会下降，空间利用率会提升，以永久和临时标号的方式，采用 OPEN 表和 CLOSE 表进行查找。

③ 通过一个估价函数 $f(n)$ 来估计当前节点到目标结点的距离，$f(n)$ 中的 $g(n)$ 有利于横向发展，可提高搜索的完备性，影响效率，$h(n)$ 越小，说明节点 n 越接近目标结点，$h(n)$ 有利于纵向发展，可提高效率，影响完备性，而 $f(n)$ 恰好是两者的一个折中。

5. A*算法应用于室内交互式引导 App 的优势。

> 批注 [W用15]：对"室内交互式引导 APP"介绍较少，没看出算法在其中的应用。

对大型公共场所分析：以飞机场为例，飞机场的主要布局为：飞行区，航站区，工作区，维修区等，再将其细化：车辆，旅馆服务，食品，商店，人流密集，存在多个入口和出口，情况复杂多变，算法的选择需要灵活多变，能相对快速的查询最短路径问题。

针对飞机场的情况：与 Dijkstra 算法相比，A*算法的启发式搜索避

图 8-19　论文修改页面截图 4

问题 6：没有详细描述重要内容，论文的小标题与内容不相符，见批注 14。

分析：在实验对比这一节，应该重点描述实验对比，却没有描述。

建议：把所做实验描述清楚，并对比两种算法效果。

免了在大型机场内无方向，无目的的搜索，它可以通过有向导，有估价的搜索，减少搜索的次数，提高搜索效率。在飞机场中，搜索最短路径问题时，A*算法利用 OPEN 表和 CLOSE 表存储查询的节点，对比与 Dijkstra 算法采用邻接矩阵进行存储，可以节约空间。

6 未来的发展前景的设想 〔批注[W用16]：什么的未来发展前景呢？〕

随着科技的不断发展，人们对大型公共场所的需求也会越来越大，对于快速查询公共场所的最短路径问题变得越来越迫切。A*算法对最短路径的查询可以通过手机对目的地的定位，判断两点之间的距离。通过对 A*算法的改进，嵌入对人群密度的检测，把人群密度划分不同的等级：A:自由人流，人群密度<0.6; B:受约束人流，人群密度（0.6~0.75）C1:密集人流，人群密度（0.75~1.25）;C2:很密集人流，人群密度（1.25~2.0）; D:堵塞人流。人群密度>2.0,将这五个层次划分相应权重 Q，构造新的估价函数：$f(n)=g(n)+f(n)+Q$，重新判断估价函数值的大小，有效的避开拥挤人群，达到时间的最短路径。在应急求援中，A*算法可以融合对温度敏感程度的控制，根据人体可以接受的范围，设置临界值，当高层建筑发生火灾时，可以通过手机的传感器接收外界温度和人群密集的地方，在最短时间里选择一条正确的逃生路线，为求援赢得宝贵时间。此外，A*算法在人工智能，计算机网络路由算法，游戏设计等方面有着非常广泛的应用[9]。〔批注[W用17]：这一段是介绍改进 a*算法的优势吗？〕

7 结束语

A*算法在总体上是优于传统的 Dijkstra 算法，最短路径问题的研究具有重要的价值。对于大型公共场所而言，最短路径的规划可以有效的提高工作效率，合理的开发社会的资源。A*算法应用于最短路径的规划，大大提高搜索效率，减少无谓的浪费。通过对于实验的比较看出，Dijkstra 算法是规划最短路径的理论基础，具有一定的可扩展性和开发性；A*算法是智能化的启发式搜索，它具有一定的延伸价值。〔批注[W用18]：是不是要加上限定条件？如在什么应用上。如果它完全比另一个好，为什么要和一个相差很悬殊的来作比较呢？〕〔批注[W用19]：属于重复表述。〕

图 8-20　论文修改页面截图 5

问题 7：表述不准确，见批注 16、批注 18。

分析：作者在第 6 节"未来的发展前景的设想"中写了几种不同的算法，也写了室内交互系统，这里是要对谁的未来发展前景作设想呢？见批注 16。

现有算法一般都有自己的优缺点，一种算法可能在某种应用背景下优于另一种算法，因而要写明算法对比的条件范围。不写明条件范围就得出对比结果是不严谨的，见批注 18。

建议：本论文反映出两种表述不准确的情况，一种是文字表述不准确，一种是限定条件表述不准确。增加相应的主体或补充限定条件范围即可。

第一次论文修改总结：

以上问题是论文在内容、结构方面存在的问题，初稿中还存在其他问题，如字体字号不一致，格式不规范，语句不通顺等问题，留待后期解决。

下面,把这篇论文所暴露出的主要问题集中起来,看一看这些问题的根源和修改的难易程度。

问题1:论文题目的重点不突出。

问题2:引言部分内容散乱,缺乏核心关联线索。

问题3:描述算法原理前,没有作引入介绍,没有表明算法原理与本文的相关性。

问题4:没有描述清楚文中用到的符号和图表。

问题5:对两种算法的介绍不清晰,没有反映出两种算法与论文主题的关系。

问题6:没有详细描述重要内容,论文的小标题与内容不相符。

问题7:表述不准确。

问题1和问题2是有一定关联性的,论文主题不明确,就会导致引言部分比较散乱。这两个问题不解决,整个论文的方向就可能跑偏。这两个问题反映了作者对主题把握不准,对诸多材料的驾驭还不够熟练。当一篇论文涉及多种不同内容时,怎么把不同的主体对象组织起来,集中反映一个主题目标,是需要经过作者反复思考的。一篇论文最好是只解决一个问题,这一个问题就是核心,如果作者在动手写论文之前,已明确需要解决的核心问题,论文的结构框架和材料组织就有了方向,那么写论文就会比较顺利。这两个问题看起来不需要太费事就能解决,其实不然,需要作者在论文写作之前花大量时间思考。

问题3、问题4、问题5和问题7,相对容易解决,属于具体问题,一经指出,作者根据修改意见一一修改即可。

问题6涉及的实验设计、实验结果是本论文的写作基础,是本论文科学性的保证,这一部分需要作者着重修改。

3. 第二次修改建议

作者根据第一次修改建议,对论文作了修改,修改后的论文仍然存在一些问题,指导教师针对修改后的文稿,又以批注的方式提出应修改的内容。

问题1:摘要语言不准确,摘要没有反映出本论文所做工作。

问题2:图的编号和图的名称不符合规范。

问题3:参考文献的引用没有使用上标方式。

问题4:修改稿增加了"A﹡算法应用于室内交互式引导App"部分,但内容不够详细。

问题5:没有表述清楚改进A﹡算法是为了什么。在系统设计中,是否使用A﹡算法没有表达清楚。

4. 第三次修改建议

作者根据第二次修改建议,对论文做了修改,修改后的论文仍然存在一些问题,指导教师针对修改后的文稿,又以批注的方式提出应修改的内容。

问题1:摘要补充了新内容,但表达不充分。

问题2:综述其他学者所做的工作时,引用参考文献的上标的放置位置不合适。

5. 作者完成第三次修改

作者针对以上问题,对论文作了第三次修改,并增加了英文摘要。经过三次修改,论文的主要问题已经解决,但还需要通读论文,进一步修改语病。

6. 投稿等后续工作

作者经过多次通读论文,检查中、英文摘要,修改个别语病问题后,向编辑部投稿并得到编辑部回复,作者按编辑部给出的修改意见进行了修改。该论文发表于《计算机时代》2016年第9期。(谢庆,谢攀峰. A*算法在室内交互式引导中的应用[J]. 计算机时代,2016, (9):59-61,64. DOI:10.16644/j.cnki.cn33-1094/tp.2016.09.016.)

8.4.4 加强实践训练,促进学术论文写作能力提升

各种类型的学术论文写作都有方法和步骤可循。这些方法和步骤一般是经过高度概括后的原则性内容,作者从理解这些原则到熟练应用这些原则还有很长的路要走。只有通过实践训练才能真正掌握并运用论文写作的指导性原则。参照论文写作的方法和步骤,反复地实践训练是提高学术论文写作能力的必经之路。

学术论文写作离不开项目(课题)研究活动,科学研究、竞赛和创新训练等活动,都为学术论文写作提供研究基础。学术论文写作不仅是对研究成果的总结、再现,还能深化对课题的研究,加深对某一领域的认识。论文写作过程往往也是对专业领域问题再思索和再认知的过程。

项目(课题)研究和学术论文写作都是极具挑战性的实践活动,只有积极行动起来,反复地进行实践训练,才能战胜困难,并逐步提升学术论文写作能力。

习题 8

1. 学术论文有哪些类型?学术论文有哪些基本组成部分?
2. 学术论文的摘要应反映哪些内容?论文的摘要有什么特点?
3. 您所在的学校对学士学位论文的摘要有什么要求?
4. 查找并学习您所在的学校(学院)关于学士(硕士、博士)学位论文规范的文件。
5. 学术论文的关键词通常有几个?一般应选什么样的词作为关键词呢?
6. 学术论文的引言部分、结论部分主要描述什么问题?
7. 在互联网上查找一所大学(例如北京大学、昆明理工大学)对硕士学位论文、博士学位论文的基本要求。
8. 在中国知网上下载本专业相关的硕士学位论文一篇,查看其章节结构。
9. 为一篇 Word 文档自动生成目录。(1)创建一个 Word 文档,录入包含三级标题的文字。(2)分别设置三个级别标题的格式(建议选用自己所在高校学位论文规范要求的格式)。(3)设置三个级别的标题样式,在文档中应用样式,为文档生成目录。
10. 使用文档的大纲视图。(1)在 Word 文档中,如何为自己设置的标题样式设置大纲级别?请在互联网上查找相关的文档并阅读学习。(2)对第 9 题文档中的 1 级标题、2 级标题、3 级标题样式分别设置大纲级别为:1 级、2 级、3 级,重新应用标题样式,查看文档的大纲视图,使用"大纲"工具栏中的"+"、"-",向上箭头、向下箭头等工具,观察并写出这些工具的作用。(3)总结并分享关于自动生成目录、使用大纲视图的方法和经验。
11. 什么是文献综述?

12. 如何在文献数据库中查找综述类文献呢？从下列 4 组词汇中选择 1~2 个关键词，自选文献数据库，搜索综述类期刊论文，选择 10 篇被引量较高的文献，并导出参考文献，保存于 Word 文档中。

（1）计量经济、多元分析、贝叶斯模型平均方法、消费者行为与发展。

（2）图像边缘检测、软件测试、支持向量机、光的干涉、非均值模型。

（3）学业评价、MOOC、微课、职业教育发展。

（4）PTSP 治疗方法、超写实素描、冬季养生思想、人格分裂症、细胞与生物。

13. 在您熟悉的某个文献数据库中，搜索一篇自己感兴趣的文献综述类期刊论文，了解文献综述的写作内容及文章结构，对其进行分析，完成下列任务。

（1）找出文献的基本信息：标题、作者、关键词、英文关键词、摘要、中图分类号。

（2）分析引言部分，简要回答该篇综述所涉及的主题是什么？写作目的是什么？

（3）分析主体部分，观察作者是否解答了以下问题中的一个或多个：该领域的研究历程、研究进展、研究现状、存在的不同观点、对各种观点的评价、技术路线、已解决的问题、存在的主要困难和问题等。

（4）分析结语部分，观察作者是否解答了以下问题中的一个或多个：提出值得关注的问题、目前该领域尚需探索的问题、未来发展趋势。

（5）查看参考文献部分，分析参考文献在引言、主体、结语 3 个部分的引用数量分布情况，参考文献的类型，参考文献的年代跨度。

（6）分析该论文是否使用横向对比、纵向对比方法。

14. 查找与你所在专业相关的期刊，并了解其投稿指南。

15. 查找并了解标准《学位论文编写规则》。

参 考 文 献

[1] 花芳.文献检索与利用[M].2版.北京:清华大学出版社,2014.
[2] 饶宗政.现代文献检索与利用[M].北京:机械工业出版社,2012.
[3] 李宝安,李燕,孟庆昌.中文信息处理技术:原理与应用[M].北京:清华大学出版社,2005.
[4] 韩冬,傅兵.信息素养教育论[M].北京:北京理工大学出版社,2017.
[5] 马张华,侯汉清,薛春香.文献分类法主题法导论[M].修订版.北京:北京图书馆出版社,2009.
[6] 侯汉清,马张华,张涵,等.主题法导论[M].北京:北京大学出版社,1991.
[7] 张照,程德清.中国人民大学图书馆图书分类法[M].5版.北京:中国人民大学出版社,1982.
[8] 中国人民大学图书馆图书分类法修订委员会.中国人民大学图书馆图书分类法[M].6版.北京:中国人民大学出版社,1996.
[9] 夏立新.数字图书馆导论[M].北京:科学出版社,2009.
[10] 黄宗忠.图书馆学导论[M].武汉:武汉大学出版社,1988.
[11] 朱俭.计算机搜索技术及技巧[M].北京:机械工业出版社,2013.
[12] 汪楠,成鹰.实用检索技术[M].2版.北京:科学出版社,2012.
[13] 徐庆宁.新编信息检索与利用[M].2版.上海:华东理工大学出版社,2012.
[14] 陈荣.信息检索与案例研究[M].上海:华东理工大学出版社,2015.
[15] 李明.科技文献检索与分析[M].武汉:华中科技大学出版社,2015.
[16] 张涛.图书馆利用与文献检索[M].长春:东北师范大学出版社,2017.
[17] 计斌.信息检索与图书馆资源利用[M].北京:人民邮电出版社,2013.
[18] 李振华.文献检索与论文写作[M].北京:清华大学出版社,2016.
[19] 吉久明,孙济庆.文献检索与知识发现指南[M].2版.上海:上海人民出版社,2013.
[20] 中华人民共和国国家质量监督检验检疫总局、中国国家标准化管理委员会.学位论文编写规则:GB/T 7713.1-2006[S],2006.
[21] 中华人民共和国国家质量监督检验检疫总局、中国国家标准化管理委员会.信息与文献 参考文献著录规则:GB/T 7714-2015[S],2015.
[22] 中华人民共和国国家质量监督检验检疫总局、中国国家标准化管理委员会.中国人名汉语拼音字母拼写规则:GB/T 28039-2011[S],2011.
[23] 科技书刊的章节编号方法:CY/T 35-2001[S],2001.
[24] 国家标准局.科学技术报告、学位论文和学术论文的编写格式:GB/T 7713-1987[S],1987.
[25] 中华人民共和国国家质量监督检验检疫总局、中国国家标准化管理委员会.科技报告编写规则:GB/T 7713.3-2014[S],2014.
[26] 中华人民共和国国家质量监督检验检疫总局、中国国家标准化管理委员会.科技报告编写规则:GB/T 7713.3-2014[S],2014.
[27] 杨国庆,韩益鹏.剖析和借鉴英国高校信息素养教育[J].图书馆建设,2009(5):78-83.
[28] 王运显.国内外信息素养指标体系比较研究[J].科技情报开发与经济,2011,21(26):102-106.
[29] 澳大利亚和新西兰信息素养学会.澳大利亚和新西兰信息素养框架:原则标准和实践[M].2版.2004.
[30] 马艳霞.国内外信息素养评价标准比较研究[J].图书馆学研究,2010(1):85-92.
[31] 李文娟,吴建宁,何林,等.国内外信息素养评价标准发展研究[J].石河子大学学报(哲学社会科学版),2011,25(S1):30-31.
[32] 汪红娟.浅谈当代大学生的信息素质教育[A].福建省图书馆学会.福建省图书馆学会2011年学术年会论文集[C].福建省图书馆学会:福建省图书馆学会,2011:3.
[33] 黄春兰,杨林.论当代大学生信息素质教育[J].科技情报开发与经济,2008(26):171-173.

[34] 吴金仲.浅谈当代大学生信息素养现状与对策[J].科技情报开发与经济,2008(12):179-180.
[35] 陈建芳.中文元搜索引擎的比较与创新[J].情报探索,2009(11):92-94.
[36] 沈茂德,杨志成.迎接未来:图书馆课程涵育信息时代素养[N].中国教育报,2016-11-30(005).
[37] 邓群.期刊标准著录的两个问题[J].图书馆界,1992(3):38.
[38] 方磊,武瑞婵,王刘禾.高校学业评价在人才培养过程中的作用[J].湖北文理学院学报,2013,34(11):82-85.
[39] 周建,高静,周杨雯倩.空间计量经济学模型设定理论及其新进展[J].经济学报,2016,3(2):161-190.
[40] 刘声涛,刘伟香.我国高校学业评价研究文献分析[J].理工高教研究,2010,29(6):56-60.
[41] 谢庆,谢攀峰.A*算法在室内交互式引导中的应用[J].计算机时代,2016,(9):59-61,64.
[42] http://www.ztflh.com/
[43] https://baike.so.com/doc/6756130-6970718.html
[44] http://ipub.exuezhe.com/aboutus.html
[45] http://www.npc.gov.cn/npc/xinwen/2017-11-04/content_2031427.htm
[46] http://www.npc.gov.cn/npc/xinwen/2017-11-04/content_2031446.htm
[47] http://www.sipo.gov.cn/zhfwpt/zlsqzn/zlfssxzsczn/201508/t20150824_1164886.html
[48] http://www.moe.gov.cn/srcsite/A03/moe_634/201706/t20170614_306900.html
[49] http://tech.qq.com/a/20051205/000168.htm
[50] http://yjs.kmust.edu.cn/html/xw/xwsy/2012/05/25/ef7d32f3-e9df-4131-b70e-c3ab3c481707.html
[51] https://www.lib.pku.edu.cn/portal/bggk/dtjj/qikanyaomu
[52] http://cssrac.nju.edu.cn
[53] http://cssrac.nju.edu.cn/a/zlxz/20171221/2857.html
[54] http://cssrac.nju.edu.cn/a/xwdt/zxdt/20170116/2805.html
[55] http://sciencechina.cn/index.jsp
[56] http://sciencechina.cn/cscd_source.jsp
[57] http://www.cstpcd.org/default.jsp#
[58] http://conference.istic.ac.cn/cstpcd
[59] http://www.nstrs.cn/
[60] http://www.gapp.gov.cn/zongshu/paper.shtml
[61] http://www.wanfangdata.com.cn
[62] http://www.chaoxing.com/
[63] http://www.duxiu.com/
[64] http://www.cqvip.com/
[65] http://ipub.exuezhe.com/index.html
[66] http://www.drcnet.com.cn/www/integrated/
[67] http://db.cei.gov.cn
[68] https://link.springer.com/
[69] https://www.elsevier.com/zh-cn
[70] https://onlinelibrary.wiley.com/
[71] http://login.webofknowledge.com
[72] https://www.engineeringvillage.com/
[73] https://www.elsevier.com/solutions/engineering-village/content/compendex
[74] https://search.proquest.com/
[75] https://wenku.baidu.com/
[76] http://www.nlc.cn/

[77] http://www.las.ac.cn/
[78] http://www.lib.pku.edu.cn/portal/
[79] http://lib.tsinghua.edu.cn/
[80] http://www.blyun.com/
[81] http://www.calis.edu.cn/
[82] https://www.zhihu.com/
[83] http://www.dxy.cn/
[84] https://www.docin.com/
[85] http://www.istic.ac.cn/
[86] http://www.cnipa.gov.cn/
[87] http://www.pss-system.gov.cn/
[88] http://www.wipo.int/pct/en/pct_contracting_states.html
[89] http://www.sipo.gov.cn/wxfw/zlwxxxggfw/zsyd/bzyfl/gjzlfl/
[90] http://www.sac.gov.cn/
[91] http://www.china-cas.org/
[92] http://www.cssn.net.cn/
[93] http://std.samr.gov.cn/
[94] http://www.gb688.cn/bzgk/gb/
[95] http://www.cujs.com/oajs/?from=zk_oaindex
[96] http://www.cnki.net/

图 书 资 源 支 持

感谢您一直以来对清华版图书的支持和爱护。为了配合本书的使用,本书提供配套的资源,有需求的读者请扫描下方的"书圈"微信公众号二维码,在图书专区下载,也可以拨打电话或发送电子邮件咨询。

如果您在使用本书的过程中遇到了什么问题,或者有相关图书出版计划,也请您发邮件告诉我们,以便我们更好地为您服务。

我们的联系方式:

地　　址:北京市海淀区双清路学研大厦 A 座 714

邮　　编:100084

电　　话:010-83470236　　010-83470237

客服邮箱:2301891038@qq.com

QQ:2301891038(请写明您的单位和姓名)

资源下载: 关注公众号"书圈"下载配套资源。

书　圈

获取最新书目

观看课程直播